모던파시즘

Originally published in the U.S.A.
under the title Modern Fascism: The Treat to the Judeo-Christian Worldview Text
© 1993 Concordia Publishing House
3558 S. Jefferson, St. Louis, Missouri 63118 - USA
www.cph.org

모던파시즘 : 유대-기독교 세계관을 위협하는 현대 파시즘

초판발행 2023년 5월 29일
지은이 진 E 베이트   옮긴이 최봉기
펴낸이 최대석 펴낸곳 드러커마인드 출판등록 제2008-04호
주소 서울시 중구 삼일대로 343 위워크8층
전화 031-581-0491 팩스 031-581-0492
전자우편 book@happypress.co.kr
값 20,000   ISBN 979-11-91384-47-5

모던파시즘

유대-기독교 세계관을 위협하는 현대 파시즘

Modern Fascism

Jr. Gene Edward Veith

최봉기 옮김

드러커마인드

출판사 서문

이 책은 현재 우리가 직면하고 있는 시대에 관한 우려와 통찰력을 제공한다. 기독교 신앙에 대한 이해를 확장하고 심화하는 한편, 오늘날 우리들을 당혹스럽게 하는 문제를 분석하고 투명하게 함으로 진지하고 책임 있는 접근을 통해 궁극적으로는 그리스도 안에 있는 하나님의 사랑을 이해하도록(엡3:17-18) 한다.

이 책이 다루는 이슈에서 우리가 기대할 수 있는 것은 기독교인의 책임성과 동질성(integrity)에 관한 관심이다. 독자는 아마도 저자의 분석과 해석에 다른 견해를 가지고 있을 수 있겠으나 이슈와 관련된 성서의 교훈, 이와 관련된 성경의 가르침이 타협 없이 투명해지기를 바란다. 성경의 교리가 타협 없이 분명하게 정의되어야 한다는 점에는 이의가 없을 것이라고 본다. 성경의 교리는 교리의 실천이나 적용과는 구별될 필요가 있다. 정보와 대안적 선택은 신중하게 고려되고 명확하게 이해돼야만 한다.

이념에는 결과가 따른다. 이념들이 격동하는 혼란 속에 예리한 분석가, 사상가들 마저도 휘말려 들어가고 있다는 사실이 우리들을 두렵게 한다. 최근에 지각이 있고 통찰력 있는 여러 저자들의 책과 논문에서도 경종을 울리고 있다. 그러한 자료들로는, 디네 수자/Dinesh D'Souza의 자유교육/Liberal Education, 찰스 스카이스/Charles Sykes의 프로스캠/Proscam, 개리 윌스/Gary wills의 하나님 아래: 종교와 미국의 정치/Under God: Religion & American Politics, 개리 마모스/Gary Amo의 선언 지키기, 토마스 C. 오덴/Thomas C. Oden의 현대 이후의 신학 목록들/Agenda for Theology: After Modernity – What?, 폴 윌키스/Paul Wilkes의 우리의 영혼을 형성하는 손들/The Hands That Would Shape Our Souls(Atlantic Monthly, December 1990), 마빈 올라스키/Marvin Olasky의 타락한 언론/The Prodigal Press 외에도 다수가 있다. 이 모든 자료들은 하나의 modus vivendi(서로 다투지 않기 위해 맺는 협정-역자 주)를 찾기 위한 분석적 경향이 도전적이고 다루기 힘들기 때문에 아예 우리들을 완전히 따돌려버릴 수도 있다.

진 베이트/Dr. Gene Edward Veith Jr.의 다른 저서인, 온 마음을 다한 하나님 사랑/Loving God with All Your Mind (Crossway, 1987), 은 양심적인 그리스도인을 위한 적극적인 개인적 관점을 제공해 준다. 행간 읽기/In Reading Between the lines (Crossway, 1990)에서는 비평적인 문학 읽기를 위한 실질적이고 실천적인 안내를 제공한다. 이 책, '모던 파시즘: 유대-기독교 세계관 청산'에서는 민족국가나 인종을 고양시키는 반면, 개인과 개인의 권리를 무시하며, 사고 통제와 엄격한 규격화를 도모하고,

도덕적 객관성을 무시하며 깨어 있는 모든 것, 모든 사람들을 휩쓸어 버리는 파시즘을 선별하고 정의함으로써 헤아릴 수 없는 가치를 제공한다. 저자는 파시즘이 알게 모르게 오늘날 사회를 어떻게 형성시키고 있는지를 보여준다. 그는 조심스럽게 우리 사고를 형성시키는 다른 이념들의 파시즘과의 관계에 대해서도 명확하게 정리하고 있다. 가장 중요한 것은 저자가 역사 이야기, 문화비평, 그리고 신학적 분석을 능숙하고 설득력 있게 결합하여 개인의 평온과 안정을 위협하는 수많은 이념적 교차에 의해 밀려나고 흔들리고 있는 사람들에게 꼭 필요한 안내와 희망을 제공해 준다는 것이다.

이 책을 읽는 동안 베이트 박사는 신학적 교리에 대한 지식과 진리를 탐구하는 개방적인 마음을 억제시킨다는 일반적인 신념이 오류라는 것을 보여준다. 그는 기독교 신학이 지식을 습득하고 통합하는데 유용한 틀을 제공하고 결코 진리의 추구를 억압하지 않는다는 것을 설득력 있게 보여준다. 성경의 원리를 명확히 하고 이를 적용하려는 성실하고 양심적인 노력은 다원주의와 개인주의를 자부하면서도 어떤 면에서는 파시스트식 지배에 사로잡혀 있는 사회에서 세속적 상대주의의 틀에 의존하는 것보다 훨씬 우월하다는 것을 알게 해준다. 진정한 기독교 방식으로 베이트 박사는 교의적으로 반응을 처방하지 않고 단지 폭로하고 설명하고 상담한다. 그렇게 함으로써 그는 파시즘과 실존주의, 신학적 자유주의, 그리고 아방가르드(전위대-역주) 사이에 종종 눈에 띄지 않는 연관성을 명확히 하는 어려운 목표를 달성한다. 이 책은 그런 점에서 특별하다.

저자 서문

파시즘이 돌아왔다. 그것은 역사의 뒤켠으로 사라지기를 거부해왔다. 제2차 세계대전이 끝난 지 70여 년이나 지났지만 기이한 사건들과 혼란스러운 뉴스들이 우리들 주변을 산만하게 하고 있다. 스물아홉 살인 무솔리니의 딸이 네오파시스트 당명으로 이태리 의회에 출마하기도 했다. 미국 나치당의 전 당원인 듀크/David Duke는 미국 대통령에 출마했었다. 언론의 관심과 일부 포퓰리스트의 지원에도 불구하고 듀크는 탈락되었지만 알렉산드라 무솔리니는 다른 서른네 명의 네오파시스트 당원들과 함께 이태리 의원직에 당선되었다.

머리를 삭발하고 전투화를 신은 스킨헤드들이 유럽 곳곳에서 축구 폭동을 일으키고, 외국인들에게 폭력을 저지르며, 나치 문양의 낙서를 하곤 한다. 미국에서는 젊은 스킨헤드들이 길모퉁이에서 인종차별주의 문건을 배포하고 아리안 국가(Aryan Nation)와 같은 네오나치 당원 의식을 공공연하게 자행한다.

이러한 미치광이들이 우리 주변에 늘 있어왔지만, 지금은 파시즘 표식들이 대규모의 사회운동 양상으로 나타나고 있다. 독일에서는 인종폭동이 재현되고 있다. 프랑스는 점차 더 많은 네오파시스트들을 의회로 보내고 있다. 공산주의의 붕괴는 민주주의에 위대한 승리를 안겨주었지만 그 틈새의 공백을 격렬하고 폭력적인 인종적 민족주의와 제2차 세계대전 이후 억눌려졌던 파시스트의 부흥이 공공연하게 살아 있는 운동들로 확산되고 있다. 보리스 옐친이 러시아에서 파시스트 쿠데타를 두려워한다고 말했을 때에, 그럴 만한 이유가 있었겠으나 지금은 바로 우리 자신들이 그와 같은 동일한 우려를 하고 있는 것이다.

한편으로, 불안한 문화적 추세로써 민주주의에 대한 냉소주의, 카리스마적 지도자에 대한 열망, 경제적인 불만, 도덕적 회의주의, 비합리적인 문화 등 형언하기 어려운 폭력적 행동들이 서구 전체에 만연하고 있는 실정이다.

파시즘은 학계에서도 성행하고 있다. 실존주의의 현자로 불리는 마틴 하이데거/Martin Heidegger에 관한 최근 전기에서 그가 나치 당원에 일시적이긴 하지만 분명하게 연루되었음이 밝혀졌다. 그의 사상으로부터 영향을 받은 이론가들, 비평가들, 신학자들은 당황하지 않을 수 없었다. 20세기의 가장 영향력 있는 철학자에 대해서 변호하기도 하고 혹은 반성하기도 하는 당혹스러운 모습이 드러나고 있는 것이다.

하이데거의 스캔들이 들추어졌을 무렵, 해체주의 비평가인 폴 드 만/Paul De Man의 반 유대주의 논문이 파시스트 신문에 기고되었다. 이 소식은 정치적 좌파와 모든 권위를 거부하는 포스트모던 이론가들을 동요하게 만들었다. 많은 학자들은 단순하게 하이데거의 지적 정교함과 드 만의 진보적인 회의주의를 파시즘의 잔인성과 직접 연결시킬 수는 없었다. 이들 많은 학자들은 일반 대중과 더불어 그들의 학문에 일종의 집단적 기억상실증과 같은 낯선 간극을 보여주었다. 그들은 파시즘이 실제로 무엇을 가르쳤는지에 대한 명료한 생각을 지니고 있지 못했던 것이다.

하이데거와 드 만의 개인적인 실수보다 훨씬 더 혼란스러운 것은 오늘날의 지적 기반에 연결되어 있는(부분적으로는 그들의 영향력을 받은) 이데올로기이다. 문화적 결정론, 모든 사회적 관계의 단순한 권력 문제에로의 환원, 자신이 속한 인종에 의해서 인간의 정체성이 결정되는 것, 개인에 대한 부정 등 이러한 생각들이 학문적으로도 일반화되고 있는 것이다. 서구 문명을 해체하고 인본주의 가치(예를 들면, 자유, 이성, 객관적인 도덕 원리)를 비판하는 현대 사상의 프로젝트는 더 이상 새로운 것이 아니다. 이런 모든 생각들은 1930년대 파시스트 이론을 반복하고 있는 것이다.

대중문화는 파시즘의 가장 비옥한 번식지이기도 하다. 1930년대에 전위(아방가드) 예술가들은 폭력을 미화하고 야만적인 감정의 발산을 예능화하는 미학 이론으로 부르주아 계급에 충격을 주었다. 오늘날 초기 파시스트 미학의 예를 들면, 최신 할리우드 블록버스터를 보거나 엠티브이/MTV를 켜든지 헤비메탈 콘서트에 가보면 알게 된다. 거기에서 바로 파시스트들의 이상, 즉 폭력에 의한 즐거움, 도덕적 반항의 스릴, 아리안 육체에 대한 숭배를 확인하게 된다. 유혈이 낭자한 공포영화, 기관총으로 적을 처결하는 보디 빌더들, "죽여버릴 거야" 비명을 지르는 메탈리카/Metalica의 노래, 이에 맞춰 춤추는 십 대의 무리들, 소위 이런 예술들이 파시스트 미학의 정수가 되고 있는 것이다.

현대의 대중 정치는 매디슨/Madison과 제퍼슨/Jefferson의 민주주의적 이상과는 거리가 아주 멀다. 현대 정치적 담론은 문제에 대한 합리적인 분석과 논쟁 대신 대중 매체를 통한 이미지를 조작한다. 전자 매체들이 이러한 류의 대중문화를 만들어 내고 있다. 시각적인 이미지가 언어를 대체하고, 감정주의가 논리를 대신한다. 나치의 선동가 괴벨/Goebel이 꿈꾸었던 것이 바로 이런 것이었다.

도덕적 문제들을 객관적 용어로 논의한다는 것은 오늘날 거의 불가능하다. 안락사도 다시 돌아왔다. 사람들은 죽을 권리를 위해 야단법석이다. 임신 네 건 중 하나에 해당하는 낙태는 그 수가 수백만에 달한다. 이와 같은 문제를 논의하는 오늘날 대다수의 사람들 속에 개인과 문화를 초월하는 객관적인 도덕성에 대한 개념 따위는 아예 염두에도 없음이 명백해졌다. 도덕성은 사회적 효율성 혹은 의지의 주장으로 전락되었다. 이것이 바로 나치의 윤리관이었다.

불과 70여 년 전만 하여도 세계는 전쟁과 홀로코스트의 악몽에 빠져 있었다. 지금 우리는 이 모든 것들을 망각하고 있는 것처럼 보인다. 영화에서 나오는 소름 끼치는 악당들의 이미지 외에는 파시스트들이 정확히 무엇을 믿었는지를 기억하는 사람들이 없는 것 같다. 악몽에서 깨어난 이후 그러한 망각은 어쩌면 자연스러웠던 것이며 의식적으로 가능하면 빨리 그 기억을 지워버리고 싶은 마음이었을 것이다. 그러나 70여 년 전의 악몽은 결코 꿈이 아니었다. 그 일은 정말로 일어났고, 이제는 그런 일이 다시 일어나지 않도록 하지 않으면 안 되게 되었다.

우리는 파시즘이 무엇인지를 알고 있어야만, 그러한 현상들을 볼 때에 사실을 인식할 수가 있을 것이다. 그렇게 함으로써 비로소 파시즘을 잘못 인식하는 일이 없게 된다. 파시즘은 결코 보수주의가 아니다. 그렇다고 좌익의 정 반대에 있는 우익도 아니다. 그러한 단순한 정의와 명쾌한 이분법은 어느 정도는 사실일지도 모르지만 그렇게 드러나는 것보다 훨씬 더 많은 것들이 숨겨져 있다. 특별히 그러한 현상은 현대적인 파시즘과 진보적인 전위대들에게서 나타나고 있다. 파시즘이 그들의 최전선에서 항상 활동하고 있는 것이다.

특히 나치들이 왜 그렇게 유대인을 증오했는지를 아는 것은 중요하다. 인종주의 하나 만으로 나치의 반유대주의적 특성을 설명할 수는 없다. 그들이 유대인들을 열등하다고 여겼던 것은 무엇이었을까? 그들의 마음속에서 서구문화를 오염시켰다고 하는 유대인들의 유산을 무엇이라고 본 것일까? 유대인들과 그들의 유산이 서구 문화에 확산된 것하고 나치가 회복시키고자 했던 아리안의 이상과 다른 것은 무엇이었을까?

초월적인 하나님, 그분이 계시한 초월적인 도덕법은 파시스트들에게 혐오스러운 것이었다. 그러한 초월성은 인간을 자연과 그들 자신으로부터 소원하게 한다고 주장한다. 파시스트 지식인들은 자연과 인간의 감정, 공동체에 초점을 둔 새로운 내재적 영성을 형성하고자 한다. 파시스트들은 기독교 이전의 원시성, 개인과 자연, 개인 상호 간과 자신들의 내면의 충동성과 결합하는 경험으로써의 고대 신화적 감성을 회복시키고자 한다.

파시즘은 본질적으로 하나의 영적 운동이었다. 그것은 유대-기독교 전통, 곧 성경에 반하는 것이었다. 일부 파시스트들은 기독교가 유대적인 요소로부터 정화되었다고 믿었으나 다른 이들은 그마저도 완전히 대체되어야 한다고 믿는다. 어떤 이들은 신앙이 새로운 문화에 조화되도록 개정하는 혼합적인 기독교를 주장하기도 한다. 완전히 다른 종류의 종교적 경험을 추구하는 이들도 있다. 초월성을 거부하는 파시스트들은 고대 이교도의 의식을 회복시키고자 한다. 이와 더불어 현대 기술과 지성적인 정교함으로 무장된 야만주의가 등장한다. 초월적 도덕률과 유대적인 양심의 청산은 가장 원시적이고 파괴적인 감정 즉 원죄의 방출을 가능하게 만들었다.

이 책은 히틀러 전후 20세기 파시즘을 다룬다. 20세기 사상에서는 파시즘이 중요하게 여겨지거나 그 반대로 소홀히 여겨지면서 지속되어왔다. 저자는 파시즘과 실존주의, 신학적 자유주의 그리고 전위대(avant-garde)에 대해서 논의할 것이다. 저자의 목표는 파시스트 이론가들의 사상의 내부에서 그들의 내부 논리와 그런 것들이 사람의 관심을 끄는 이유를 밝히고자 한다. 저자의 방법은 역사적인 담론과 문화적 비판, 신학적 분석을 조금은 다른 방법으로 결합시키고자 하는 것일 수도 있다. 포스트모던에 대한 저자의 비판에도 불구하고 이 책은 일종의 포스트모던 학문의 실현이기도 하다.

　저자는 이런 작업이 논란을 불러일으킬 것이라고 예상하지만 파시스트 이념과 그 현대적 맥락에 대해 말하는 것에 의문을 제기하는 사람들은 파시즘, 양차 세계대전 그리고 홀로코스트에 대한 최근의 학문의 다양성에 대해 자문하게 될 것이다. 일차적인 주요 자료를 분석하고 역사적 고증을 통한 선별적 연구와 적용이 시급한 실정이다. 로버트 리프톤/Robert Lifton의 나치 의사/The Nazi Doctors의 의료윤리 논쟁에 관한 내용들을 읽을 필요가 있을 것이다. 로버트 에릭슨/Robert Ericksen, 프랭클린 리틀/Franklin Little, 에른스트 하임라이/Ernst Heimreich 와 같은 교회사가들의 그리스도와 문화 간의 관계에 관한 질문에 대해서는 신학교에서 다룰 만한 연구 주제가 될 것이다. 비록 홀로코스트 학자들에 의해 하이데거 주의 성향이라고 비판을 받고는 있지만 에른스트 놀테/Ernst Nolte의 파시스트에 대한 현상학적 분석은 파시즘의 기원에 대한 지브 스턴헬/Zeev Sternhell의 파시즘 기원과 관련된 역사적 연구로서 귀중한 자료가 될 것이다. 빅토르 파리아스/Victor Farias의《하이데거 전기》는 위대한 철학자에 관한 논쟁적인 사실들을 보여줄 뿐만 아니라 히틀러 독일 시대의 학문적 분위기를 생생하게 재현해 준다. 유대인 저자 조지 스타이너/George Steiner, 막스 바인라이히/Max Weinreich, 엘리 비젤/Elie Wiesel은 저자의 논제를 형성하는데 이루 다 평가할 수 없을 정도의 도움이 되었다. 홀로코스트에 관한 문헌들은 인간 조건에 관한 연구를 위해 매우 중요한 자료로 조명된다. 저자는 데이비드 허쉬/David Hersch가 포스트모더니스트의 침략에 대항하여 최선을 다한 입장에 감사한다.

(루터란 학문에 관하여 굳이 밝히고자 한다면) 루터란 전통은 종종 독일로 하여금 히틀러에 쉽게 굴복하게 했다는 비난을 받는다. 때문에 파시즘에 대한 저자 자신의 이러한 공격은 회개의 행위일지도 모른다. (루터란의 회개를 믿는다면). 그러나 저자는 루터란이 아닌 성경과 교리, 수 세기 동안 공격받아 온 역사적인 기독교의 초월적 영성, 헌신적인 고백교회 교인으로서 이 글을 썼다. 저자는 혼합주의자가 아닌 히틀러의 독일 시대에 맞서 그들이 신앙을 위해 생명을 바친 전통에 섰으면 하는 바람을 가지고 이 책을 썼다.

목차

Jr. Gene Edward Veith

1. 시대의 질병: 서론

유대인들을 살해함으로 서구문화는 하나님을 고안해 낸 사람들
을 근절시키고자 했다… 홀로코스트는 오랫동안 억제되어 온 자
연 감각 의식, 본능적인 다신교, 물활론적인 일종의 반사작용이
다. - George Steiner - (1)

이 책에서는 데이비드 허쉬/ David H. Hirsch 가 "가장 진보
된 단계에서의 유럽의 문화는 죽음의 수용소 건설과 실행을 막
는데 무기력했을 뿐만 아니라 실제로 죽음의 수용소가 세워지
는데 이념적 기반을 제공한 은밀한 비밀"이라고 묘사한 내용을
입증하고자 한다.(2) 사실 이보다 더 은밀한 비밀은 우리들로 하
여금 마치 아무것도 일어나지 않았던 것처럼 죽음의 캠프를 향
하여 계속해서 나아가도록 한 현대 사상의 동일한 "진행 단계"
라고 할 수 있겠다.
파시즘의 유혹에도 불구하고 결국에는 파시즘에 저항한 독
일의 소설가 토마스 만(Thomas Mann)은(3) "어느 나라도 자유롭

지 못한, 어느 곳이든 정착하고 있는 시대의 질병"이라고 말하였다. 만은 계속해서 "파시즘에 대한 군사적 승리에도 불구하고 우리가 살고 있는 서구의 파시스트 시대는 계속 살아있을 것"이라고 말한다.(4)

히틀러와 이차 세계대전 당시 힘의 축이 패배한 것은 파시즘의 군사적 패배를 의미하지만 이데올로기는 군사적 힘 만으로는 패배시킬 수 없는 것이었다. 이데올로기는 지금도 여전히 살아남아 있다. 그것은 시대를 따라 다시 살아나거나 숨어있다가 새로운 형태로 변형되어 나타나기도 한다. 현대 사상의 중요한 스캔들은 바로 세계대전과 홀로코스트에도 불구하고 파시즘의 지적 유산이 거부되지 않았다는 것이다.

기이하게도 오늘날 역시 파시스트들이 믿었던 것과 동일한 생각을 지니고 있는 사람들이 여전히 있다는 것이다. 파시즘은 단순히 광적인 사람들이 권력을 장악한 것이 아니었다. 그렇다고 파시즘이 보수주의는 아니다. 단순하게 인종주의, 전체주의 또는 극단적인 우익으로 이해할 수 있는 것도 아니다. 이런 것들은 일종의 증후군이라 할 수 있는 것으로 질병의 본질은 아니다. 파시즘은 하나의 세계관이었던 것이다.

이와 같은 세계관의 요소들은 낭만주의, 다원주의, 실존주의로부터 도출된 것이다. 이들은 서구 사상의 주류에 해당하는 이념들로써 1930년대 지적 엘리트들이라면 기본적으로 주장하는 것들이었다. 그것이 오늘날까지 남아 있는 것이다.

이와 같은 세계관은 이내 영적인 함축성을 지니게 된다. 파시스트 전체주의는 정치적인 통제 체계 그 이상으로, 모든 삶을 전체주의적 성향이 되게 한다. 파시즘은 정치, 경제적 체계로만 나타나지 않고 현대 세계의 소외를 치유하는 새로운 종교로도 등장한다. 정서적인 삶이 해방되고 자연과의 조화가 이루어지며, 문화를 다시금 활성화시키고자 하기도 한다. 이렇게 새로운 세계관은 기존의 영적 구조 즉 유대인, 그리고 그들의 성경과 적대적 입장에서 스스로를 정의한다. 그들은 성경을 거부할 뿐만 아니라 의미, 초월적 도덕성, 언어 자체의 권위를 거부하는 가운데 파시스트들은 자신들을 성경 말씀에 대적하는 자리에 위치시킨다.

파시즘 신학

파시즘은 유대인을 적대적으로 대한다는 점에서 명확하게 이해된다. 나치가 유대인을 말살하려고 했던 것처럼, 파시즘은 서양 문화에서 유대-기독교 전통을 제거하려고 했다.

에른스트 놀테/Ernst Nolte는 파시즘을 초월성에 대한 현실적이고 폭력적인 저항이라고 정의했다.(5) 유대-기독교 전통이 초월적인 도덕률에 초점을 맞추는 반면, 파시스트 영성은 눈에 띄고 만질 수 있는 것을 강조한다. 자연과 공동체는 고대 신화 종교에서처럼 신비로운 역할을 한다. 종교적 열정은 초월적인 것으로부터 멀어짐과 동시에 내재적인 것, 땅, 사람, 피, 의지적인 것 등을 지향한다.

파시스트들은 자연, 공동체, 그리고 자아와 연관된 유기적인 신학적 통합을 추구한다. 자연 위에 있는 하나님 개념, 사회 위에 있는 도덕법은 거부된다. 그와 같은 초월적인 믿음은 인간 존재를 자연적인 실존과 상호간으로부터 소외시키고 단절시킨다고 본다.

특히 초월적인 믿음은 유대적인 것이라고 혐오된다. 파시스트의 반 유대주의는 민족적인 사회주의에 지배적인 생물학적 인종 이론에 국한되는 것이 아니었다. 반셈족 사상은 유대인의 인종을 넘어 그들의 사상에 관한 것이기도 하다. 파시스트 이론가들은 종교와 초월적인 도덕률이라는 서구문화의 병폐에 관한 책임을 유대인들의 탓으로 돌린다. 파시스트들의 표적은 유대인들뿐만 아니라 유대-기독교적 전통을 지향한다.

그들에게 있어서 기독교는 성경과 더불어 제거되어야만 하는 것이었다. 기독교는 항상 문화에 개방적이었기 때문에 문화에 흡수적인 기독교 버전이 있어 왔다. 대부분의 파시스트들은 보이는 사회적 제도에 신성한 지위를 부여하는 조직된 종교적 요구가 있음을 보았다. 이는 낭만적인 가톨릭이나 개신교의 시민종교 형태 하에 성취된 것이기도 하다. 전쟁 전 독일에서 시작된 자유주의 신학은 영혼 구원과 같은 초월적인 문제에 있어서 교회의 전통적 관념에 도전적이었다. 그렇게 함으로써 자유주의 신학은 문화와 정치에 몰입하는 이 세상적인 의제를 교회에 제공했다. 자유주의 신학자들에 의한 성경 비판은 성경의 권위를 끌어내림으로 기독교 내에서 유대인의 입지를 약화시켰다.

파시즘은 국가-자연-종교의 형태로 전환하여 기독교를 받아들이고자 했지만 보다 급진적인 파벌들은 기독교 이전의 부족 종교를 복원시키고자 했다. 파시스트 종교의 최종적인 복원은 원시적인 새로운 이교주의(neopaganism)를 확립하는 것이었다. 파시스트들은 자연, 문화, 그리고 심령을 결합시키는 신화적 의식을 회복시키고자 했던 것이다. 히브리 성경으로 성문화된 유대-기독교 전통을 버림으로 새로운 영적 질서를 가져오고자 하는 것 만이 아니었다. 오히려 그것은 가장 원시적인 영성 곧 신적인 왕의 치하에서의 오랜 이교적 질서, 신성한 공동체, 자연과의 친화, 희생적인 피의 영성을 복귀시키고자 했던 것이다.

파시즘은 유대-기독교 전통에 대항하는 고대 이교 문화의 부활을 의미하게 되었다. 파시스트들은 오늘날 우리가 하는 것처럼 원시성을 찬양하였다. 신화적 문화는 심령의 통합, 공동체의 연합, 환경과의 조화를 촉진시키고자 했다. 하지만 그들은 그룹에 대한 엄격한 순응을 요구했고 사회적 비판은 금물이었으며 전쟁을 영광스럽게 여기고 유아 살해, 안락사 같은 잔인한 실행을 허가했다.(6) 이처럼 신화론적인 문화의 적극성과 소극성 모두가 파시즘 안에서 실현되게끔 한 것이다.

오늘날 신 이교주의가 다시 유행하고 있다. 종교 서적 판매처에서는 점성학, 행운, 점성술에 관한 책들이 유대-기독교 서적들을 뒷전으로 몰아내고 있다. 뉴에이지 운동은 예언, 신성시 여겨지는 물건(예를 들면 수정) 같은 고대 이교적인 관습들을 부흥시키고 있다. 기독교 내에서는 보수파나 자유파를 막론하고 초월적인 명성에서 멀어지고 있다. 대신에 예언자적 심판, 구원을 대신하여 세상적인 복음을 선포하고 있다. 좌, 우파를 막론하고 정치적 활동이 미국 기독교의 에너지를 소진시키고 있다. 자유주의, 보수주의를 막론하고 대중 속에서 자신의 정체성을 상실함으로 주관적인 경험과 정서적인 성취를 선호하는 가운데 초월적인 교리를 경시하고 있다. 놀테/Ernst Nolte가 지적한 대로 초월에 대한 거부가 전체 문화 속에서 오늘날 현대 종교를 특징짓고 있는 것이다.

파시즘과 현대사상

20세기 가장 지적이고 영향력 있는 철학자 마틴 하이데거가 이념적으로 나치에 헌신했다는 것이 알려졌다. 하이데거의 나치즘과의 연관은 그의 추종자들을 당혹스럽게 만들었다. 하이데거와 같은 지성이 아돌프 히틀러의 당 라인을 따랐다는 것은 사람들에게 당혹스러워 보이지 않을 수 없을 것이다.(7) 하이데거는 기회주의자였을 수도 있지만 그렇다고 그의 정치적 활동이 그의 철학적 공헌을 손상시키도록 해서는 안 된다고 말하는 사람들도 있다. 그의 실존주의가 인신공격으로 인해 신용을 잃어서는 안 된다는 의미이다. 하이데거의 실존주의와 국가 사회주의의 이데올로기 간의 밀착된 연결이 있을 것이라고 사람들이 생각하지 않는 것이다.

포스트모던 비평가가 친 나치 정기간행물의 선전원이었다는 사실이 알려지자 그의 추종자들은 혼란에 빠졌다.(8) 폴 드 만/Paul De Man의 해체방법론은 파시즘과 아무런 관련이 없을 수도 있다. 해체는 모든 객관적 의미와 권위에 의문을 던진다는 의미에서 어쩌면 그것은 파시즘으로부터의 방어가 될 수도 있다. 드 만이 벨기에에서 그의 젊은 시절 무엇을 했든 그 이유가 그의 지적 공헌을 불신한다는 의미가 되어서는 안 될 것이다. 해체와 파시즘이 서로 연관되었다는 것은 생각의 여지가 없을 것 같다.

하지만 하이데거와 드 만의 파시즘에 대한 충성이 사실이든 아니든 간에 그들의 참여에 대한 논란 자체가 현대 학문의 문제점을 보여주는 것이라고 하겠다. 그것이 무엇이든 그리고 어떤 것이든 파시즘에 대한 기억은 우리들의 문화 의식에 대한 억눌림이 되고 있음을 입증해준다.

하이데거와 드 만이 무솔리니와 히틀러의 열렬한 지지자는 아니었던 것 같다. 스펜더/Stephen Spender가 인정한 것처럼 오늘날 위대한 작가들 가운데서도 파시즘에 동정적인 사람들은 있었다.(9) 스펜더는 그의 책, 파시즘의 호소/The Appeal of Fascism 1919-1945에서 에즈라 폰드/Ezra Pound, 로렌스/D. H. Lawrence, 예츠/W. B. Yeats, 알스데어 해밀튼 Alastair Hamilton 등을 그 예로 지적하면서 조지 버나드 쇼/George Bernard Shaw, 윈덤 루이스/Wyndham Lewis, 흄/T. E. Hulme, 로이 캠벨/Roy Campbell, 그리고 초기 엘리옷/T. S. Eliot의 전위 예술 운동, 이를테면, 소용돌이파/Vorticists, 이탈리안 미래주의자/Italian Futurists, 독일 표현주의자/German Expressionists 등 파시즘 동조자들도 그 속에 포함시켰다.

다른 분야에서 저명하고 영향력 있는 인물로서, 심리요법과 신화적 의식 옹호자인 칼 융/Carl Jung 같은 이들도 비록 한순간이기는 하지만 파시즘에 추파를 던졌던 때가 있었던 것 같다.(10) 계획된 부모/Planned Parenthood) 창시자 마거릿 생어/Margaret Sanger는 미국에서 히틀러의 우생학 프로그램을 홍보하기도 했었다.(11)

파시스트 동조자의 명단은 20세기 문화의 인명부(Who's Who)를 읽는 것과도 같다. 그들 중 많은 사람들은 전쟁이 발발하고 파시즘의 끔찍한 의미가 분명해지자 이전의 충성을 철회하기는 했지만, 그들이 히틀러로 하여금 권좌에 오르게 하는 지적, 문화적 분위기를 만들어 낸 사실을 비껴가지는 못할 것이다.

파시즘은 20세기 사상과 문화의 중요한 요소이다. 이 진실을 억제하고자 하는 것은 역사를 외면하는 것이다. 파시즘은 현대 문화의 주류와 별도로 이해할 수 없다. 역으로 20세기 사상 역시 파시즘과의 연관성을 떠나서 이해할 수 없을 것이다.

친 나치주의 모더니스트들이 여전히 영향력을 행사하고 있다. 에즈라 폰드/Ezra Pound의 영향력은 아직도 현대 문학에서 지속되고 있다. 시인이나 비평가들에게 그가 파시스트라는 것은 중요하지 않은 것 같다. 하이데거는 지금도 여전히 대학과 신학교에서 존경을 받고 있다. 아돌프 히틀러에 대한 그의 충성이 지성인들과 신학자들 간의 인기와 명예에 영향력을 주고 있는 것 같지 않다. 히틀러가 벙커에서 죽었다고 해서 나치의 참상을 촉발시킨 사고방식과 문화적 경향성이 사라진 것은 아니었다. 히틀러에 대한 기억이 희미해지면서 오히려 추종자라고 여겨지는 그들의 인기가 점점 더 부상하고 있는 실정이다.

카실로/Robert Casillo는 에즈라 폰드/Ezra Pound의 파시즘이 학자들 사이에서 어떻게 다루어졌는지를 연구한 바 있다. 아무도 폰드의 잔인한 반유대주의와 무솔리니를 위한 그의 선전 방송을 거부하지 않았던 것이다. 대부분의 비평가들은 여전히 그의 파시즘을 대수롭지 않게 보고 있다. 대신 그들은 20세기 문화에 대한 폰드의 보다 긍정적인 기여에 초점을 두고 있는 것 같다. 그들은 폰드의 반 유일신론, 농지주의, 신 이교주의, 신화 예찬론, 자연예찬, 구체성에 대한 고집과 추상적인 것에 대한 의구심에 대해서 연구한다. 이러한 면에서 파운드의 저작들을 별도로 대하다 보면 진보적이고 인도적인 것으로 보여 지지하기도 한다.

대부분의 폰드 연구 학자들이 깨닫지 못하고 있는 것은 이러한 가치들이 모두 파시즘에서 나왔다는 사실이다. 반 유일신론, 농지주의, 신 이교주의, 신화론적 의식, 자연 신비주의, 반 이성주의 그리고 이와 관련된 입장들은 "모두 함께 전형적"인 형태를 취하면서 파시스트의 별자리를 서로 강화시키고 있는 것이다.(12) 이러한 신념들은 심지어 그가 무솔리니를 위한 방송보다도 더 파시즘적이 된다. 현대 학자들은 그들이 파시즘을 찬양했다는 사실을 망각한 채 막연하게 찬양한다. 학자들이 이러한 생각들을 진보적이고 인도적이라고 생각하는 것은 지적인 풍토가 여전히 파시즘을 향하여 순진하게 열려 있다는 것을 입증하는 예가 될 것이다.

오늘날의 지적 기득권을 파시즘과 연관시키는 것은 겉으로 보기에 불합리해 보일지도 모른다. 대학교수진 가운데 백인 우월주의자, 백인 아리안 국가 또는 극우 혐오 그룹 멤버들이 있을 것이라고 쉽게 간주하지는 않는다. 하지만 학문적 문화는 좌파를 선호하는 경향이 농후하다. 이들은 마르크스주의를 선호하지만 파시즘은 결코 아니라고 한다. 지적인 엘리트들 가운데 인종차별은 보편적으로 지탄받는다. 모든 종류의 권위주의도 의심받고 있다. 대학 캠퍼스 내의 새로운 정치적 행동주의는 여성과 소수 집단의 권리를 주장하고 모든 흔적들을 지워버리고자 한다. 심지어 파시즘과 해체 사이에 어떤 연관성이 있다는 것이 보여 질지라도 그로 인해 해체적인 비판이 반동적이기까지는 아니지만 급진적이라는 사실을 바꿀 수는 없을 것이다.

그러나 모더니즘 사상가들이 부지중에 파시즘의 판도라 상자를 여는 어리석음을 저질렀다면 포스트모더니즘 사상가들도 같은 어리석음을 저지르지 않도록 조심해야 했다. 1930년대 파시스트 이론가들의 말을 놀랍게 연상시키는 예로써 개인의 정체성은 문화와 민족성에 의해 실제로 결정되는 하나의 신화와 같다고 한 것을 들 수 있겠다. 법과 사회적 관습은 권력의 가면일 뿐이다, 인간 중심의 가치는 부패한 서구 문명의 일부이다, 이성과 객관성 그리고 언어의 초월적 의미는 환상일 뿐이라는 등 일련의 사상들이 오늘날 학계에서 생겨나고 있다. 이러한 견해들을 주장하는 사람들이 과연 이 모든 것들이 바로 파시즘

교리에 해당한다는 것을 깨달을 수 있을까?

개인의 정체성 개념을 신화로써 거부하고 모든 현실이 사회적으로 구성된다고 믿는 사람들은 그들이 말하는 것이야말로 정치적이라는 사실을 고려해야 한다. 그러한 가정 하에서 과연 개인의 자유 같은 것이 가능할까? 국가의 권력에 과연 제한이 있을 수 있을까?

모든 법, 정부, 관계, 제도가 억압의 패턴과 원초적인 권력 행사를 위한 가면에 불과하다고 주장하는 사람들은 이러한 가정들이 양쪽 모두를 단절시킨다는 것을 깨달아야 할 것이다. 권력 축소론자는 부당성을 들추어내고 억압받는 이의 편을 들 수 있을지 모른다. 권력 축소론자들은 쉽게 억압을 불가피한 것이라고 정당화시키고 제한되지 않은 권력의 사용을 합리화할 수도 있을 것이다.

민족주의, 원시주의, 환경주의, 주관주의를 선호하는 가운데 서구 문명을 공격하는 사람들은 그들의 비판과 제시하는 대안들이 파시즘의 이론가들에 의해 만들어진 것과 거의 동일하다는 것을 깨달아야만 한다. 기분 좋게 인본주의적 가치를 해체하는 사람들은 어떤 종류의 가치가 그들의 자리를 차지하게 될 것인지를 궁금해 해야 한다. "비인간적인" 새로운 도덕은 과연 어떤 것일까? 오늘날 우리가 악이라고 부르는 것과 비슷한 것일까?

오늘날 포스트모던주의자들은 그들이 자유롭다고 생각하는 방식으로 인본주의적 가치를 비판한다. 그들은 사회적인 책임감을 회복시키기 위해 개인적인 정체성 개념을 공격한다. 인종, 성별, 또는 계급에 근거한 억압을 드러내기 위해 숨겨진 힘의 작용을 폭로한다. 최선의 동기를 지니고 있는 만큼 그들이 곧 파시스트들은 아니라고 할 것이다.

하지만 그들은 바로 1930년대의 파시스트들도 서구 문명과 인간 중심적 가치를 해체하려고 노력했다는 사실을 깨달아야 한다. 그들은 개인의 정체성 개념을 공격했고 현실이 사회적으로 구성된다는 것을 가르쳤다. 또한 모든 제도들은 노골적인 권력이라는 점을 강하게 주장했다. 민족성에 지나친 자부심을 가졌으며, 역시 환경주의자들이기도 했다. 그들 역시 의미의 객관성에 의문을 가지고 있으나 차이점이 있다면 현대 사상가들에 의해 그들이 드러낸 권력과 억압의 구조에 대한 맥락적 지탄이 있었다는 것이다. 그러한 주장들의 기초를 무너뜨린 방식을 간과한 채 여전히 검증되지 않는 도덕적 가정을 지니고서 일하고 있는 것이 바로 문제인 것이다.

반면에 파시스트들은 이러한 가정들을 자신들의 논리적인 결론으로 받아들였다. 만약에 개인의 자율성이 환상이라면, 모든 사람들은 공동 국가에서 정체성을 찾아야만 한다. 만약에 사회가 개개인을 형성한다면 개인이 자유를 프로파간다와 사회적 통제로 대체하도록 내버려 두어야 한다. 만약에 권력이 모든 사회적 제도를 강조한다면 우리도 권력을 행사하게 된다. 만약에 인종과 민족성이 결정적인 가치라면 이념은 인종과 민족적인 용어로 평가되어야 한다. 만약에 사회가 본질적으로 인종차별주의적이고, 한 민족 집단이 다른 민족을 억압한다면 우리 자신이 인종차별주의자가 되어 다른 인종들을 굴종시킴으로써 권력 투쟁에서 자신의 인종적 정체성을 보호하게 된다.

이 지경에까지 이르는 포스트모던 사상가는 분명히 없을 것이다. 여기서 관심사는 현재의 지적 현장보다 앞으로 다가올 일에 관한 것이다. 포스트모더니스트들이 객관성, 자유, 도덕성에 대한 신뢰를 잃으면 "포스트모더니즘 운동"은 어떤 모습으로 보일까? 서구의 전통이 해체된다면 그 잔해 위에 어떤 종류의 사회가 세워지게 될까? 대부분의 모더니즘의 원형적 파시스트들은 아돌프 히틀러가 실행한 그들의 생각의 결과를 보고 공포에 질려 주저하게 되었다. 우려되는 것은 오늘날의 포스트모더니스트들도 마찬가지로 악마를 방출해내고 있을지 모른다는 것이다.

허쉬/David Hirsch가 지적한 것처럼, 여성과 소수자를 위한 평등권, 사회 경제적 정의와 같은 포스트모더니스트들의 표면적인 목표는 유대 기독교와 민주적 가치 그리고 이전의 해체주의로부터 나온 것들이다. 그것들은 해체주의에서만 나온 것이 아닌데도, 해체주의는 인권과 개인의 자유를 위한 개념을 제공할 수가 없었기 때문이다.(13)

비록 포스트모더니스트들이 오늘날의 삶에서 기술과 기술관료들의 사회적 병폐에 비판적이라고 주장하지만 (국가, 자본주의, 제국주의, 식민주의, 억압받는 사람에 대한 억압 등 이 모든 것들은 존경할 만한 포스트모던 자유주의 비판의 대상이 되기도 했다) **그들의 이데올로기는 필연적으로 그들의 수호성인인 하이데거의 바람직하지 못한 경향, 즉 데카르트**

모던파시즘

의 인간과 이성 자체에 대한 그들의 공격, 자유주의, 인권과 개인의 권리, 입헌민주주의의 가치에 대한 경멸, 부르주아적이라고 부르는 인간가치에 대한 평가 절하와 존재라는 개념에 대한 조롱을 수반하게 된다.(14)

이러한 포스트모던 개념은 하이데거주의 뿐만 아니라 특히 파시스트 적이기도 하다.

오늘날 옛 파시즘이 부각되는 학파들이 돌아오고 있다. 공산주의의 붕괴는 국가 사회주의의 새로운 의식을 낳고 있다. 인종과 민족은 베오그라드에서부터 로스앤젤레스에 이르기까지 다시 한번 중심적인 이슈가 되고 있다. 백인 아리안 국가와 같은 신 나치 그룹들이 하위문화로 자라나고 있으며 백인들이 갇혀 있는 감옥에서는 더욱 그러하다. 반 유대주의가 다시 나타나고 있다. 스킨헤드족들은 길모퉁이와 학교에서 파시스트 문건들을 나누어 준다. 신 나치 정당들이 유럽에서 정치적으로 권력을 얻는가 하면 비 유럽 난민들이 살해되는 폭동들이 일어나기도 한다.

특히 젊은이들에게 어필하는 이러한 극단주의 조직들이 매우 위험하긴 하지만 파시즘과 유사한 더욱 민감하고 광범위한 경향성이 어쩌면 더욱 위험할지도 모른다. 나치 미학과 분명히 유사한 폭력의 미학은 진지한 예술가들의 작품과 인기 있는 영화 제작자들의 작품 모두를 지배하고 있다. 전위적인 비평가들은 모든 객관적인 가치와 의미를 파괴하며, 파시스트적인 방식으로 그것들을 순수한 힘의 문제로 축소시키고 있다. 파시스트

이데올로기의 가장 큰 특징으로 비합리주의는 학문적인 것으로 남아 있었지만 이제 그것은 전체 문화의 특징이 되고 있다.

대중의식의 파시스트 꿈이 과거에는 프로파간다의 힘에 의해 보다 큰 대중 속에 파묻혔지만 이제 대중매체의 영향력에 의해 실현될 수 있게 된 것이다. 우리들의 사소한 정치적 담론, 종교의 주관성과 정치화, 시각적 이미지 앞에서 쇠퇴하는 언어 그리고 도덕적 객관성의 붕괴를 통해 우리는 새롭게 부상하는 파시스트의 세계관을 예감할 수 있는 것이다.

홀로코스트 생존자의 슬로건은 "다시는 결코"이다. 그러한 공약을 지키기 위해서는 나치 만행을 초래한 사고방식을 인식하고 공론화할 필요가 있다. 이는 또한 나치가 유대인들에게서 그토록 싫어했던 초월적인 말씀에 근거한 윤리와 세계관을 회복하는 것을 포함한다.

2. 우리 시대의 교리: 파시스트의 전통

만약 매 시대마다 나름대로의 교리가 있다면 파시스트가 우리 시대의 교리임을 보여주는 무수한 증상들이 있다. - Benito Mussolini - (1)

파시즘은 뚜렷한 혈통을 지닌다. 그 가설은 서구의 지적 역사 속에 깊숙이 뿌리를 내리고 있으면서, 보수주의자뿐만 아니라 전위대, 대중문화와 광적인 주변인들 가운데 깊이 자리 잡고 있다.

파시즘은 이해하기 모호하게끔 그 본질이 집단 부정 이면에 가리어져 있어서 인식하기가 어렵다. 비록 파시즘이 일관된 이데올로기를 지니고 있다고 하더라도 1930년대, 40년대에 파시스트들이 어떠했는지를 정확하게 기술할 수 있는 사람은 소수에 불과하다.

파시스트라는 이름은 스턴헬/Zeev Sternhell이 관찰한 대로 남용될 뿐만 아니라 특별히 단정적이고 책임감 없이 사용되고 있다.(2) 누군가를 파시스트라고 부르는 것은 상대를 모욕하고 비방하는 방법으로 이용되고 있다. 아무도 그 이름을 스스로 자처하지 않기 때문이다. 파시즘이라는 이름으로 자신들의 적을 지칭하지만 자신들에 대해서는 그렇게 부르지는 않는다. 그 단어의 의미로부터 분리된 파시즘의 실체는 이름 없이 감지되지 않은 채 살아남아 있는 것이다.

파시즘은 대부분의 사람들에게 상징에 불과한 것이 되었다. 수용하거나 거부될 수 있는 일련의 사고라고 하기보다는 파시즘은 전형적인 악과 동의어가 되어버렸다. 파시스트들은 대중문화의 다목적적인 악이 되어버린 것이다.(3) 외톨이들 사이를 기웃거리는 가학적인 고문자, 거위걸음을 걷는 사악한 광대, 무고한 사람들을 기관총으로 학살하라는 명령을 따르는 무심한 괴물 등 파시즘에 관한 이러한 이미지들이 우리들의 상상력을 지배하고 있다. 이러한 파시스트가 실제로는 우리 자신들과 아주 흡사할 수도 있다는 생각을 가지게끔 사실을 숨기고 있는 것이다.

마틴 하이데거와 폴 드 만과 같은 저명한 파시스트 지식인들을 옹호하는 자들은 영화 속의 나치와는 너무 다르기 때문에 마치 그들이 실제로 나치가 아니었던 것처럼 훌륭하고 괜찮은 인물이라는 점을 부각시키곤 한다. 하지만 비록 친절하고, 사려 깊고, 창의적이며 지적으로 보이지만 여전히 하나의 파시스트일 수도 있는 것이다. 니체와 같은 파시즘 이론에 영향을 주었던 것으로 입증된 사상가들, 이를테면, 폰드/Ezra Pound 와 같은 파시즘에 동조했던 저명한 모더니스트들에 관한 책들은 관련 사실을 대충 훑어보기만 해도, 그들의 주제들이 어떻게 속임을 당하고 오해되었는지에 대하여 예측 가능한 전형적인 변명을 제시하고 있다. 허쉬/David Hirsch는 서방 지식인들 가운데서 나치와 동조한 사람들이 죽음의 수용소에 대한 책임을 회피하는 것과 맞먹는, 서구 지성인들의 회피 양상 곧 "항상 강렬하면서도 적대적인 반대에 직면하여 밝혀져야만 하는 수치스러운 과거 유럽인들의 은폐 사실을 탐지해 낸다"(4)고 말한다.

우익과 좌익

파시즘을 인식하는데 문제가 될 수 있는 한 가지는 그것이 보수적이라고 하는 가정이다. 스턴헬/Sternhell은 《공식적인 마르크스주의자들에 의한 파시즘 해석》에서 이데올로기 연구가 어떻게 모호해지는지를 관찰한다.(5) 마르크스주의는 파시즘을 자신들과 정반대라고 정의한다. 만약에 마르크스주의가 진보이면 파시즘은 보수적이라고 한다. 마르크스주의가 좌익이면 파시즘은 우익에 해당한다고 한다. 마르크스주의가 프롤레타리아의 대변자라면 파시즘은 부르주아의 대변자가 되는 것이다. 마르크스주의가 사회주의자라면 파시즘은 자본주의자 임을 자처한다.

마르크스주의 학문의 영향이 파시즘에 대한 우리의 이해를 심각하게 왜곡시키고 있는 것이다. 공산주의와 파시즘은 둘 다 사회주의의 경쟁적인 유형에 해당한다. 마르크스주의 사회주의가 계급 간의 투쟁을 전제로 한다면 파시스트 국가 사회주의는 국가 통합을 중심으로 하는 사회주의를 추진한다. 공산주의와 파시스트들은 모두 부르주아 계급에 적대적이면서 보수주의를

공격한다. 둘 다 노동자뿐만 아니라 지식인, 학생, 예술가들에게
도 특별히 호감을 갖게 하는 대중 운동인 것이다. 둘 다 강력하
게 중앙집권적인 정부를 선호하고, 자유경제와 개인적인 자유의
이상을 거부한다. 파시스트들은 스스로를 우파도 좌파도 아니
라고 한다. 그들은 자신들이 제3의 힘을 구성하고 양 극단의 장
점을 종합한다고 믿는다.(6) 마르크스주의와 파시즘 사이에는 중
요한 차이와 쓰라린 이념적 적대감이 있으면서도, 적대적인 친
족관계를 혁명적인 사회주의 이념으로 위장해야만 했던 것이다.

　우익, 좌익 또는 반동적, 급진적 등 인위적인 조작과 같은 말
들이 정치, 사회적 입장에 스며드는 사고방식을 모호하게 해서
는 안 된다. 두 혁명 이념을 정반대의 극단으로 묘사하는 좌익,
우익이라는 은유는 심각한 오해를 불러일으키게 된다. 야로슬라
프 크레치/Jaroslav Krejci는 왼쪽 대 오른쪽이라는 직선상의 이
미지가 부적절하다는 것을 보여준다.(7) 그는 이 은유가 혁명 이
후 프랑스 의회의 좌석 배치에서 비롯되었다고 지적한다. 당시
정치적으로 오른쪽에 앉은 사람은 절대적인 군주를 선호했던
것이다. 경제적으로 그들은 정부 독점과 계획경제를, 문화적으
로는 사람들에 대한 권위적인 통제를 선호했다. 왼쪽에 앉은 사
람들은 그와는 반대로, 민주주의와 자유시장경제, 그리고 개인
의 자유를 선호했었다.(8)

　이와 같은 공간적 은유는 계몽주의와 데카르트 기하학,(9) 그
리고 18세기 정치적 선택과는 어울리는지 모르지만 20세기 정
치 모델로서는 적합하지 않다고 한다. 원래의 모델 용어에 의하

면 작은 정부와 자유 시장경제를 신뢰하는 미국의 보수주의자
들이야말로 좌파가 되어야 할 것이다. 정부가 지도하는 경제를
원하는 자유주의자들은 아마도 오른쪽에 있어야 할 것이다.(10)
자유주의와 보수주의는 무엇을 지키고자 하느냐에 따라 그 자
체가 상대적인 것이다. 자유시장 경제와 정부 통제에 저항했던
19세기 자유주의는 20세기의 보수주의자에 해당될 것이다.

크레지치/Krejici가 보여주듯 사회주의 대안에 관하여 좌우
의 범주는 무의미해진다. 마르크스주의 국가들은 통제된 경제
를 실행하며, 국민들을 엄격하게 통제하는 강력하고 권위적인
정부를 갖는다. 그들은 불란서의 의회에서 였다면 오른쪽에 앉
았어야 했을 것이다. 그 반대쪽에 있는 마르크스주의자들은 혁
명주의자들이고 따라서 틀림없이 반 보수주의자들일 것이다. 마
르크스주의자들과의 차이에도 불구하고 파시스트는 문화적이
고 지적으로 급진적인 반면 통제된 경제, 강력한 중앙정부 그리
고 대중들에 대한 엄격한 통제를 옹호한다는 점에서 유사하다
고 하겠다. 크레치가 말했듯, 그들 사이에 많은 유사성이 있음에
도 불구하고 공산주의자들은 계속해서 극좌파로, 나치는 극단
적인 우파로 간주되고 있는 것이다.(11) 결과적으로 자신을 "정치
적으로 교정된"/politically corrected 좌파라고 생각하는 사람
들은 우익 보수주의자들을 파시스트라고 비난하지만 실제적으
로 그들이야말로 파시스트 경향성을 지니고 있는 것이다.

소외

파시즘은 계몽주의 이후 서구의 영적 분위기의 일부였던 소외에 대한 반응이었다. 현대 세계에서 개인들은 서로 고립감을 느낀다. 과학, 기술, 산업혁명의 경제적 현실과 환경 파괴는 개인을 자연으로부터 소외시킨다. 때문에 자연 세계와 함께 하는 공동체와 유기적인 연합을 진정으로 갈망하게 된다.

냉정한 분석과 인간의 기본적 충동에 대한 부정으로 논리와 합리주의가 숨 막히는 듯한 소외감을 고조시키고 있다. 객관적인 지식이 사람들을 소외시킨다면 주관적인 경험은 해방하고 치유한다. 진정한 존재는 감정을 발산하고 삶의 주관적이고 비이성적인 차원들을 고양시키는 데서 온다. 소외의 딜레마를 해결하려는 시도 그 자체는 이해할 수 있지만 파시즘에서는 그로 인해 구체적이고 정치적인 표현을 찾고자 할 뿐이다.(12)

18세기에 출발하여 가속되어 온 산업혁명은 인간의 삶에 막대한 변화를 가져왔다. 자연은 기계로, 마을은 공장으로 대체되었다. 산업혁명 전에는 대부분의 사람들이 자연으로부터 생계를 유지해왔다. 자연의 리듬 즉 계절, 빛과 어두움의 패턴, 씨 뿌리는 시간과 기대되는 수확 등의 패턴으로 삶이 조절되었다. 산업화와 함께 자연과의 이러한 친밀감은 깨뜨려져 버리고 말았다. 공장들은 사람들을 밖이 아닌 실내에서 일하게 만들었다. 그들은 농사에서처럼 재배하고 생산하는 것이 아니라 제조된 제품에 의존하여 살게 되었다. 기계의 등장은 사람들을 자연에 대한 의존에서 해방시켰지만 환경으로부터 소외되는 대가를 치러야만 했다.

산업혁명을 동반한 현대 과학의 발흥과 더불어 자연은 하나의 기계로 보이기 시작했다. 자연을 수학적, 실험적 분석에 의해 완전히 설명이 가능한 인과적인 폐쇄 체계로 보았다. 산업화 이전의 인간들이 신비롭고 살아있는 유기체로 자연과 마주했다면 계몽주의 과학자들은 자연을 복잡하고 하나의 비 활성적인, 합리적으로 이해가 가능하며, 기계적인 제품으로 사용될 수 있는 메커니즘의 일원으로 환원시킨 것이다.

기계는 자연을 지배하고 착취하고 침해한다. 언덕과 숲은 평탄하게 다져지고, 땅으로부터 파헤쳐진 원자재는 기계로 보내어지고 결국 인간이 소비할 수 있는 상품으로 변형된다. 그리고 그 과정에서 배출된 산업폐기물은 공기와 물 그리고 경관을 오염시킨다. 이미 19세기가 바뀔 무렵, 윌리엄 블레이크/William Blake는 공기를 오염시키고 교회를 검게 만드는 "어두운 사탄 공장"을 비난해야만 했다.(13) 100년 후 제라드 맨리 홉킨스/Gerard Manley Hopkins는 "모든 것이 무역으로 타들어가고, 삐걱거리며, 흙으로 얼룩지고 그리고 인간에 의해서 오염된 채, 인간의 냄새를 공유한다. 토양은 이제 텅 비었다"라고 자연현상에 대해서 불평한 적이 있었다.(14)

산업화는 자연과의 관계에서 인간을 바꾸어 놓을 뿐만 아니라 인간의 사회적 관계에도 혁명을 가져왔다. 작은 농장 가족들은 산업적인 효율성의 명목으로 기계로 일하는 거대한 땅에 속해졌다. 실향민들이 도시로 몰려들어 공장에서 기계를 수리하며 일했다. 마을 생활의 긴밀한 공동체적 연대는 대도시의 비인격적인 경제적 유대관계로 대체되었다. 대대로 한 곳에 뿌리를 두고 있던 대가족들이 뿔뿔이 흩어졌고 가족들이 일자리를 구할 수 있는 곳이면 어디든 이사를 떠났다. 옛 시골 농촌에서는 가족의 구성원들, 아버지와 어머니, 자녀들이 안정된 사회와 경제적 질서 속에서 각자 구별되는 중요한 역할을 맡았었다. 초기 산업 도시에서는 남자와 여자, 심지어는 아이들까지도 생계형 임금으로 오랜 시간 동안 일하면서 공장을 돌보아야 했다. 가난한 사람들의 전통적인 가정생활은 이렇게 산산조각이 나고 만 것이다.

사회적 소외 또한 민주주의의 상승에 의해 촉진되었다. 비록 민주주의가 산업화와 더불어 여러 면에서 해방되기는 했지만 안정화되지는 못했다. 민주적 개혁은 계몽주의를 동반하고 합리주의적 주장들을 공유했다. 모든 사람들이 명백하게 정의된 역할이 있었던 수 세기 동안 지속되어온 계층구조는 평등이라는 새로운 이념에 의해 무너졌다. 이전에 계급과 가족에 의해 결정된 한 사람의 정체성은 이제 불확실해졌다. 오래된 관습의 결합은 비인격적인 법전으로 대체되었다. 민주 혁명과 개인주의 평등에 대한 이데올로기는 모든 전통적인 권위에 대하여 의문을 제기하고 결과적으로 혼란과 냉소주의를 초래했다. 개개인이 가족, 공동체, 자연이라는 커다란 조직에 연합되어 있는 구질서의 유기적 연합은 경쟁적인 요인들과 각각 자기 이익만을 추구하는 경쟁적인 개인들로 대체되었다.

낭만주의

사람들은 자연과 사회로부터, 그리고 그들 자신들의 정체성이 묘연해짐으로 인해 소외감을 느끼게 된다. 이와 같은 질병에 책임을 져야 할 계몽주의, 합리주의는 19세기에 낭만주의를 소환했다.

낭만주의자들은 자연계의 가치를 다시 강조하였다. 자연은 기계가 아니라 살아있는 유기체로 다시 보았다. 자연은 단지 분석적인 지성에 의해서 접근되지 않으며, 워즈워스는 "우리는 해부하기 위해 죽인다"라고 지적한다.(15) 자연의 아름다움과 장엄함을 명상함으로써 치유와 영감을 줄 수 있는 우주와 일치할 수 있다고 여겼다. 낭만주의자들의 자연에 대한 신화는 자신에 대한 새로운 주장을 가져오게 했다. 이성이 아닌 열정이 돋보이고, 자연스러워졌다. 추상적인 지성은 인공적인 것을 무시하고 낭만주의는 구체적인 경험, 진정한 감정을 고취시켰다. 낭만적인 직관주의와 반이성주의가 철학적 분석에 의해 강화되었다. 객관적인 세계에 대한 칸트와 그의 추종자들의 이성적인 지식은 오히려 문제시되었으며, 이제 확신할 수 있는 것은 오로지 정신적인 감각뿐이라고 주장했다. 칸트는 인간의 마음이 어떻게 감각으로부터 받은 자료를 능동적으로 형성하는지를 보여줌으로 계몽주의자들의 경험주의를 해체했다. 자아는 수동적인 자료 수신자뿐만 아니라 능동적인 세계를 형성한다고 했다.

낭만주의는 과거에 대한 향수와 원시적인 것에 대한 예찬으로 특징된다. 낭만주의의 한 가지 중요한 패러다임은 "고상한 야만인"인데 이들은 더욱 지능화된 사회에 갇혀 오염되지 않으면서 자연과 더불어 연합하여 사는 삶을 의미한다. 따라서 원시 문화는 발전된, 소외된 문명보다 도덕적으로 우월하다고 한다. 낭만주의자들은 그들 자신의 유산을 찾아 민화를 수집하고, 역사 소설을 쓰며, 민족 정체성에 기초한 새로운 민족주의를 배양한다.

대다수의 낭만주의자들은 개인의 고립을 과시함으로 소외에 대응했다. 사회를 조소하면서 자연과 자기 성취를 위한 개인적인 추구에서 위안을 찾았다. 그러면서 낭만주의는 정치적 의미를 내포하기도 했다. 낭만주의의 시초라고 할 수 있는 장 자크 루소/Jean Jacques Rousseau는 개인의 자유를 한 개인의 지도자로 구현될 수 있는 "일반 의지" 개념이라는 집단적 조직을 국가 이념과 결합시켰다.(16) 프랑스 혁명은 인간의 권리에 대한 계몽 운동으로 시작되었지만, 공포스러운 통치의 유혈은 열정이 분출하고 원시적인 감정을 발산한다는 점에서 낭만적이었다고 한다. 단명했던 공화국은 자신 안에 일깨워진 국가주의의 집단적 의지를 구현한 낭만적인 영웅 나폴레옹으로 대체되었다.

낭만주의적 유물론

19세기 후반에는 자연과 자아에 대한 낭만적인 시각이 침체되었다. 찰스 다윈과 지그문트 프로이트의 연구는 가벼운 낭만주의 낙관론을 도전했다. 초기 낭만주의자들은 자연의 조화와 평화의 교훈을 가르친다고 믿었는데 만약 사람들이 자연의 도덕적인 예만 따른다면 그럴 수도 있을 것이다. 그러나 다윈이 밝힌 자연은 이와는 매우 달랐다. 자연은 화합과 평화를 가르치는 것이 아니라 투쟁과 폭력을 가르친다. 적자생존이 바로 자연의 법칙이기 때문이다. 진보는 무자비한 경쟁, 강한 자가 약한 자를 파괴하는 데서 오는 것이었다. 테니슨/Tennyson에 따르면 자연은 "치열한 경쟁 속에"(17) 있는 것이다.

자연의 선택에 의한 다윈의 진화 이론은 생물학 그 이상의 의미를 시사한다. 자연을 위해 진실된 것은 개인과 사회를 위해서도 진실한 것이었다. 만약 자연이 경쟁, 투쟁, 그리고 약육강식의 승리에 의해 발전한다면 모든 진보도 같은 방법으로 이루어지지 않을 수 없다. 이는 19세기 잔인무도한 자본주의의 극적인 성공 속에서 사실로 입증되었다. 사회적 다원주의라는 개념이 널리 받아들여진 것에 대해서 스턴헬/Sternhell은 "인간의 인격에서 신성한 존엄성을 박탈할 것"이라고 말했다. 그것은 물리적인 삶과 사회적 삶을 구분하지 않았고, 인간의 상태를 끊임없는 투쟁의 관점에서 보았으며 그로 인한 자연스러운 결과가 바로 적자생존 원리였다.(18)

과학자들에게 다원주의는 많은 질문을 유발하고 탐구의 길을 열어놓았다. 스턴헬은 과학적 긍정주의가 사회적 다원주의의 영향을 어떻게 느끼고 또한 심오한 변화를 겪었는지를 인용하였다. 세기의 후반에 인간 행동의 결정적 요소로써 신중하고 합리적인 선택을 강조했던 것이 유전, 인종, 환경에 대한 새로운 개념에 자리를 내주었다.(19) 결정론의 개념은 자유와 평등에 대한 민주적 가정을 더욱 약화시켰다. 일부 생물학자들은 인간이 동물의 한 종에 불과하다고 가정하고 인간을 그 하부 종으로 조사하기 시작했다. 다윈주의 분석에 의한 인종주의와 관련된 그럴듯한 과학은 인종과 인종 간의 우월성을 경쟁구도로 연구하기 시작했다. 사회 개혁자들은 우생학 이론을 공식화함으로써 종을 개선하고자 하기도 했다.

이런 황량하고 물질주의적인 자연관은 낭만적인 이상주의에 도전하고 자연으로부터의 소외감을 증가시키는 것처럼 보이기도 했을 것이다. 많은 사람들이 다윈주의의 조명 하에서 낭만주의를 버리고 테니슨처럼 기독교로 돌아가기도 했다. 그럼에도 불구하고 낭만주의자들 가운데 여전히 다윈주의를 주장하는 이들도 있었다. 이들은 낭만적인 개인주의에 내재된 특정 엘리트주의에 호소했다. 스스로를 우월하게 여기는 경향이 있는 낭만주의자들은 범용의 세계에서 시작되었다. 다윈주의의 강인함과 무자비함에 대한 제재는 빅토리아 시대의 도덕주의와 감상주의에 의해 거부당한 낭만주의자들에게도 호소력이 있었다. 그들의 목표는 여전히 자연과 하나가 되는가 하면, 동시에 자연과 치열한 경쟁을 벌리는 것이기도 했다.

자연이 재해석되고 있을 때에 프로이트는 자아에 대한 재해석에 박차를 가했다. 다윈이 폭력적 갈등을 자연의 본질로 보듯이, 프로이트는 폭력적 갈등을 자아의 본질로 보았다, 프로이트의 내면 삶에 대한 탐구는 낭만주의에 의해 장려된 자기 탐구와 관련이 있었다. 심리분석은 인간의 행동이 무의식 곧 비합리적인 힘에 의해 지배되고 있다고 가르쳤다.(20) 합리성은 원시적인 격정의 폭동을 포장하는 얇은 막에 지나지 않는다고 했다. 초자아의 죄책감 유발 법칙은 건강한 성격의 자연 본능을 억제한다. 프로이트가 성에 대하여 강조한 것은 충격적이었을지 모르지만 낭만주의에서는 자유지상주의적 경향에 강하게 어필하는 것이 되었다. 성에 대한 프로이트적 관점은 억압된 욕망의 충족에 바탕을 둔 새로운 도덕을 정당화하는 것처럼 보였다. 프로이트에 따르면 이러한 욕망들은 권력과 파괴, 죽음을 갈망하는 폭력과 왜곡된 충동 등을 동반하는 것이었다.

반면에 전통적인 도덕은 열정을 통제하는 것에 강조점을 두었다. 프로이트주의는 정욕을 억제시키는 제재의 메커니즘을 정당하게 여기지 않았다. 전통적인 도덕이 평화와 연민을 중시하는 반면 다원주의는 갈등과 폭력을 진보를 위한 메커니즘으로 허용했다. 두 사상가 모두 자연과 자아라는 낭만적인 양극을 다루면서 새로운 종류의 과학적 유물론을 가능하게 만들었다. 계몽주의의 과학은 이성, 평등, 자유를 촉진하는 경향이 있는데 이들 모두는 민주 제도의 합리적 설계를 통해서 지원될 수 있는 것이었다. 반면에 새로운 물질주의는 민주주의의와 관련된 모든 전제들을 약화시켰다. 스턴헬은 다음과 같이 지적한다.

사회 및 정치 심리학에 대한 새로운 이론은 인간의 행동이 이성적인 선택에 의해 지배된다고 주장하는 전통적인 기계론적 개념을 즉각 거부했다. 여론은 이제 감정과 느낌이 이성보다 정치적 질문에서 더 민주주의를 위한 경쟁력과 그 제도 그리고 그 작용을 강

화하는데 도움이 된다는 것을 말해주었다.(21)

다원주의 과학과 철학적 비합리주의를 모두 수용하는 낭만적 유물론을 출현시킨 핵심적인 인물은 프리드리히 니체였다. 연민과 폭력의 미화에 대한 그의 비판, 선과 악을 넘어서는 초월적 인간의 진화에 대한 믿음, 그리고 유대 기독교 전통에 대한 지적 공격은 파시스트의 이론적 발전에 기초가 되었다. 파시즘과 현대 사상에서의 그의 사상의 중요성에 대해서는 다음 장에서 보다 상세하게 다루어질 것이다. 여기서는 다윈, 프로이트, 니체와 더불어 파시스트의 세계관적인 요소들이 자리 잡고 있다는 것만을 지적하고자 한다.

1980년대까지 유럽의 지적 풍토는 다원주의, 인종 이론, 그리고 철학적 비합리주의로 물들어져 있었다. 스턴헬에 따르면 "새로운" 지식인들은 합리주의적인 개인주의와 공동체의 유대관계를 파괴하고자 공격하고, 아무런 이유도 없이 도시들을 공격하거나, 본능을 선호하는 가운데 "때로는 동물적으로 이성적인 주장을 공격하기도 했다.(22) 시대적인 소외에 대한 전형적인 반응은 "물질과 이성의 세계, 물질주의와 실증주의, 부르주아 사회의 평범함, 자유민주주의의 혼란에 저항하는 혁명 운동이었다."(23) 오늘날과 같이 젊은 지식인들을 위한 패션은 그들의 눈에 근본적으로 부패하게 보이는 서구 문명 그 자체에 대한 탄핵이었다.(24)

이러한 관점은 지성적인 엘리트뿐만 아니라 학생, 저널리스트, 대중 소설가, 그리고 일반적인 교육을 받은 이들 가운데서도 상식적인 것이 되었다.(25) 일반인들까지도 이런 사고방식에 익숙해지게 된 것이다. 그들은 이미 새로운 도덕성과 새로운 사회 질서에 대한 생각을 받아들이도록 길들여진 것이다.(26)

제1차 세계 대전과 1930년대의 경제 붕괴, 그리고 민주주의가 이러한 문제들을 다루는데 실패한 여파로 인해, 현대 세계의 산물인 소외는 위기의 수위에 이르게 되었다. 그 무렵 새로운 운동의 이론적 틀이 완성되었고 이는 정치적 운동으로 연계되었다.

유럽의 거의 모든 나라에서 파시스트 정당들이 생겨난 것이다. 그 가운데 독일에서 가장 극적인 성공을 거두게 된 것은 결코 우연이 아니었다. 로버트 에릭슨/Robert Ericksen이 지적한 것처럼, 현대의 위기는 정신분석과 새로운 상대주의적인 물리학, 구속받지 않은 산업주의 그리고 현대신학의 중심지인 바이마르 공화국에서 그 절정에 이르렀다.(27)

국가주의에 사회주의를 더함

파시즘은 철학은 물론 특별한 정치적, 경제적 프로그램이기도 하다. 초기에는 국가주의 + 사회주의 = 파시즘이라는 단순한 공식으로 프로그램이 정의되었다.(28)

마르크스 사회주의는 국제적인 범위에서 생산 수단을 소유한 자와 그들이 착취하는 노동자 사이의 보편적인 투쟁에 기반을 두고 있다. 마르크스에게 국가는 부르주아 계급의 인위적인 구축물로써 사회 통제를 위해 고안된 법적이고 신화적인 메커니즘이었다. 진정한 사회주의는 세계의 노동자들이 그들 자신들의 경제적 주주를 전복시키고자 하는 단결에서 출현했다.

반면에 국가 사회주의는 계급투쟁이 아닌 국가적인 연대를 강조한다.(29) 국가 연대의 목표는 국가의 선을 위해 모든 사람들이 자신의 주어진 역할에서 협동하는 집단을 이루는 것이다. 파시스트들은 마르크스주의에 대하여 국가를 정의하는 문화적, 공동체적 유대를 최소화한다고 비판한다. 파시스트들에게 마르크스주의는 자본주의와 유사한 것이었다. 이들 모두는 인간의 삶을 경제적 용어로 축소시키고 과학적 합리주의에 그 기초를 두었다.(30)

자본주의 그중에서도 "은행 자본주의"는 파시스트의 첫 번째 타도 대상이 되었다.(31) 문제는 자본주의가 사유재산의 축적을 부추기는 것이 아니라 자본주의가 전적으로 돈에 바탕을 두고 있다는 점이었다. 실재 유형재산은 "자본"보다 덜 중요한 것이다. 은행은 투자를 조절하고 그로 인해 경제를 간섭한다. 은행의 높은 금리는 경제를 조종하고 모든 사람들을 착취한다고 본 것이다.

이는 은행이 가치 있는 것을 생산해 내지 않고 이자를 부과함으로 돈을 벌기 때문이었다. 사유재산은 실제로 사람들의 것이 아니라 저당권을 가진 사람들의 것이다. 이자를 부과하는 것은 모든 사람들의 생산적인 노동력이 금융인들의 주머니로 들어간다는 것을 의미한다. 노동자, 농부, 소기업가, 공장주들은 모두 은행의 노예가 된다. 자본주의에 대한 이러한 관점은 경제의 금융 부분이 유대인에 의해 통제된다는 인식에 기반을 둠으로 반유대주의와 연결된다고 보았다.

파시즘은 재산에 대한 수용이 아닌 가입을 강조한다. 근로자들은 회사의 이익을 공유해야 한다.(32) 자유시장 대신에 모든 사람이 각자 개인적으로 경쟁하는 가운데 경제는 공동 선을 위해 국가에 의해 통제되고 간섭되어야 한다.

자본주의는 개인 간의 경쟁을, 마르크시즘은 사회 계층 간의 경쟁을 강조하는 반면 파시즘은 국가 간의 경쟁을 강조한다. 이태리 초기 파시스트의 이론가 앙리코 코라디/Enrico Corradi는 "마르크스주의 사회주의가 프롤레타리아에게 계급 투쟁의 가치를 가르쳤듯이 우리는 이태리에게 국제 간의 투쟁의 가치를 가르쳐야 한다"라고 말한다.(33) 마르크스주의 용어를 사용하면서 파시스트 경제학자들은 이탈리아를 부유한 나라들에 의해 착취되는 프롤레타리아 국가로 묘사했다.(34) 민족주의적 경쟁은 보호주의적 무역정책을 의미했다.(35) "국가 간의 투쟁"은 나중에 전쟁을 의미하게 된다.

그 시대의 급진주의자들은 사회주의 마르크스주의 브랜드와 파시스트 브랜드를 쉽게 나누고 나서 그들이 "좌파"와 "우파"로 대립한다는 오류를 지적하고자 했다. 벨기에 노동당의 총재인 앙리 드만/Henri de Man은 계급에 기초한 사회주의에서 국가 사회주의로 전환시키면서 중요한 파시스트 이론가이자 "20세기 가장 독창적인 사회주의 철학자 중 한 사람"이 되었다.(36) 앙리 드 만은 해체주의 비평가로 알려진 폴 드 만의 삼촌이었다.

　비록 파시스트 경제 이론에 대한 자세한 내용을 결여하고는 있지만 대부분의 현대 사회주의는 마르크스의 사회주의보다는 국가 사회주의의 모델을 따른다고 볼 수 있다. 연방정부의 개입으로 미국의 불황에서 탈출하려 했던 프랭클린 루스벨트 대통령의 경제 정책은 무솔리니의 정책과 매우 유사했던 것으로 보인다. 유럽 복지국가의 사회주의는 아마도 온화하게 길들여진 국가 사회주의 버전이라고 할 수 있을 것이다.

　심지어 구소련의 공산주의도 실제로는 노동자들의 국제 운동이라고 하기보다는 하나의 국가 사회주의에 해당하는 것이었다. 전체주의 국가의 절대 지도자로서 마주한 스탈린 – 히틀러도 서로 매우 유사하게 비교된다. 공산주의 이후 러시아 내에서도 자유시장 경제개혁은 탈 마르크스주의 당원과 국가 사회주의 이념으로 구성된 새로운 권위주의와 국가주의 당과 마주하였던 것이다.

　오늘날 정치적으로 수정(politically corrected)된 지식인들은 자신들을 스스로 좌파이거나 심지어 마르크스주의자로 생각하더라도 계급의식을 거의 보여주지 않는다. 그들은 분명히 블루칼라 노동자와는 다르다. 그들은 경제적 정의를 주장하지만 사유재산을 완전히 없애기를 바라지는 않는다. 그들은 중산층을 악당으로 보기보다는 "다국적 기업"에 대한 음모론을 주장한다. 그들은 개인 경쟁이나 계급 차별보다는 흑인, 히스패닉, 백인, 여성의 그룹의 관점에서 경제를 분석하는 경향이 있다. 그들 가운데

　　　　　　　　　　　　　　　　　　　모던파시즘

보다 급진적인 사람들은 사회 변혁을 추구하지만, 그들은 자본주의의 몰락이나 노동 계급의 혁명보다는 대개 단결과 조화에 기초한 새로운 질서의 탄생을 기대한다. 이러한 면에서 그들은 마르크스보다 앙리 드 만과 무솔리니에 더 가깝다고 할 수 있겠다.

민속 국가

파시스트의 경제이론은 통일된 집단 경제를 내세움으로써 소외 문제를 해결하고자 한다. 국민들은 서로 착취하거나 경쟁하지 않고 다양한 경제적 소임을 다함으로 만족감을 얻게 하는 것이다. 사람들은 은행 자본주의의 복잡한 수학으로 대표되는 부의 추상화와는 반대로 그들 자신의 노동에 상응하는 재산을 유형적인 결실로 받아들인다. 그러나 국가 사회주의는 경제 프로그램으로 전부 설명되지 않는 그 이상이다. 그것은 모든 삶을 아우르는 하나의 이데올로기인 것이다.

스턴헬/Zeev Sternhell 에 따르면 파시스트는 개인주의를 "파시스트 사회와 정치적 사상의 초석"을 허물어트린다고 비판한다.(38) 이와 같은 관점에 자율적인 정체성과 같은 것은 보이지 않는다. 인간이 사회 안팎으로 완전한 자유 속에 존재한다는 생각은 허구일 뿐이다.(39) 개인적인 인간 존재는 공동체에 의해 생성된 힘의 매개에 불과할 뿐이다.(40)

그러한 견해는 정확히 포스트모던 비판 이론가들의 견해이기도 하다. 앙리 드 만과 그의 조카 폴 드 만, 초기 파시스트 지식인들과 그 이후 현대 계승자들 간에는 이데올로기적인 연결고리가 있다. 포스트모더니즘 비판에서 공통적인 주제는 "자아의 해체"인데 개인은 하나의 "허구"이며, 부르주아 이데올로기의 창조물이라고 주장한다.(41) 포스트모더니스트들은 인간의 의식 자체가 언어로 구현된 사회적 힘과 그 힘의 구조에 의해 구성된다는 것을 보여줌으로 "주체를 해체"하고자 한다. 자아는 문화가 스스로를 암호화하고 사람이 생각할 수 있는 바로 그 구조를 결정하는 "언어의 감옥"에서 벗어날 수 없다는 것이다.

이러한 근거로 포스트모더니스트들이 "휴머니즘"을 공격하는 것처럼, 파시스트들 또한 개인의 권리라는 개념을 포함하여 인간 중심 가치를 공격한다.(42) 문화가 개인을 결정하기 때문에 문화의 필요성은 우선적일 수밖에 없다. 파시스트들에 의하면 "개인은 자율성이 없고 단지 공동체의 일원으로 인간의 지위를 가질 뿐이다."(43) 스턴헬의 파시스트 이데올로기에 대한 요약은, 예를 들어, 그 부모와 인간 공동체에 의해 받아들여질 때까지 어린이들은 살 권리가 없다고 주장하는 낙태 찬성론자들에 의해 공명되고 있다.

비록 이와 같은 계통의 생각이 죽음의 수용소를 위한 개념적 정당성으로 발전했을 수도 있겠지만 개인 위에 정당화되는 공동체의 특권은 그 당시에 의도적으로 비인간적이었다고는 보이지 않는다. 오히려 그것은 소외의 위기를 없앨 수 있는 하나의 통찰이었다고 할 수도 있겠다. 개인은 집단과 하나가 됨으로 성취감을 갖게 만들었다. 초기 파시스트들이 그토록 선호했던 대중 집회, 제복, 퍼레이드는 모두 집단 정체성을 형성하기 위한 메커니즘이었고, 사람들에게 더 큰 집단적 존재의 일부가 됨으로 그들 자신들을 상실하는 경험을 하게끔 했다. 이와 같은 방식으로 그들의 외로움과 소외가 치료되기를 바랐던 것이다.(44)

만약에 그 문화가 개인의 정체성과 의미의 근저에 있는 것이라면, 그 문화는 신비롭고 심지어 신과 같은 지위를 지녀야만 했다. 파시스트들은 문화와 문명을 구별하는 것을 중시했다. 문화는 유기적이고 민족적이었으며 자연과 가까운 시골의 농경생활을 상기시키는 반면, 문명은 반대로 기계적이고 합리적이었으며 기계와 소외감을 가진 도시를 연상케 했다. 문화는 좋은 것이지만 문명은 나쁜 것이었다. 문화는 민족적인 정체성이라는 느낌을 만들어 내지만, 문명은 법과 탈자연화된 제도들을 지닌 "유대주의적"인 것이었다.(45) 파시스트들은 계몽주의 정치와 기독교적 가치를 비판함으로 서구 문명의 정교한 합리주의를 약화시키려 했다. 대신 그들은 기독교 이전의 그리스인, 로마인 그리고 게르만족의 보다 원시적이고 공동체적인 이상을 부활시키고자 했다.(46)

자유민주주의 전통에서 한 사람의 문화적 배경은 기껏해야 감상적인 애착의 문제에 지나지 않으며, 최악의 경우 개인의 자아실현에 방해가 될 뿐이라고 비판한다. 옛날 민속 풍습적인 숨막힐 듯한 보수주의에서는 이제 벗어나야만 하는 것이었다. 미국에 입국한 많은 이민자들은 그들의 문화로부터 벗어나서 자신들의 정체성을 새로 만들어야만 했다. 교육과 합리적인 선택은 이론적으로 적어도 누구나 자유와 평등에 기반을 둔 사회에 참여할 수 있게끔 하였다. 어떤 의미에서 민주적 이상은 단일-문화적이거나 아마도 메타문화적이다. 민주국가는 문화적 정체성이나 민족성에 기반을 둔 것이 아니라 미국 헌법과 같은 합리적인 계획 위에 세워졌다. 그러한 계획은 전형적으로 문화적 기원에 따른 차별이나 편향성을 해체해버린다. 미국에서는 이러한 공식적인 관용으로 진정한 문화적 다원주의를 허용했지만 그것은 동시에 해체적인 문화배경 안으로 밀어 넣는 것이었으며, 따라서 공적인 정체성보다는 사적인 유대관계의 문제로 만들었다. 권리와 특권은 이렇게 해서 문화가 아닌 개인에게로 넘겨졌다.

확실히 개인의 평등, 민족, 문화를 강조하지 않는 이론이 항상 실제적으로 작용한 것은 아니었다. 인종에 기초한 미국의 노예제도 및 흑인에 대한 지속적인 차별은 노골적으로 민주주의 이상과는 모순되었다. 유럽에서는 대부분 민주주의의 문화 부정과 공동체의 유대를 경시하는 것을 심각한 소외로 여겼다. 파시즘의 강점은 민족과 문화적 동질성을 회복시키는데 있었다.

물론 문화와 민족성에 대한 미화는 결국에는 인종차별을 초래하게 된다. 무솔리니의 파시즘과 히틀러의 국가 사회주의 간의 중요한 차이는 인종에 대한 그들의 강조였다. 무솔리니는 문화적 결정론을 지지하면서도 문화의 인종적 기능이라는 생각에 대해서는 거부했다. 반면에 히틀러는 생물학적, 인종적 결정론을 받아들였다.(47) 히틀러의 인종 차별은 다원주의와 낭만주의의 일부였고 문화를 그가 본 자연 질서에 뿌리내리고자 하는 욕망이었다.

오늘날, 문화 문제는 다시 한번 무대의 중심에 서게 되었다. 물론 현대의 "다문화주의"는 열등한 문화보다 우월한 문화를 지배하는 파시스트의 모델과는 매우 다르다. 현대 사상은 다원주의와 다양성을 중시하지만 그것은 개인이 아니라 집단의 다양성인 것이다. 오늘날의 다문화주의는 정체성이 개인의 성격보다는 민족성과 문화의 문제라는 견해를 장려한다. 그 가정은 문화가 한 사람의 정체성을 결정한다는 것이다. 개인주의와 자유민주주의의 다른 전통적 가치들은 다원적인 사회를 위한 문화적 틀을 초월하는 것이 아니라 특히 미국에서는 문화와 연결된 가치로 보인다.

문화적 정체성에 대한 현대의 강조는 문화와 민족적 의식을 선호하는 "서구 문명"에 대한 지속적인 비판을 수반한다. 원시적 또는 부족적 문화는 "서양 문명에 의해 오염된" 문화나 현대 기술보다 더 도덕적인 것으로 제시된다. 미국 문화는 각기 다른 집단을 하나의 민주적 가치에 동화되도록 함으로써 문화적 정체성을 파괴하는 "문화 제국주의"의 죄를 짓는다고 비판받는다.

파시스트 이데올로기의 또 다른 중요한 요소 가운데 하나는 현대 사상과 어울리지 않는 연관성을 갖고 있는 환경주의이다. 낭만주의적 특성을 지닌 파시스트들은 인간과 자연 사이의 소외를 극복하고자 한다. 그들에게 악당은 바로 과학 기술과 공장들을 오염시키는 현대 문명이었다. 파시스트들에게 문화적인 영혼은 자신들이 출현한 땅과 연결되어 있다고 믿었다.(48) 스턴헬은 파시스트 환경주의의 교리를 다음과 같이 요약한다.

> **인간과 자연을 조화시키고 그를 죽음과 육체적 쇠약으로부터 구하고 그의 원시적인 미덕과 자연환경을 보호하려는 바램에서 파시즘은 아마도 기술적 진보와 산업의 성장을 추구하는 것과 동시에 여가와 스포츠 문명을 번창시키는 환경을 위해 자연보호를 결합시키는 금세기 최초의 환경주의 이데올로기적 특성을 지닌다.(49)**

나치는 중요한 황무지의 보존과 보호 프로그램을 제정했다.(50) 건강과 신체단련에 대한 강조는 나치의 자연복귀 운동의 일부였다. 계몽주의 노력이 자연을 초월하려고 노력한 반면 파시스트 이데올로기는 자연을 인간의 삶의 중심으로 만들었다. 히틀러는 "민속적인 생의 철학은 자연의 가장 깊은 의지와 일치한다."라고 말한 적이 있다.(51)

나치가 금세기 최초의 환경운동과 결부된다는 사실로 인해 오늘날 환경운동의 합법적인 목표를 부정하는 것이 되어서는 안 될 것이다. 하지만 여전히 자연적 가치의 고취는 인간의 가치와 충돌할 수 있다. 핀란드 환경 운동가이자 녹색당 활동가인 펜티 링콜라/Pentti Linkola의 입장은 "에코 파시즘"이라고 불리고 있다.(52) 인류가 자연을 황폐화시킨 방식을 조사한 링콜라는 인간을 진화의 실수이자, 지구의 암이라고 간주했다. 그는 비아프라에서 굶어 죽은 어린이들보다 멸종 위기에 처한 곤충에 대해 더 동정심을 갖는다고 말한다. 링콜라는 권위주의적인 농경사회를 선호하는 가운데 민주주의, 인본주의, 비폭력을 거부한다. 그는 강제 살균과 폭력적인 환경테러주의를 선호한다. 인구 과잉에 대해서 링콜라는 수억의 희생이 백만을 구할 수 있을 것이라고 믿는다. 그는 인간 존재 말살 가능성을 정당화시키기 위하여 다음과 같은 예를 들고 있다. 이를테면, 100명을 태운 한 배가 전복되었는데, 구명보트는 단지 10명 밖에는 태울 수 없다. 생명을 증오하는 사람의 경우에는 물에 빠진 모든 사람들을 배에 건져 올려 결국은 구명보트마저도 침몰시키려 할 것이다. 반면에 생명을 사랑하는 이라면 10명이라도 살리기 위해 도끼를 들고 보트에 기어오르려는 나머지 사람들의 손을 잘라 낼 수밖에 없을 것이라는 이야기이다. (53)

문화와 자연에 대한 고양과 함께 파시스트 이데올로기에 활력을 불어넣은 것은 혁명정신과 우상파괴적인 이상주의였다. 스턴헬에 의하면 국가 사회주의자들은 "부르주아 또는 자유주의적 가치관을 버려두고, 부르주아 미덕과 도덕, 법과 법률적 형식에 대한 존중, 민주적인 정부를 경멸하도록 교육"한다고 한다.(54) 이처럼 파시즘은 학생과 예술가, 지성인들에게 매력적이었으며 전위적인 파시스트들은 무엇보다도 서구 문명을 파괴하고, 새로운 유기적이고 총체적인 문화로 대체될 수 있게 한다는 것이다.

마틴 하이데거는 한때, 프라이부르크 대학교의 총장으로 임명되어 대학의 나치화를 이끌기도 했다. 총장 연설에서 "서구의 영적 세력이 실패하고 그 연결 고리가 끊어질 때에, 문화의 빈사 상태에서 모든 힘들이 혼란 속에 빠져버리고, 서구는 그들의 광기 속에서 질식당하게 될 것이다. 이와 같은 서구의 몰락에서 새로운 질서가 나타나게 될 것이다."(55)라고 그는 말한다. 하이데거는 또 다른 곳에서 "정확히 말해서 낡은 세계를 철거하고 역사적인 방법으로 진짜 새롭게 건설하는 힘겨운 과업을 감히 수행해야 하기 때문에 우리는 전통에 대해서 알지 않으면 안 된다." 라고 말하기도 했다.(56)

서구에 대한 하이데거의 공격은 오늘날 그것이 본래 나치의 배경이라는 것을 깨닫지 못하는 추종자들에 의해 거듭해서 반복되었다. 하이데거는 민주주의를 반대했고 제3제국의 붕괴 후에도 계속 그렇게 했다. 하이데거는 국가 사회주의 기관에 뿌리를 두고 있으면서 막대한 영향력을 미치고 있는 기술을 비판하는 중요한 환경 이론가이기도 했다.(57)

허쉬/Hirsch는 서구 문명과 자유 민주주의의 전통에 대한 포스트모더니스트의 반란을 요약하면서, 현대 사상과 파시스트의 사상이 서로 연결되어 있는 것에 대하여 다음과 같이 경고한다.

서구 문화의 사악한 심장이라고 여겨진 휴머니즘에 대한 공격이 증가하면서 포스트모더니스트들은 불가피하게, 아마도 의도하지 않은, 우리 시대의 가장 파괴적인 이념인 마르크스주의와 파시즘의 언어, 그리고 그들의 의제에 동의한다. 만약 "휴머니즘"이 모든 인간을 위한 자유와 평등, 정의에 대한 약속에 부응하지 않는 것이 사실이라면, 그리고 인간 존엄성의 개념과 실재를 대량으로 파괴하는 (그것이 굴락이든 KZ-Lager이든) 엄청난 결과를 초래한 것이 지성

적인 운동에서 나온 반 인본주의라고 한다면, 그것은 해독제라고 볼 수 없을 것이다. 결국 나치는 휴머니즘을 공격하고 이상적인 인간의 존엄성을 파괴하는 친위대/SS의 가장 잔인한 동물적 잔인성에 기름을 끼얹은 것이라고 하겠다.(58)

파시스트는 그들의 이념에서 물러서지 않았다. 그들의 전체주의에 대한 옹호는 모든 생명체가 완전한 유기적인 결합으로 통합되는 것을 의미했다. 국가 즉 문화의 화신으로 생각되는 사회 조직으로써의 국가야말로 모든 것이었다. 무솔리니는 "우리는 정치적 세력, 도덕적 힘, 그리고 경제 세력을 통제한다."라고 말하였다.(59) 국가는 더 큰 조직 안에서의 세포들처럼 각 개인이 성취감과 목적을 찾을 수 있는 살아 있는 유기체로 바뀔 것이다.

아돌프 히틀러는 생기가 없고 소외된 서구 문명을 새로운 유기적인 사회로 대체하려는 그의 목표를 다음과 같이 요약했다.

국가사회민주당/NSDAP(나치당)의 설립과 더불어 처음으로 하나의 운동이 과거에 대한 기계적 회복과 일치하는 것과 같은, 그러나 현재 무감각한 국가 메커니즘의 자리에 유기적인 민속 국가를 세우기 위한 노력으로, 그 목표가 부르주아 당과는 다른 하나의 운동이 나타나게 되었다.(60)

그의 목표는 뭔가 새로운, 즉 "과거에로의 보수적인 회귀"라는 의미에서 전혀 반사적인 것은 아니었다. 오히려 히틀러는 생명이 없는 메커니즘을 유기적인 민속 국가로 대체하기 위해 문화와 자연이 온전하게 일치되는 통일된 사회를 만들고자 시도했다.

히틀러는 테러, 세계 전쟁, 홀로코스트를 촉발하여 권력을 갖게 된 것이 아니었다. 이런 것들은 단지 이념의 효과였을 뿐이다. 히틀러는 결코 그의 이념의 어두운 면을 숨기지 않았지만,(61) 문화적 정체성, 환경주의, 경제적 정의 등의 진흥에 대해서는 매우 설득적이었다. 그의 포퓰리즘 정치와 아방가드 철학은 대중과 지식인 엘리트 모두로부터 인기를 얻게 만들었다. 문제는 이러한 이념들이 어디로 가는지에 대해서는 아주 소수의 사람들 만이 이해하고 있었으며, 그의 경제적 프로그램이란, 개인이 노예가 되는 것이며, 개인 위에 군림하는 특권적인 문화가 인간의 자유와 존엄성을 말소시키는 것을 의미하고, 자연적인 원시성의 미화가 반 인류적인 잔인성을 가져온다는 것이었다. 원시적이고자 하는 충동은 야만주의를 초래하고 전통적인 도덕의 거부는 대량학살을 초래하는 것이었다.

3. 히브리 질병: 파시스트 신학

유대교 뿌리에서 태어나 지금의 토양에서 자라난 것으로 이해될 수 있는 기독교는 도덕적인 개량, 인종, 특권에 반하는 운동을 대표하는 것으로 비 아리안 종교의 탁월성이라고 할 수 있다. - F. Nietzsche -(1)

첫째, 보이지 않지만 모든 것을 보는, 지닐 수는 없지만 모든 것을 요구하는 시나이의 신, 둘째, 지독하게 달콤한 그리스도, 그리고 유대인이야말로 사람들을 병들게 하기에 충분하지 않은가? 예언자, 순교자, 우상 파괴자, 절대자의 공포에 취한 말장난꾼들을 보라. 이는 시나이에서 나사렛으로, 나사렛에서 마르크시즘의 언약으로 나아가는 작지만 불가피한 발걸음이었다… 유대인은 우리들에게 강박적으로 초월을 강요한다. - George Steiner's fictional portrayal of Hitler in The Portage to San Cristbal of A. H. (1981) -(2)

스스로를 유대인 복수자/archnemesis the Jew로 자처하는 용어 말고는 나치즘을 바르게 이해할 수 없을 것이다. 한나 아렌트/Hannah Arendt가 말했던 대로 나치즘의 핵심은 반 유대주의였다.(3) 유대인에 대한 나치의 증오심은 인종적인 것 그 이상이었다. 인종 생물학자들은 유대인들을 열등한 인종으로 여기는 데 거리낌이 없었다. 문화적 정체성에 대한 파시즘적 관념은 유대인을 민족적으로 고립시켜 더 큰 사회에의 참여로부터 배제시켰다. 국가 사회주의 경제이론에서는 유대인들을 "은행 자본주의"라고 비난했다. 나치는 일반 사람들 사이에서 수 세기 동안 반 유대주의를 능숙하게 이용했다. 나치와 유대인들 사이의 적대감은 훨씬 더 깊은 것이었다.

파시스트들은 유대인들을 단지 그들의 인종 때문만이 아니라 그들의 생각과 세계관으로 인해 증오했다. 그들은 유대인들을 아예 소멸시켜 버리고자 했다. 심지어 그들이 서구문화에 끼친 영향력까지도 근절시키고자 했다. 히브리의 유산은 성경에 의해서 서구에 전달되었기에 기독교 역시 유대적인 성서주의로 인해 제거 대상이 되었다.

반 헤브라이즘

파시즘은 "초월성에 대한 현실적이고 폭력적인 저항"으로 정의되어 왔다.(4) 파시스트 영성은 일종의 내재적인 것이었다. 자연과 공동체, 땅과 피의 신비주의는 현대적인 삶의 소외를 치료한다고 보았다. 유대인들은 그 모든 질병을 지니고 있는 초월적인 종교의 원천으로 여겨졌다.

나치의 반 유대주의적 동기는 그들의 삶과 자연으로부터 분리되는 사색과 추상성에 기인한다. "유대인들의 사색적 특성, 교리로부터 냉정하게 분리되어 있으면서도 교리를 동화시키는 특성은 유대인 정신의 특수성 중 하나'라고 폴 드 만/ Paul De Man은 "반셈족에 대하여" Collaborationist라는 잡지에 기고한 에세이에서 지적한다.(5) 유대적인 사고방식은 본질적으로 소외시키는 것으로서, 나치는 소외를 유대인의 특별한 유산으로 간주한다.

히브리 전통의 기초는 유일신론이었다. 유대인이 한 하나님을 믿는 것을 파시스트 지식인들은 한결같이 불만족스럽게 여겼다. 시인이자 파시스트 선동가인 에즈라 폰드/ Ezra Pound에 따르면, 유대교는 모세가 신이라고 불리는, 공감할 수 없는 유령을 고안해 내놓고 두려움을 불러일으킴으로 "문제를 일으키는 불량배들을 질서 있게 유지하기 위해 시작된 종교"라고 한다(6) 이후 폰드는 "가장 위대한 독재자는 신이 하나이거나 그 뜻을 그 밑에, 나아가서는 인간 개개인에게 도입시킨 다음, 다양한 계층의 최상위 신들 위에 통합시키는 교리에서 생겨난다'라고 말한다.(7)

오직 하나뿐인 초월적인 신의 존재를 주장함으로써 유대인들은 내재적인 영적 세계를 고갈시켰다고 주장한다. 이로써 영적인 존재들이 스며들어 있는 고대 이교도 세계의 다신론은 추방된다. 유대교 유일신론은 종교, 자연, 공동체가 통일되어 있는 신화적 의식의 쇠퇴를 가져왔다고 본다.(8) 파시즘은 사회적 연대, 자연과의 일체, 그리고 심령적인 통합이라는 가치를 회복시키고자 했다. 유대-기독교의 전통인 우상파괴, 반 이교주의, 도덕주의가 사라져야만 자신들이 원하는 보다 온전한 영성이 나타날 것이라고 보았던 것이다. 파시스트는 이렇게 함으로 현대인의 삶을 재신화화 하고자 했다.

유일신교는 공허한 자연과 기계적인 자연 질서만을 남겨 두고 신들을 추방해버렸다. 자연은 더 이상 신성하지 않으며 따라서 과학적 착취에 취약해졌다. 인간 존재는 자연으로부터 단절되고 자연 질서로부터 소외되었다. 파시스트적이고 반셈족주의적인 환경주의 브랜드는 프랑스의 원형적 파시스트인 챨스 모오라스/Charles Maurras의 저서에 예시되고 있다. 그의 이상은 유기적인 삶의 통합을 이루는 것이었다. 모오라스에 의하면 현대 경제, 기술, 과학은 반 자연적인 것이다. 모든 것은 유일신에 의해 부추겨지고 유대인에 의해 강화된 것이라고 한다.(9)

유대인들이 반 자연적이라고 하는 것은 나치의 반셈족주의를 위한 지속적인 구호가 되었다.(10) 유대인에 대한 이러한 비난과 자연을 다시 복권시키는 대안적인 프로젝트는 히틀러의 "나의 투쟁"/Mein Kampf의 주요 주제 가운데 하나였다. 히틀러는 "인간은 자연의 척도"라는 개념을 경멸하였다. 수백만의 사람들이 무분별하게 이와 같은 반 유대주의 난센스를 추종했다. 인간은 결코 어떤 면에서든 자연을 정복한 적이 없었다.(11) 하지만 히틀러의 새로운 질서는 인간의 삶에 자연의 원리를 회복시키는 것이었다.

히브리의 유일신은 윤리적인 의미를 지니는데, 이것이야말로 파시스트들이 특별히 혐오스럽게 여기는 것이었다. 유일신론은 한 분 하나님만이 의로우시고 초월적인 도덕법의 출처가 된다고 한다. 옳고 그름은 자연, 공동체, 인간의 선택에 의해 결정되는 것이 아니라고 하는 것이다. 하나님은 자연, 공동체, 자아를 초월하는 절대적인 도덕적 원리를 계시하고 이 모든 것들은 하나님의 심판 하에 놓여있다고 한다.

로버트 카실로/Robert Casillo는 유일신론의 윤리적 유산에 대한 폰드의 공격을 다음과 같이 요약한다.

(폰드에게) 유일신적인 독재에게 윤리적 절대주의 혹은 법전 숭배/code-worship는 처벌을 위한 도구에 해당한다. 우유부단한 그리스인들과는 달리 (유대인들)은 엄격한 율법과 공식적인 절차 그리고 보편적이지는 않더라도 폭넓게 적용되는 도덕적 기준의 범주를 따른다. 일신교가 인간을 자연으로부터 격리 시킴으로서, 정언적인 도덕률은 인간의 자연적인 충동을 배제시킨다. 이것이 바로 폰드가 유대교를 특히 "금기," 타부"라는 처벌과 억압의 종교로 간주하는 이유이다. 그는 유대적인 금기의 "잔인한 무질서"와 기독교의 사디스트 적이고 가학적인 성향을 유대주의의 책임이라고 반복적으로 강조한다.(12)

파시스트들은 자연의 주장, 공동체의 필요, 인간 의지의 주장에 기초하는 상대주의적인 윤리를 선호한다. 이와 같은 윤리는 "너는 살인하지 말라"라는 명령적인 규범을 무시해버린다. 홀로코스트 곧 대학살은 이렇게 해서 허용된 것이었다.

유일신교는 진리와 도덕적 가치가 상대적이라는 생각에 역행적이다. 폰드는 다원주의 문화가 다원적인 반면 유일신교는 모든 사람에게 하나의 "보편적 진리"를 주장한다고 불평한다.(13) 그는 무관용, 독점, 통일성으로 인해 유대교 유일신론을 비난한다. (14)

무관용을 공격하는 파시스트의 모순은 "나의 투쟁"에서 가장 괴이스러운 것 중에 하나이다. 히틀러는 무관용이 유대인으로부터 온 개념이라고 상기시키면서 자신에게 반대 입장이 용인되어서는 안 된다는 역행적인 주장을 한다.

세계 역사 속에서 이와 같은 현상(무관용의 필요성)이 대부분의 경우, 특히 유대인의 사고 유형에서 발생한다는 것, 그로 인해 이와 같은 무관용과 광기 유형이 적극적으로 유대적인 특성을 이룬다고 하는 것에 대한 반대는 얼마든지 제기될 수 있다. 이는 정말로 얼마든지 가능하다. 우리는 그런 것들이 인류 역사 속에 이질적으로 등장한 것을 혐오스럽게 여기며 이 사실을 뉘우칠 수 있을 테지만 오늘날 이러한 조건들이 우리에게 있다는 사실을 바꿀 수는 없을 것이다. (15)

달리 말하면, 절대적인 도덕성을 지닌 유대인들에게서 무관용이 생겨났기 때문에 그들을 관용해서는 안 된다고 하는 것이다.

히브리와 성서 윤리는 심오한 정치적 의미를 내포한다. 거기엔 국가의 법보다 더 높은 법이 존재한다. 국가들도 개인 못지않게 초월적인 신에 기초한 권위를 지닌 객관적인 도덕적 절대성에 복종해야 한다. 도덕성은 문화적인 것이 아니고 신학적인 것이라고 한다. 이와 같은 초월적인 도덕적 기준으로 인해 국가와 그 지도자를 비판하는 것도 가능해진다.(16)

가나안 같은 신화적인 문화 속에서 왕은 신성에 준한다. 사회 질서는 종교적, 자연적 질서와 동일하게 이해된다. 사회법, 관습, 권력자들의 명령은 신화적 세계관에 의해 승인된다. 왕을 비판하는 것은 엄밀히 말해서 생각할 수 없는 구조였다. 따라서 상부 권위에 무엇을 말한다는 개념은 있을 수 없었다. 더 나은 자비나 정의의 방향으로의 사회적 변화는 실제적으로 그 전례가 없었다. 희생자의 부모에 의해서도 받아들여져야 했던 어린이 희생 제물 같은 것은 유대-기독교인들에게 아주 끔찍한 관습이었다. 이는 열매를 수확하는 한 가지 방식으로 신들, 왕, 자연의 영들, 공동체의 필요 그리고 실재 그 자체의 요구에 의해 어린이를 몰록에게 바쳤던 것이다.

반면에 히브리 예언자들은 그들이 행한 악에 대해서 왕들과 문화 전반적인 것을 격렬하게 꾸짖었다. 그들은 권력을 가진 사람들이 신의 객관적인 의를 따라 자신들의 길을 바꾸고 사회를 변화시킬 것을 요구했다. 예레미야의 사회 비판은 다음과 같았다.

여호와께서 이렇게 말씀하시되, 너는 유다 왕의 집에 내려가서 거기서 이를 선언하여 이르기를 다윗의 위에 앉은 유다 왕이여 너와 네 신하와 이 문들로 들어오는 네 백성은 여호와의 말씀을 들을지니라. 여호와께서 이같이 말씀하시되 너희가 공평과 정의를

행하여 탈취당한 자를 압박하는 자의 손에서 건지고 이방인과 고아와 과부를 압제하거나 학대하지 말며 이곳에서 무죄한 피를 흘리지 말라. 너희가 참으로 이 말을 준행하면 다윗의 위에 앉을 왕들과 신하들과 백성이 병거와 말을 타고 이 집 문으로 들어오게 되리라마는 너희가 이 말을 듣지 아니하면 내가 나로 맹세하노니 이 집이 황무하리라. 나 여호와의 말이니라. (예레미야 22:1-5)

예언자는 왕의 면전에 나타나 "하나님의 말씀"의 권위를 가지고 억압과 피 흘린 것에 대하여 책망할 수 있었는데 이것이야말로 서구 사회라는 중요한 개념적 발전을 이루었다. 우리는 지금 지도자들과 사회를 비판하는데 아주 익숙해져서 그것을 당연하게 여기고 있는데, 이렇게 유대 – 기독교 윤리가 서구 사상에 깊이 뿌리박혀 있음으로 사회 비판의 전통과 도덕적 개혁이 이루어져 온 것이다.

그러나 이러한 전통 하에서는 고대 가나안의 유기적인 사회 질서나 파시스트에 의해 주창되는 공동체 의식 같은 것은 와해될 수밖에 없는 것이었다. 이러한 윤리는 개인을 공동체로부터 분리시켰다. 불만과 불화를 야기하기도 했다. 더 이상 자신의 공동체와 조국에 헌신하는 대신에 이에서 돌이켜 하나님께로 향하게 하였다. 그 결과는 불안정적이며, 끊임없는 사회 변화를 초래하고 항상 소외되어야 했다.

모오라스/Charles Maurras는 유대인과 그의 성서적 전통에 대해서 "유일신론자요 예언자들에 의해 성장한 유대인들이야말로 혁명의 대행자들이었다"라고 고발한다.(17) 유일신론자는 "반

자연"이라는 비난을 되풀이하면서 "예언"은 유기적인 사회 질서를 훼손한다고 비난한다. 그는 개인적인 자유라는 개념으로 유일신론을 공격한다.(18) 로버트 카실로/R. Casillo는 그의 논쟁을 다음과 같이 요약한다.

모오라가 인식한 것처럼 유일신론은 모든 남성들을 위해 초월적 절대성을 주장함으로, 사회의 "아름답고"자연스러운 "불평등"을 파괴하는 경향이 있다. 심지어 사회적 불평등이 존재하는 곳에서도 유일신론은 정신의 영역을 민주화하고 인간 간의 차별을 완화시킨다. 이것이 모오라가 유대교 일신론에서 위계질서의 궁극적인 적이자 자유주의의 궁극적인 근원이라고 하는 이유이다.(19)

카실로는 폰드가 유대인의 무관용에 대하여 비난하는 것에 답하면서 "일신교는 대부분 반 착취적이며 동일한 영적 진리와 구원이 모두에게 가능하다"는 것을 의미한다고 반박한다.(20)

또 다른 파시스트 사상가인 레온 반 후펠/Leon van Huffel은 폴 드 만과 함께 한 기사에서 "사회적" 반셈족주의를 반대하고 "과학적" 반셈족주의를 선호하는 글을 올렸다. 카플란/Alice Yaeger Kaplan이 그의 에세이를 요약한 것에 의하면 반 후펠은 다음과 같이 논쟁한다.

인간은 자유나 평등, 형제애 같은 추상적 관념을 위해서 사는 것이 아니라 그의 혈액 안에는 이전 세대의 구체적인 흔적이 남아있다고 논쟁한다. 자유, 개인주의, 원자론적인 철학은 사회에 대한 "집단적이고 유기적인 개념"을 반대한다.(21)

반 후펠은 프랑스 혁명과 자유 민주주의와 같은 세속적인 징후를 유대 예언자적 전통에서 비롯된 것이라고 탓한다. 유대인들은 "개인주의적이고 원자론적인" 정치철학에 대한 책임이 있으며, 이는 "집단적이고 유기적인" 정치 철학으로 대체되어야 한다고 주장한다.

초월적이고 히브리적인, 자유, 평등, 박애와 같은 도덕적 추상성은 "집단적이고 유기적인" 사회를 성취하기 위해 포기되어져야 한다. 그러한 사회 속에서 개인적인 것은 집단과 하나가 된다. 위계질서는 필수적이다. 자연에서는 강한 자가 약한 자 위에 특권을 지니고, 벌떼, 새떼, 늑대 무리와 같은 자연 집단에서는 전체 집단이 생존할 수 있도록 서열과 계층적인 역할이 있다. 자연에는 평등도 자유도 없다. 동물들은 본능에 복종할 뿐이다. 그들의 행동은 자연과 종족의 필요에 의해 결정된다. 문화적으로 평등과 자유는 단지 환상일 뿐이다. 모든 사람은 사회적 위계질서를 수반하는 경향에서 문화적 역할을 수행한다. 개인의 선택과 합리적인 의사결정이 아닌 문화가 실제로 개인의 성격을 형성하는 것이다. 문화적 정체성 외에 개인적인 정체성은 없다. "집단적이고 유기적인" 사회는 유대인들이 서구 문화에 주입한 "개인주의적이고 원자론적인" 이상과는 다른 원칙에 기초해야 한다.

"살인해서는 안 된다"와 같은 초월적인 도덕적 절대성을 거부하는 사람들에게는 가스실 외에 달리 주어질 것이 없다. 유대인과 그들의 사상을 모두 없애고자 했던 "집단적이고 유기적인" 사회보다 더 상위에 있는 권위는 없는 것이다.

반 기독교

기독교는 성경에 바탕을 두고 있는 만큼, 그리고 또한 본질적으로 히브리적인 만큼 이 역시 파시스트의 증오 대상이 되었다. 히틀러는 기독교가 인류로 하여금 고통을 받게 하는 가장 심각한 타격이었다고 주장하였다. 바울은 일종의 볼셰비키/bolshevik(러시아 사회 민주 노동당의 다수파로서 과격파)였다. 기독교는 노예들이 주인에게 반항하는 것을 허용했다. 기독교는 로마를 파괴했다. 이 모든 것들이 바로 유대인의 발명품이라고 비난한다.(22)

히틀러는 "기독교와 함께 맨 첫 번째 정신적 공포가 자유로웠던 고대 세계 속으로 들어왔다"라고 썼다.(23) 여기에서 테러범이자 자유를 갈망하는 히틀러는 기독교가 사람들을 정신적으로 위협하고 이교도의 자유를 제한했다고 비난한다. 이와 같은 끔찍한 아이러니가 유대 기독교의 객관적인 도덕성에 대한 파시스트의 공격이 내포하고 있는 것 중 하나이다.

파시스트 이론가들에 따르면 객관적인 도덕 법칙은 죄책감을 만들어내고 자연적인 열정을 제한한다. 에즈라 폰드는 "히브리의 금욕주의적 질병," "육체를 악으로 보는 믿음," 그리고 기독교의 모든 특징은 "반 생명적," "반 육체적"이라고 비난한다.(24)

히틀러와 폰드는 파시스트 윤리를 관대하고 쾌락적인 것으로 보이려고 한다. 어떤 의미에서는, 특히 초기 단계에서는 더욱 그러했으며 그것이 바로 보헤미아 서클에서 매력을 느꼈던 것이었다. 그러나 개인적인 욕망은 "집단적이고 유기적인" 사회의 필요에 종속되어야만 했다. 파시스트들은 도덕적 자유에 대해 이야기하지만 그들은 정치적 자유를 거부한다. 그들은 유대-기독교 전통이 편협하고 죄의식을 조장한다고 공격하는 한편, 또한 이타주의적이며, 강자로부터 약자를 보호하거나 평등과 정치적 자유를 내포한다고 비난한다. 에즈라는 신약성서의 무책임한 주창자의 가르침에 대하여 사회적 질서에 대한 감각이 없다고 비평한다. (25)

만약 유대-기독교의 초월적 윤리가 개인의 행동에 제한을 둔다면 그것은 역으로 사회, 정치적으로는 개인을 해방시키는 것이다. 파시스트의 내적 윤리는 반대로 동물적 충동을 분출시키고 동시에 사람들을 노예화한다.

폰드는 기독교가 체질적으로 셈족주의라고 비판한다.(26) "나의 투쟁"의 주제 가운데 하나는 "자연"과 "반 자연"사이의 갈등이었다.(27) 히틀러에게 유대교와 기독교는 둘 다 반 자연적이다. 그들은 초월적이기도 하다. 내재적 영역에서 성취감을 찾고자 하는 영성을 만들어 내려는 히틀러의 프로젝트는 기독교 역시 유대교 못지않게 그의 적이 될 수밖에 없음을 의미한다.

히틀러가 유대인들에게는 추방 정책으로 처리했지만 기독교를 그렇게 간단하게 다룰 수는 없었다. 결국 기독교는 그가 복원하려고 했던 민속문화의 일부로 흡수되었다. 기독교를 제거시킬 수 없다면 변해져야 했던 것이다. "히브리적 질병"을 치료하기 위해서 기독교는 다시 이교도가 되어야 했다.

히틀러는 기독교를 증오했지만, 가톨릭에 대해서는 왜곡된

모던파시즘

감탄사를 표현했다.(28) 에즈라 폰드와 찰스 모오라스는 모순을 반복했다. 에른스트 놀테/Ernst Nolte는 다음과 같이 말한다.

모오라스는 자신이 실제로 그리스도를 공격하고자 한다는 것과, 위계적인 중재자로서 교회를 인간의 대변인이 되게 하고 아버지와 아들을 모두 배제시킨 세속적인 지혜로서 가톨릭은 이교 중에 비교 불가능한 걸작이라는 사실을 숨기려고 하지 않는다. (29)

가톨릭은 초월성을 내재적이게 하였다. 집단적이고 계층적이며 권위적인 제도 속에서 구체적인 수단으로 영적인 것을 지상으로 끌어내림으로써 그렇게 했다. 폰드는 가톨릭이 이교적인 뿌리를 지니고 있는 것을 좋아한다.(30) 성인 숭배는 고대의 다신교에 가까웠다. 교회력은 인간의 자연의 순환을 따르고 있었다. 가톨릭의 의식은 공동체적으로, 개인을 집단적이고 유기적인 문화로 결속시킨다.

중세 시대에 성과 속은 일치되었다. 즉 사회는 모든 사람들이 서로의 위치를 알고 있는 위계질서 속에 통일되었고 현대 사회에서와 같은 소외와 불확실성은 존재하지 않았다. 파시즘은 이렇게 후기 낭만주의 유산인 중세에 의존적이었다.

사실, 정통 기독교는 항상 신의 초월성과 내재성을 모두 말해 왔다. 신은 무소부재하시다. 그분은 예수 그리스도 안에서 성육신하셨다. 성찬 가운데 임재하신다. 평범한 일반인의 삶을 중요하게 여긴다. 유대교 역시 신의 활동의 역사성과 일상적인 삶 안에서 매일 매 순간 복종의 중요성을 강조한다. 동시에 신은 우주를 넘어 그 위에 계신 분이기도 하다.

하나님의 영광이 성전을 가득 채우고 있는 동안 솔로몬은 "하늘과 하늘들의 하늘이라도 주를 용납하지 못하겠거늘 하물며 내가 건축한 이 성전이오리이까"(왕상 8:27)하고 토로한다. 문제는 자연으로부터의 소외가 아니라 죄의 반란을 통한 하나님으로부터의 소외, 그리고 이 소외는 곧 하나님의 은혜와 구원을 통해서만 치유되는 것이었다. 초월과 내면, 또는 그리스도의 신성과 인간성이라는 역설 사이에서 어느 한 쪽이라도 부정하는 것은 이단에 해당하는 것이었다.

가톨릭 민족주의자들은 파시즘으로 편향되기도 했으나 궁극적으로 가톨릭과 파시즘이 부딪혔었던 것 또한 사실이다. 빅터 파리아스/Victor Farias에 의하면 마틴 하이데거는 한때 엥겔베르 그레브스/Engelbert Krebs 신부의 지도 아래서 독실한 가톨릭 신자였었다고 한다. 초기 파시스트들 가운데서는 가톨릭을 극단적인 민족주의자와 반 유대주의자와 더불어 결합시키고자 했었다. 파리아스는 이들 극단주의 그룹이 마침내 하이데거를 민족적 사회주의로 이끌었다고 주장한다.(31)

그러나 나중에 하이데거는 공식적으로 자신의 철학이나 정치적 프로그램과의 갈등상태 속에서 자신의 초기 신앙을 저버리게 된다. 허쉬/Hirsch는 "하이데거가 나치의 이데올로기들과 더불어 '형이상학'과 '헤브라이즘'으로부터 결별하기를 원했다. 이를 위해서는 기독교와 휴머니즘 가치들 역시 함께 버려야만 했을 것이다."(32) 고 지적한다. 하이데거는 노골적으로 가톨릭과 더불어 기독교에 적대적이었다. 파리아스는 그의 "치명적인

모던파시즘

반 가톨릭주의"와 마르부르크 대학 총장으로서 학생들 가운데서 가톨릭을 억압하고자 했던 실망스러운 점들에 대해서 언급한다.(33)

하이데거는 단순한 동반자에 그치지 않고 실제로 급진적인 나치 당원 가운데 하나였다. 대부분의 가톨릭 학생들이 국가 사회주의를 지원하는 경향이 있었지만 하이데거는 가톨릭 그 자체만으로도 박해할 것을 주장했다. 하이데거가 가톨릭 학생 집단을 탄압하려는 강압적인 시도는 가톨릭 지원을 그대로 유지하고자 했던 히틀러의 정권에서조차도 너무 극단적이라고 할 정도였다. 하이데거의 정치적 지원은 믿어지지 않을 정도로 극단적이었으므로 나치당으로부터 숙청되었을 때에 그는 총장직에서도 물러나야 했다.(34)

파시스트들은 기독교 없이도 보편주의/Catholicism적일 수 있다고 생각했다. 물론 그들의 생각은 틀렸다. "히브리 병"의 증상이 그들 자신에게서 나타나게 된 것이다. 하이데거는 특별히 오랜 영적 조언자인 크레브스/Krebs 신부로부터도 신임 받지 못했을 것이다. 하이데거가 서구의 헤브라이즘 사상을 배제하고 유명한 철학자가 되는 동안 크레브스 신부는 반셈족주의를 반대하는 목소리를 내고 있었다. 눈에 보이는 악에 반대하는 목소리를 냄으로 성서적인 예언자들의 전통에서 행동한 크레브스 신부는 가톨릭의 저항운동의 기수가 되어 있었다.(35)

만약에 파시스트 이론가들이 이교도적인 가톨릭을 수용했다면 개신교는 그 반대가 되었을 것이다. 에즈라 폰드에게 개신교는 위장된 유대주의일 뿐이었다.(36) 폰드는 종교개혁이 히브리어 문서와 그러한 사고방식의 부흥 그리고 그에 따른 유럽의 쇠퇴에 책임이 있다고 비난했다.(37) 이렇게 말하는 것은 종교개혁이 성경을 서구 문화 속으로 재도입했기 때문이라고 한다.

개신교는, 모오라스에 의하면, "유일신의 독소"를 풀어놓은 것이었다.(38) 모오라스는 개신교를 유대적이라는 이유로 공격하면서 다음과 같이 말했다.(39)

민주주의적 혁명의 아버지들이 제네바와 비텐베르크, 그리고 그 옛날에는 예루살렘에 있었다. 그들은 유대 정신과 동부 사막과 튜토닉 숲, 그 외의 다양한 이교도 지역에 흩어져 있던 여러 독립된 기독교도 단체에서 비롯된 것이다.(40)

종교개혁에 반하는 이와 같은 장광설은 모오라스가 반셈족주의라고 욕설하는 것과 같은 억양과 동일한 수사학을 지닌다.

흔히, 파시스트 지식인들은 다른 사람들이 칭찬하는 것들을 비난하지만 그들의 분석이 옳은 적도 있었다. 폴 고트프리트/Paul Gottfried는 하이데거에 관한 책을 비평하면서 독일 가톨릭과 그의 중세적 유산은 분명히 독일 개신교보다 반 유대주의에 개방적이었다는데 동의한다. 그는 "루터의 반 유대주의 폭발에도 불구하고 그가 시작한 종교개혁은 초대교회 이후 처음으로 기독교의 히브리적 근원을 강조했다"라고 결론한다.(41)

개신교가 성서적이기를 자처한다면 유다주의와 마찬가지로 파시즘과 화해할 수는 없을 것이다. 개신교 역시 유럽과 특별히 독일 문화에 깊이 배어들어 있었음은 분명하다. 하지만, 파시스트들이 가톨릭을 받아들일 수 있었다고 해도 개신교와는 다른 접근 방법을 취했어야 했을 것이다. 공식적인 개신교 교회의 느슨한 교리적 구조의 특징을 통하여 파시스트들은 그 신학을 쉽게 바꿀 수 있었을 것이다. 무엇보다도 그들이 성경의 권위를 삭제함으로 인해서 개신교의 심장을 도려낼 수 있었을 것이다. 파시스트 신학자들은 새로운 "민속적"신앙을 위한 프레임으로 남아있는 제도적인 틀을 사용할 수도 있었다.

개신교 내에서의 성경에 대한 비평적 작업은 원어학자들과 신학자들 모두의 일이기도 했다. 20세기에 이르러 성경 저자와 작성에 대한 전통적인 생각을 평가 절하한 구약성서에 대한 고등비평은 이미 성경 저자의 교리를 약화시키고 있었다. 성경 본문과 성경이 기술하고 있는 사건들이 자연주의적, 과학적 용어로 설명돼야 한다는 주장에 의해 역사 비평 학파는 성경의 지위를 초자연적 계시라고 하여 폄하했다.

프리드리히 델리취/Friedrich Delitzsch 같은 독일 학자는 다음 단계의 수순을 밟았다. 1902년에서 1919년까지 베를린 대학의 성서학자였던 델리취는 구약성서가 바빌론 문화와 신화에 의존되어 있다고 논쟁하는 책을 출판했다.(42) 그의 입장은 논란의 여지가 있었지만 그것은 단지 현대 성경 비평의 전형적인 예에 불과했다. 델리취 학파는 그로 하여금 후기 저서에서 다음과 같이 결론을 내리게끔 한다.

구약성서는 모든 종류의 속임수, 이를테면 성서 연대기를 포함하여 참으로 뒤죽박죽인 오류들, 믿을 수 없는 것들, 신뢰할 수 없는

인물들, 정말 미궁에 빠진 배신행위들, 오해의 소지가 있는 수정 작업, 개정, 도치, 따라서 무정부, 모순적인 세부 내용들이 교차되고 있는 전체 이야기, 역사적이지 못한 고안물, 전설들, 민속적인 이야기들, 한 마디로 의도적이거나 비의도적인 속임수로 가득 채워진 것으로, 조심스럽게 사용하지 않으면 안 되는 위험한 책이다.(43)

하지만 델리취가 구약성서를 "매우 위험한 책"이라고 한 이유는 그것이 유대적인 것이기 때문이란 것이 곧 밝혀졌다.

델리취는 더 나아가 예수가 유대인이 아니었다고까지 주장한다. 다른 반 유대주의 노선을 따라 델리취는 유대인과 북부 혈통에서 온 갈릴리인 사이를 구분한다. 추가적인 증거로 그는 따스한 휴머니즘을 지닌 예수와 도덕적 무관용을 지닌 유대인의 마음과는 차이가 있다고 말한다. "델리취는 구약과 예수의 정신 사이에는 아무런 연결고리가 없으며, 기독교는 절대적으로 새로운 종교, 전적으로 구약성서의 종교와는 구별되는 것이라 주장한다."(44)

이와 같은 근거로 구약성서는 개신교 목사의 교육 내용에 포함되어서는 안 된다고 주장한다. 비록 동양학 학과나 종교 역사의 일부분으로 가르쳐질 수는 있다고 하더라도 신학교에서 추방돼야 한다고 한다. 레이몬드 슈어부르그/Raymond Surburg는 델리취의 입장을 다음과 같이 요약한다.

신약성서는 구약성서와의 연계 속에서 공부해서는 안 되고 교사들은 신약성서 과목을 가르칠 때에 학생들에게 구약성서에서 예

언된 그리스도를 발견한 유대인 전달자들의 오류를 가르쳐야 한다. 델리취는 신약성서는 구약으로부터 해방되어야 한다고 주장하며 나아가 예수의 가르침은 기독교 교회의 축복을 위하여 본래의 순수성을 지녀야 한다고 추천한다.(45)

물론 구약성서를 배제함으로 신약성서로 환원하는 것은 성서에 대한 역사 비평 접근에서도 행해졌었다. 성서가 손질되고 탈 히브리적이 됨으로 하나님의 말씀은 완전히 반셈족 이데올로기에 예속될 수 있을 것이라고 보는 것이었다.

델리취는 결코 단순한 나치 선전가나 마약상이 아니었다. 그는 아시리아학의 창시자였으며 당대의 저명한 학자이고 대부분의 그의 연구업적은 여전히 성서 비평가들로부터 존경을 받고 있다.(46) 그의 구약성서에 대한 배격은 결코 진기한 것이 아니었다. 영향력 있는 자유주의 신학자 아돌프 하르낙/Adolf von Harnack 역시 기독교는 완전히 유다주의와는 구별되며 구약성경은 성경에서 제외돼야 한다고 믿었다.(47)

개신교에서 성경을 빼버리면 무엇이 남을까? 두 가지 가능성이 있는데 그 가능성들이 모두 바로 20세기 신학자들과 파시스트 교회에서 일어나고 있는 것이다.

기독교는 문화적인 종교로 변형될 수도 있다. 개인구원이나 영원한 생명과 같은 초월적 세계의 개념 대신에 교회는 이 세계에 초점을 두게 하는 것이다. 도덕적 선언, 사회적 참여, 정치적 활동이 바로 교회가 하는 일이 되게 하는 것이다. 리처드 니버/H. Richard Nieburh의 용어를 빌린다면, 이러한 "문화적 개신교"는 19세기 개신교에서 지배적이었으며 20세기 신학에서도 주요 흐름 가운데 하나로 여전히 지속되고 있는 형편이다.(48)

명백한 "자유주의"로서 문화적 개신교는, 파시즘과 마찬가지로, 내재된 세계에 전적으로 집중하는 것을 선호함으로 초월적인 것들을 거부한다. 자유주의 신학의 현대적 슬로건을 내세워 "세상이 교회의 의제를 정한다"라고 믿었던 이들은 파시스트 이데올로기에 쉽게 이용당하였다. 그들에게는 더 이상 기존 사회를 비판할 수 있는 초월적인 기준을 결여하게 되었다. 사회를 돕고자 했던 그들의 충동은 사회의 병폐에 대한 나치의 진단에 의해 지시를 받아야만 했다.

확실히 많은 자유주의자들은 성서적인 근거에서보다는 마르크스주의 같은 또 다른 세속적인 이데올로기의 이름으로 나치에 반대했다. 그러나 로버트 에릭슨/Robert Ericksen이 지적한 대로 신학자들 가운데 열렬한 나치 지지자들이 19세기 자유주의 신학 전통 속에 많이 있었다.(49)

심지어 히틀러는 예수의 삶에 초점을 둔다는 의미로서 "긍정적인 기독교"를 찬양하기도 했었다. 그는 오직 죽음과 희생에 초점을 둔 "부정적 기독교"를 반대했는데 매튜 아놀드/Matthew Arnold 시대 이후 자유주의자들과 같이 그 모든 것을 바울의 악영향 때문이라고 탓하였다.(50) 초자연적인 것을 제거시킨 기독교는 더 이상 피와 흙의 나치 신비주의의 경쟁자가 될 수 없었다. 실제로 만약에 기독교가 모호한 윤리적 이상주의로 축소되었다면 이는 국가에 봉사하기 위하여 자기희생과 사회적 연합을 권장하는 방식으로 되었을 것이다.

　게다가 새로운 파시스트 영성이 교회에 주입된다면 그 외의 영적 공백은 합리주의적 자유주의로 채워지고 교회는 새로운 이데올로기를 위한 매개 수단으로 변형되었을 것이다. 이것이 바로 히틀러의 즉위와 더불어 독일에 있는 제도적 교회를 통제하기 위한 "독일 기독교 운동"의 프로젝트였다. 기독교에서 성서와 히브리와 관련된 내용을 뺀다면 새로운 종교로 만들어질 수밖에 없을 텐데 그러면 이는 이교도가 되고 마는 것이었다.

4. 두 주인: 파시즘 대 고백교회

20세기로 가는 하나의 분명한 관문이 있다면, 그것은 신의 죽음, 새롭게 발견된 현대인의 급진적인 내재성 외부의 어떤 의미나 현실의 붕괴, 초월이라는 그림자마저도 망각으로 용해시키는 내재성을 통과하는 것이다. -Thomas Altizer, Gospel of Christian Atheism (1967) - (1)

사람은 사실상 두 주인을 섬길 수 없다. 나는 종교의 설립이나 파괴가 국가의 설립이나 파괴보다 훨씬 큰일이라고 생각한다. -Adolf Hitler, Mein Kampf (1927) - (2)

나치의 궁극적인 목표는 초월적인 신, 초월적인 윤리와 더불어 유대인과 기독교 전통을 없애버리는 것이었다. 그는 이들을 이교도화된 기독교와 고대 신화적인 의식으로 대체하고자 했다. 이와 같은 목적으로 독일 기독교 운동이 형성되었다. 현재의 신학적인 학문을 이용하여 현대 신학의 주류로 자리매김하면서 독일 기독교 운동은 파시즘과 기독교를 통합하고자 했다.

그렇게 함으로서 그들은 고백 교회의 반응에 불을 지폈다. 파시즘의 거악으로 인해 많은 그리스도인들이 역사적인 기독교 고백과 히브리 경전의 권위를 재발견하게 되었다. 이 초월적인 신앙에 대한 그들의 헌신으로 저항할 수 있게 되었고 많은 그리스도인들이 체포와 순교를 당하게 되었다.

나치 정권 시절 혼합주의와 고백교회 사이의 갈등은 근대 기독교 신앙을 위해 매우 중요하고도 결정적인 순간이 되었다. 과연 기독교는 지배적인 지적, 문화적 경향에 따라서 재정립되어야 하는가? 아니면 히브리 경전 즉 성경에서 전달된 초월적 교리와 초월적 윤리에 대한 헌신을 계속 유지해야 하는가? 나치즘은 신학자, 목사, 평신도들로 하여금 어떤 기독교 신앙의 모델을 따를 것인지를 선택하도록 강요하였다. 혼합주의에 동의한 사람들은 권력과 그 혜택을 누릴 수 있었다. 고백교회의 고백이 의미하는 바를 고수하던 사람들은 게슈타포에 의해 체포되어야 했다.

오늘날 종교계에서도 과거 혼합주의와 고백교회 간의 갈등이 계속되고 있다. 헤브라이즘에 대한 공격은 주류 신학과 문화 전반에 걸쳐 계속되고 있다. 성경의 유산은 초기 파시스트들이 사용했던 바로 그 용어로 비판되고 있다. 정치화 되고 이 세상적인 수많은 현대 신학, 대중문화의 뉴에이지, 신 이교도는 파시스트의 영성과 거의 유사하다고 할 수 있다. 교회의 갈등은 아직 끝나지 않은 것이다.

독일 기독교인

독일 기독교 운동은 교회 역사가에 의해 묘사된 것처럼 총통 숭배, 독일 민족주의, 명백한 인종적 반 유대주의로 성경과 계승되어 온 루터교와 개혁교회의 고백들을 전복시킨 매우 정치화되고 세속화된 신학으로 특징된다.(3) 신학자, 교회 직원, 목회자들이 바로 그와 같은 이론가이자 지도자들이었다. 이 운동은 나치당의 음모가 아니라 교회 내부에서의 실제적인 신학운동이었다.

독일 복음주의 교회로 알려진 국가 교회로서 개신교는 루터교, 개혁교회, 연합교회의 혼합체였다. 그들 모두는 국가가 징수한 대로 교회 세를 받아 운영되는 공식적인 관료 기구로 연합되었다. 히틀러가 권력을 잡자 독일 기독교인들은 국가 교회의 기관들을 장악했다.

히틀러는 바티칸과 협정을 맺었는데 이는 교회의 정치 참여와 유대인 방어를 제한하는 타협을 통해서 나치의 가톨릭교회 간섭을 제한할 수 있었다.(4) 국가 교회가 되는 것을 거부한 자유-루터교회, 감리교회와 같은 개신교들은 상대적으로 공공연한 나치의 통제에서 예외가 되었다. 물론 가톨릭과 자유교회와 나치당 사이의 불안한 휴전으로 인해 이들 교회들이 시대의 도덕적, 영적 압력으로부터도 자유로웠던 것은 아니었다. 때가 이르러 당은 콩코드 조약을 위반했고 가톨릭 신자들도 노골적인 박해에 직면하게 되었다. 교회와 국가 간의 공식적인 분리가 이들 교회에 최소한의 숨돌릴 여유를 허락하긴 했지만, 독일 기독교는 주요 개신교 종교 기관들을 통제하는 가운데 교회의 나치화를 진행할 수 있었다.

이것이 의미하는 바는 새 교회 정부가 설립한 "독일 교회에 끼친 유대인의 영향력에 대한 연구소"를 통해서 확인해 볼 수 있다. 연구소의 학자 중에 한 사람인 에른스트 버그만/Ernst Bergmann 박사는 독일 신학과 교회의 과제로써 종교 생활의 탈 유대화에 대해 강의하고 예수가 유대인이 아니라고 주장하는 책을 쓰기도 했다. 그 연구소는 "혈족과 영적, 종교적 관점에서 본 유대교가 가톨릭에 미치는 영향"과 관련된 연구를 후원하기도 했다.(5) 어떤 신약 개정판에서는 여호와, 이스라엘, 시온, 예루살렘과 같은 "유대적"인 용어를 빼고서 출판하기도 했다.(6)

1933년 11월에는 독일 기독교인들의 대규모 집회가 베를린의 한 스포츠 경기장에서 열렸다. 여기에서 유대인의 기독교인에게 미치는 영향력을 공격하는 결의안이 통과되었다. 한 결의안은 "국가 사회주의 정신"을 배척한 모든 목회자의 숙청을 요구하기도 했다. 그 결의안은 교회 내에서 유대인 혈통을 가진 모든 사람을 공직에서 배제하는 정책인 "아리아인 문단"이 적용되어야 한다고 주장했다. 세례를 받은 유대인 개종자들뿐만 아니라 유대인 혈통을 가진 목사들도 목사직에서 추방되도록 했다. 또 다른 결의안은 실제로 성경에서 구약성서를 삭제할 것을 요구했다.(7) 이 회의는 유대-기독교의 초월적 도덕성의 근간이 되는 것을 단호하게 거부했던 것이다.

우리는 독일 국민교회로서 우리나라 교회가 독일인들이 예배와

고백으로부터가 아닌, 특별히 구약성서와 보상적인 도덕 체계를 지닌 유대 체계로부터의 자유할 것을 기대한다.(8)

이로 인해 성경의 권위를 믿는 흔적이라도 지닌 기독교인은 악명 높은 이단이라는 비난을 견디어 내기가 힘들었다.

그 집회는 독일 교회 전체에 소란을 일으켰다. 기독교인들은 그들의 믿음과 그 믿음의 기초를 검열 받도록 강요되었다. 이 집회로 인해 일어난 논쟁은 고백교회의 조직적인 대항 운동을 예견하게 했다.

고백교회

고백교회는 독일 기독교 운동에 저항하기 위해 조직되었다. 고백이라는 이름은 교회의 고해성사를 암시하는 것으로 예를 들면 루터교 콩코드 책에서 발췌한 역사적인 기독교 교회를 의미한다. 그들이 보수적이든 자유주의적이든 혹은 새로운 변증법 신학을 따르든 간에, 히틀러와 파시스트 세계관을 반대하는 그리스도인들은 교회의 고전적인 교리를 재강조하면서 단결했다. 한 저자는 "독일 기독교 교리 공격 하에서의 갈등 속에서 그들은 종교개혁의 고백의 놀라운 재발견을 경험하게 되었다"라고 쓰기도 했다. 그리고 이 고백 행위에서 이전의 진보주의자들과 정통 실증주의자들 사이에 예상치 못한 동반자 관계가 나타나게 되었다.(9) 이들은 고백교인들에게는 교리적이고 초월적임을 주장하고, 나치에게는 혼합주의적이고 이 세상적이며 이교도화된 독일 기독교를 반대하는 "유대적" 기독교에 해당하는 사람들이었다.

교리 문제를 명확히 해결하기 위해 고백교회는 자체적으로 바르멘 선언을 작성했다. 그 선언문의 서문에 "고백교회 회의는 회중들이 기도할 때에 기도의 단결 속에 그리고 고백에 충성하는 목사와 교사들과 더불어 단호하게 함께 할 것을 요청한다"라고 기록하고 있다.(10) 그들은 초월적인 하나님의 말씀의 권위에 근거해서 그렇게 하였다. "만약에 우리가 성경에 위배되는 말을 한다면 우리의 말을 듣지 말라! 그러나 우리가 만약 성경의 기초에 서 있음을 알았다면 우리와 함께 믿음의 길을 가고 하나님의 말씀에 순종하는 일에 두려움이나 유혹을 받지 않도록 하라."라고 말하였다.

바르멘 선언은 여섯 개의 조항으로 구성되었다. 성경의 권위가 핵심 쟁점 중 하나였기 때문에 각 조항은 성경을 인용하는 것으로 시작되었다. 고전적인 루터교의 고백인 콩코드 형식을 따라 각 조항은 독일 기독교인들이 교육받은 대로 명제와 반명제, 고백적 교리에 대한 긍정과 반대 교리의 부정을 모두 진술하고 있다.

첫 번째 조항은 "성경 안에서 우리에게 입증된 대로 예수 그리스도는 우리가 들어야 하고 삶과 죽음 가운데서 믿고 순종해야 하는 단 하나 하나님의 말씀뿐이다"라고 선언한다. 이렇게 그리스도는 성경의 언어에서 보여주듯 초월적인 권위와 가르침의 원천이라고 분명히 한다. "우리는 비록 교회에 의해서 다른 사건이나 권력을 가진 인물이나 진리들이 하나님의 계시처럼 선언될

지라도 하나님의 이 한 말씀으로부터 떠나있거나 벗어나 있는 거짓 교리를 거부한다."

이와 같은 거부는 현대 신학의 맥락에서 매우 놀라운 것이었다. 그것은 하나님이 자신을 역사 곧 독일 인종, 나치 계시, 아돌프 히틀러라는 사람 가운데 드러낸다는 독일 기독교 개념을 비난하는 것 만이 아니다. 그것은 "자연신학"과 그에 따른 혼합주의를 한꺼번에 거부하는 것이었다. 신은 자연과 인간 문화 속에 드러내어지고 이성과 역사적 진보를 통해 접근할 수 있다는 가정은 현대신학에서 거의 상식이 되어 있었다. 반면, 아더 코크래인/Arthur Cochrane이 본 대로, 바르멘 선언은 16세기 종교개혁으로 거슬러 올라가서 계시는 오직 그리스도 한 분과 성경 안에서만 있다는 사실을 단언하는 것이었다.(11)

바르멘 선언의 자연신학에 대한 폭넓은 범위의 거부는 한스 아스무센/Hans Asmussen의 선언에 대한 주석에서 명백해졌는데 이는 바르멘 회의에서도 의제로 채택된 것이었다.

우리는 200년 이상 교회의 황폐화를 위한 길을 천천히 준비해온 동일한 현상에 반대해서 항의하고 있는 것이다. 성경과 함께 교회 내에서 역사적 사건들 혹은 이성, 문화, 미적 감정, 진보 혹은 다른 권력과 인물들이 교회에 대해서 연합하여 주장하는 것은 단지 상대적인 차이일 뿐이다.(12)

바르멘 선언은 독일 기독교의 탈선뿐만 아니라 그것을 가능하게 한 현대 혼합주의의 전반적인 전통에 반대하는 것이었다.

선언의 다른 조항들은 이 주제를 담대하고 정확하게 발전시킨다. 제2조항은 모든 생명에 대한 그리스도의 주권을 주장한다. 제3조항은 교회에 대한 그리스도의 주권을 주장하며 "교회가 자신의 만족에 대한 메시지와 명령의 형태를 포기하고 이데올로기와 정치적 관습이 주도하도록 변화되게끔 한 거짓 교리"를 부정한다. 세상은 결코 교회를 위한 의제를 설정하지 않는다는 의미이다. 재4조항은 교회의 직분은 상호 섬김과 사역을 위한 것이지 조잡한 권력의 행사를 위한 것이 아니라고 가르친다. 제5조항은 국가의 신성한 위임을 인정하지만, 국가가 마치 인간의 삶의 유일하고 전체적인 질서가 되어 교회의 소명과 같이 되는 것"을 거부한다. 제6조항은 말씀과 성례전을 통하여 모든 사람에게 하나님의 자유로운 은혜를 선포하는 교회의 사명을 확인한다. "우리는 교회가 마치 인간의 오만 속에서 주님의 말씀과 사역을 임의적으로 선택된 욕망이나 목적, 계획을 위해 섬기는 자리에 놓는 것을 거부한다."

로버트 에릭슨/Robert Ericksen이 지적한 것처럼 독일 교회에 "히틀러 검증" 신학이 있지 않았다는 것은 사실인 것 같다. 보수주의자, 자유주의자, 새로운 유사 실존주의 변증 신학 옹호자들이 친 히틀러 당과 고백교회 양쪽에서 발견되고 있다.(13) 그럼에도 불구하고 바르멘 선언에 사인을 하는 여부와 고백 모임에 의해 설립된 실체 없는 기관에의 참여 여부의 결정에 있어서는 경계선이 분명했다. 독일 기독교는 분명하고 노골적으로 성서의 계시적 특성을 거부했다. 이로써 독일 기독교를 반대하는 사람들은 성경과 역사적인 기독교 고백에 더욱 가까이 의존하게 되었다. 신앙고백 운동은 바르트/Karl Barth, 본 회퍼/Dietrich Bonhoeffer와 같은 변증신학자와 헤르만 사세/ Hermann Sasse 같은 정통 루터교 신학자들을 결성시켰다.(14)

독일 기독교 신학자들은 예상대로 고백 운동은 "협소"하고 "근본주의자들"이라고 비난했다.(15) 카우스 파브리쿠스/Cajus Fabricius는 19세기 자유주의 학자들을 경험주의적이고 교리적 으로 얽매이지 않은 종교라는데 초점을 두어 고백교회를 공격 했다.(16)

아마도 친나치 신학자들 중 가장 공포스럽고 교묘하면 파시 즘에 대한 헌신으로 과격했던 사람은 변증 신학자였던 에마누 엘 허시/Emanuel Hirsch였을 것이다. "20세기 독일 신학 가 운데서 가장 중요한 인물로 간주된" 허쉬는 그 당시 "최고의 신 학자로 주목받은 실존주의"에 뿌리를 두고 있었다.(17) 다른 현 대 신학자들과 같이 허쉬는 그리스도의 부활은 영적인 비전일 뿐이라고 가르쳤다. 부활절 이야기는 신약성서에 나중에 첨가 된 것이라고도 했다. 육체적인 부활에 대한 사상은 기독교를 현 재보다 이후에 관심을 집중시킴으로 기독교를 왜곡시킨다고 했 다.(18) 그는 기독교를 문화로부터 분리시키고자 하는 그리스도 인들을 비판했다.(19) 그는 기독교인의 삶에서 공동체의 중요성 을 무엇보다도 강조했다.(20)

허쉬는 현대 신학의 주류였음이 분명하다. 저명한 키엘케고올 학자로서 허쉬는 괴팅겐 대학교 신학부 학장이 되었다. 에릭슨/ Ericksen은 당시 다른 위대한 신학자들과 여러 면에서 생각을 같이 했다. 그의 친구 폴 틸리히처럼 허쉬는 실존적인 동시에 정치적이고 역사적인 기독교적 관점을 표명했다. (가장 큰 차이점은, 에릭슨에 따르면, 틸리히의 해결책이 좌파의 종교적 사회주의였다면, 허쉬는 우파의 국가사회주의를 옹호했다는 점이다).(21) 루돌프 불트만/Rudolf Bultmann처럼 허쉬는 신약성의 비신화화를 지지했다. 본훼퍼처럼 그는 급진적인 제자도와 20세기의 기독교화 과제를 정직하게 받아들일 필요가 있음을 주장하기도 했다.(22)

이들 20세기 주요 신학자들은 스스로 갈등 속에서 자신들이 어디에 서야 할지를 결정해야만 했다. 스위스 시민이긴 했지만 칼 바르트는 고백 운동의 주요 설립자이자 바르멘 선언의 저자이기도 하였다. 하나님의 초월성과 말씀의 계시됨을 강조한 그의 신정통신학은 나치 이데올로기와 분명히 대립하는 자리에 있었다. 다른 신정통신학자였던 디히트리히 본훼퍼는 고백 운동과 히틀러 저항 운동에 뛰어들었다. 히틀러 암살 음모에 가담한 그는 체포되고 투옥된 이후 처형되었다.

보다 자유주의적인 폴 틸리히는 그의 마르크스주의로 낙인된 사회주의로 인하여 독일을 떠났다. 하이데거와 기독교를 종합하고자 했던 루돌프 불트만은 자세를 낮추었다. 그는 독일 기독교의 인종적 입장을 거부하고 바르멘 선언에 서명했다고 전해진다. 그러나 그는 "나는 직접적으로 그리고 활동적으로 정치적 사건에 참여하지 않았다"라고 말한다.(23) 그는 나치 정권 하에서 내내 마르부르크 대학의 교수직을 유지했다. 불트만은 직접적으로 히틀러를 반대한 적이 없었던 것이다.

제도적인 교회를 통제하기 위한 고백교회와 독일 기독교 간의 정치적 싸움은 매우 복잡하다. 고백교회는 국가 기관의 수중에 있던 제도적 구조와 비슷한 그림자 정부를 세웠다. 어떤 경우에는 기관 전체가 고백교회의 통제하에 머물러 있었다. 어떤 회중들은 이쪽 저쪽에 서기도 했다. 많은 회중들은 함께 예배하지만 두 파벌로 나뉘었다. 종종 고백교회 회중들은 작은 그룹이나 성경공부에서 만나기도 했다.(24) 통계는 불확실하지만 아리안 규정 투쟁에 헌신하는 고백교회 조직인 목회자 비상 연맹 기록은 18,184명의 현역 목회자 중에 4,952명의 이름만을 올리고 있을 뿐이다.(25)

이 혼란의 와중에서는 입장을 명확하게 취하지 않는 것 자체가 자신들의 입장이 될 수도 있다. 아마도 대부분의 목사들과 교회 구성원들은 독일 기독교 운동의 노골적인 이단으로부터는 떠났지만 비애국적으로 보이는 지하 고백교회의 위험으로부터는 거리를 두고 있을 수도 있었다. 국가 사회주의 개혁을 진지하게 신뢰하면서 자신들의 개인적인 신앙을 정치적 편향과는 거리를 두는 사람들도 많이 있었을 것이다.

교회와 국가 간의 관계에 접근하는 루터의 "두 왕국" 이론이 잘 못 강조되었을 여지도 있다. 이 견해에 따르면, 하나님은 두 개의 다른 방법으로 세계를 통치한다고 한다. 즉 그분의 영적 왕국은 교회에 있고 그는 사랑으로 통치하며 복음을 통해 용서로 다스린다. 하나님의 지상 왕국은 세속적인 사회 질서 속에서 유지되며 그 통치는 정의이며 율법에 의해서 다스려진다. 하나님은 지상의 통치자 뒤에 있는 궁극적인 권위자로서 지상의 통치자들에게 불복종하는 것은 하나님께 불복종하는 것이 된다. 비판자들은 이러한 교리가 히틀러와 같은 사악한 통치자에게도 수동적으로 복종과 아무런 의심 없이 충성하게 했다고 비난한다. 실제로 두 왕국 교리는 하나님이 두 영역의 왕이라고 주장한다. 하나님의 초월적인 법을 어기는 지상의 통치자는 신적인 권위를 침해하는 것이다. 루터교회 교리의 핵심 진술인 아우크스부르크 고백서/Augsburg Confession에서는 다음과 같이 말하고 있다. "기독교인들은 공권력을 따라야 할 의무가 있으며 죄를 짓지 않는 한 그 명령과 법에 복종해야 한다. 그러나 죄를 짓지 않고 공권력의 명령에 복종 않기 위해서는 사람보다는 하나님께 복종해야 한다. (행5:29)(26)

존경받는 신학자로 알려진 게하르트 키텔/Gerhard Kittel의 경우는 아마도 독일 교회 내부의 혼란과 동요를 대표하는 사례일 것이다. 키텔의 종교적 보수주의는 그를 독일 기독교로부터 멀어지게 했으나 그의 정치적 공감은 나치와 함께 했다. 어느 시점에서 키텔은 세례를 받은 유대인들은 기독교 형제로 받아들일 수 있으나 여전히 비독일인으로서 박해받을 수 있다고 주장했다.(27)

"나의 투쟁"에서 히틀러 스스로 독일 개신교의 양면성에 대하여 핵심적인 유대적 성향으로 인해 이용에는 한계가 있으나 애국적인 성향을 지니고 있다는 양면성을 다음과 같이 요약하였다.

개신교는, 독일의 자유뿐만 아니라 내면의 순수함, 민족적 심화의 문제와 관련되어 있는 한, 항상 모든 독일주의의 발전을 위하여 펀드는데, 이 모든 것들은 그들 존재 자체에 확고한 기반을 가지고 있기 때문이다. 그러나 치명적인 도덕적인 내부의 적으로부터 국가를 구하고자 하는 시도에 대해서는 유대인에 대한 태도에 크든 작든 교리적으로 확립되어 있기 때문에 심한 적대감으로 싸우게 될 것이다. 여기서 어느 누구의 해결책도 없이 독일의 각성과 부활을 시도함에 있어서는 무의미하고 불가능한 질문에 직면하게 되는 것이다.(28)

마지막 문장은 개신교가 교리적으로 기반이 되고 있는 유대인들의 문제에 "최종적인 해결"이라는 불길한 내용을 담고 있다.

때때로 불일치와 타협이 있음에도 불구하고 가톨릭과 개신교를 막론하여 많은 기독교인들은 나치 정권의 악에 대해 목소리를 높이고 대담하게 행동했으며 신앙을 위해서는 순교하기도 했다. 병원에서 안락사 프로그램이 시작되었을 때에 독일 기독교인들은 정권에 반대하는 목소리를 내야 한다는 것을 알게 되었다.(29) 고백교회 감독 데오빌 부름/Theophil Wurm은 유대인 대학살에 대한 소문에 소리를 높여 나치의 만행을 단도직입적으로 비난하였다.

다른 국가나 인종들이 단순히 다른 국가나 인종에 속했다는 이유로 민사나 군사 재판도 없이 사형에 처해지는 것은 중지되어야 한다. 이런 무모한 기준은 휴가 중인 사람들을 통해서 점차 알려지게 되었는데, 이는 정신질환자를 제거하거나 복수의 여지를 아예

없앤다는 것이 곧 하나님의 계명을 위반한다는 점에서 부담을 느끼지 않을 수 없다.(30)

나중에 진실이 점차 드러나게 되었을 때에 독일인들이 죽음의 수용소에 대해서 아무것도 알지 못했다는 것을 반박하는 진술에서 부름 감독은 다시 한번 더 목소리를 높였다.

나는 우리 기독교인들이 이와 같은 유대인에 대하여 자행한 몰살 정책이 독일인들이 저지른 비참하기 짝이 없는 불의라고 선언하는 독일 내 적극적인 기독교 그룹의 의견에 동의하지 않을 수 없다. 전쟁으로 인하여 재판도 없이 죽이는 것은, 설령 정부가 명령했더라도 하나님의 계명에 반하는 것이며, 하나님의 계명에 대한 어떤 위반에 대해서는 조만간에 되돌려 받게 될 것이다.(31)

부름 감독은 이미 게슈타포에 의해 한 번 체포된 적이 있었다. 고백교회 내부에서 회람되고 있는 기도 제목에는 1937년에 800명 이상의 목사들이 체포되었음을 암시하고 있었다.(32) 고백교회 지도자인 마틴 니뮐러/Martin Nemoller는 다카우 수용소로 보내어졌다.(33) 니뮐러 기록보관소에는 집단 수용소로 보내진 125명의 목회자들의 명단이 있으며, 점령된 지역으로부터 수천 명의 성직자들을 포함하여 다카우 수용소 한 곳에만 2,579명의 성직자들이 수용되어 있었다. 그들 중에 1,034명은 수용소에서 죽임을 당했다.(34) 히틀러 암살 음모에 가담한 본훼퍼의 처형에 대해서는 이미 잘 알려진 사실이다. 그의 형과 두 처남들 역시 죽임을 당했다. 독일에 저항한 다른 사람들과 마찬가지로 수많은 그의 동료들도 종교적인 이유로 죽어야 했다.(35)

니뮐러 기록 자료는 히틀러 암살 음모로 처형되었으면서 숫자에 포함되지 않은 채 신앙 때문에 죽은 21명의 목사들에 대해서도 언급하고 있다.(36) 유대인의 학살 전에 비록 그 숫자가 미미하긴 하지만 최소한 몇몇 기독교인들이 성서적 증언과 파시즘을 반대함에서 유대인과 운명을 같이 했다.

나치 영성

국가 사회주의 안에서의 참된 신자는 파시스트 이데올로기와 기독교를 화해시키는 독일 기독교 프로젝트에는 관심이 없었다. 그들에게 국가 사회주의는 그 자체가 종교였고 다른 모든 신앙을 완전히 대체하는 것이었다.

그들의 비굴한 아첨에도 불구하고, 어쩌면 바로 그 아첨 때문에 독일 기독교인들은 나치 엘리트들에게 경멸당하였음이 분명하다.(37) 선전부의 내부 기록에 독일 교회 생활에 대한 유대인의 영향 연구 연구소에 관한 것이 있는데, 거기에는 예수가 유대인이 아니라는 것을 증명하려는 시도와 함께 거들먹거리면서, "이 조직의 노력은 선의적이지만 기독교 가르침을 국가 사회주의와 동화시키거나 재형성된 기독교가 근본적으로 유대적이 아니라는 것을 입증하는 데는 관심이 없었다"(38)는 기록이 있다. 마틴 보르만/Martin Bormann이 다음과 같이 요약하였다.

국가 사회주의와 기독교 개념들은 서로 화해될 수 없다. 기독교 교회는 사람들의 무지 위에 세워졌으며 이와 같은 무지가 가능한 많은 대중들 가운데서 유지되는 것에 신경 쓰는 가운데 오직 그

러한 방법으로 기독교 교회는 그 힘을 지닐 수 있었다. 이와는 반대로 국가 사회주의는 과학적인 기초 위에 세워져 있다.(39)

히틀러는 물론 일반적인 독일인들의 지지를 필요로 했으며 그들에게 잘 보이기 위해 세심한 신경을 썼다. 보르만의 글을 대중들 가운데 회람시키고 자신들도 기도하고 성경을 읽는 사람이라는 이미지를 선전했다.(40) 히틀러는 가톨릭교회의 교인으로 등록되어 있었으며 괴링/Goering 과 괴벨/Goebbels 같은 고위직에게 그들의 의지와 상관없이 교회의 명부에 올리도록 명령했다. 당 내부 인사들에게는 내적인 갈등을 격은 후에 자신이 유아적인 종교 개념으로부터 어떻게 자유하게 되었는지, 마치 들판 위의 망아지처럼 신선함을 느낀다"(41)고 말하면서 개방적이었다. "유대인 문제"를 해결하면서 전쟁 후에는 "교회 문제"를 해결하고자 하는 계획을 세우기도 했다.

전쟁은 곧 끝날 것이다. 우리 시대의 마지막 위대한 과제는 교회 문제를 해결하는 일이다. 그래야만 나라가 완전히 안전해질 수 있을 것이다. … 내가 어렸을 때에 나의 위치는 다이너마이트였다. 이런 일을 서두를 수 없다는 것을 나중에야 알게 되었다. 그것은 하나의 부패한 멤버처럼 썩어 없어져야 한다. 반드시 도달해야 할 목표는 오직 강단이 바보들로 채워지고 회중석은 고부라진 늙은 여인들로 채워져야 하는 것이다. 건강한 젊은이들은 우리들과 함께 할 것이다.(42)

지도부는 당분간 교회 명부에 남아 있으라는 명령을 받은 반면 평당원들은 교회에서 철수하라는 권유를 받았다.(43) 친위대원들은 교회에 어떤 지도적 역할도 하지 못하도록 금지되었다. 그들이 비록 정규 회원자격을 유지할 수는 있었지만 제복을 입고 예배하거나 종교적 상징을 사용하거나 종교적 주제에 대한 강의를 후원하는 것은 허용되지 않았다. 히틀러는 "나는 종교 문제에 전혀 관심이 없는 사람들로 구성된 여섯 개의 친위대를 가지고 있다. 종교는 그들이 평온한 영혼으로 죽음을 맞이하는 데 아무런 장애가 될 수 없다"라고 자랑하기도 했다.(44) 히틀러는 "이전 세기의 풍습에서 벗어나지 못한 사람, 거룩한 것과 다른 사람들과의 신뢰 문제를 경멸하고 헐뜯는 사람은 한순간도 친위대에 소속될 수 없다."라고 말하였다.(45)

나치당이 전쟁의 발발과 함께 당의 통제를 강화하고 결속시키고자 교회를 탄압하고 대체하려는 시도는 더욱 노골적이 되었다. 성경을 출판하는 교회들은 모두 문을 닫았다. 종교 교육은 축소되었고 많은 교회 재산이 몰수되었다.(46) 나치당은 강제 집회를 포함한 회의와 강제적인 히틀러 청년 집회를 포함하여 주일 아침에 열리는 집회 일정을 잡기 시작했다.(47) 당은 이렇게 교회 출석과 직접 경쟁할 뿐만 아니라 스스로를 교회를 대신하게 하였다. 결혼식과 장례식도 나치 의례를 사용하여 교회와 별도로 치를 수 있었다. 히틀러 청년 당원의 헌신을 교회에서의 서약 의식을 대신하는 것이 되도록 하기도 했다.(48)

히틀러 청년 조직은 다음 세대를 새로운 질서에 주입함으로써 새로운 사회를 새롭게 하는 재건 수단이었다. 독일 교회의 가장 의심스러운 업적 가운데 하나는 교회의 청년 단체인 복음주의 청년 단체를 히틀러 청년당과 합병한 것이다.(49) 독일 기독교인 부모들일지라도 다음과 같은 캠프 송을 듣고 주저하지 않을 수 없었을 것이다.

우리는 행복한 히틀러 청년들
우리에게 더 이상 기독교 품행이란 필요치 않다
히틀러는 우리의 중보자
그리고 우리의 구원자
사제도, 어떤 악인도 우리를 히틀러의 아이에서 떼어낼 수 없다
우리는 그리스도가 아니라 호스트 베셀/Horst Wessel(나치 독일 무장 친위대
사단 중 하나-역주)을 따른다!
향로와 성수 단지는 버려라
노래하면서 우리는 히틀러의 깃발을 따르리라
그때에만 우리는 우리의 조상들에게 가치가 있다
나는 기독교인도 가톨릭교도도 아니다
나는 무슨 일이 있어도 친위대와 함께 한다
교회는 더 이상 내 관심할 바가 아니다
스와스티카(꺾인 십자가 표시로 나치를 상징-역주)만이 지상에서 나를 행복하게 만든다
나는 그를 따라 행군한다
발두르 폰 쉬락크여/Baldur von Schirach(국가 사회주의 독일 학생

심지어 기독교가 거부되고 있는 가운데 그리스도를 의미하는 중재자, 구속자라는 어휘를 히틀러에게 직접 적용시키고 있는 것이다.

국가 사회주의라는 새로운 종교에 의해 유대-기독교 전통의 찬탈은 학생 집회에서 행한 연설에서 가장 잘 드러나고 있다.

나는 하나님을 모독하고 싶지 않다. 그러나 나는 질문한다. 하나님과 히틀러, 누가 더 위대한가? 그리스도가 죽을 때에 12명의 사도가 있었지만 그들 가운데 진실한 사람은 하나도 없었다. 그러나 히틀러는 오늘날 그를 따르는 7천만의 민중들이 있다. 우리는 우리와 다른 정신을 가진 다른 조직이 우리와 함께 세워지는 것을 용납할 수 없다. 우리는 그것을 부숴버려야 한다. 국가 사회주의는 진지하게 다음과 같이 말한다. 나는 주 너의 하나님이다. 너희는 내 앞에 다른 신을 두어서는 안 된다. 우리가 바로 나라와 권세이다. 우리에게는 강한 국방군이 있고 영광이 있다. 우리는 다시 존경받는 나라이다. 신이여 영원토록.(51)

히틀러가 그리스도보다 더 위대하다고 말한 것이 전부가 아니다. 국가 사회주의는 유일신론을 대체하고 성경의 하나님의 역할을 주장하기까지 한다. 우상에 대한 강력한 저주와 함께 다른 신들을 두지 말라는 것을 나치 당원의 충성을 강화하는데 적용했다. 국가 사회주의는 강력하게 "나는 주 너의 하나님이다. 너희는 내 앞에 다른 신을 두어서는 안 된다"라고 말한다. 주기도

문을 왜곡시켜 패러디 하기도 했다. "나라와 권세와 영광이 하나님께" 대신에 "나라와 권세와 영광은 우리에게"라고 하면서 새로운 종교를 선포하였다. 이로써 초월성에 대한 거부는 완성되었다.

원시 히브리 영성과 유기적이고 내재적인 종교에로 회귀하고자 하는 시도는 신화로의 회귀를 의미하는 것이기도 했다. 나치중에 어떤 이들은 실제로 독일 종족의 고대 이교주의를 회복시키고자 했다. 괴링/Goring은 공식적으로 고대 제의 장소를 인정하기도 했다. 그는 독일 종교로부터 겨울의 고독 의식 부흥을 도모했다.(52) 1935년의 농사 월력/Almanac이 농업장관에 의해 간행되고 기독교의 절기를 보탄/Wotan(게르만 신화의 신-역주)과 토르/Thor(천둥 등 농업을 주관하는 신 - 역주)를 기념하는 날로 대체하고자 했다. 성금요일은 색손/Saxon을 전향시키기 위해 샤를르망/Charlemangne에 의해 죽은 사람들을 기념하는 날로 대체시키고자 했다.(53)

칼 융/Carl Jung은 예리하긴 하지만 동정심으로 인해서 나치즘을 "기독교에 의해 억압당했으나 지금은 풀려난 보탄/Wotan의 부흥"이라고 말했다. 이렇게 독일은 이교도적, 또는 자연신의해 장악되어 가고 있었다.(54)

원시 신화의 회복은 전체 모더니스트들의 운동을 특징짓는다. 스트라빈스키의 음악과 춤, 예츠와 엘리옷의 시, 조이스의 소설, 융의 심리학, 이 모든 것들은 신화를 질서와 표현의 수단으로 사용하였다. 7장에서 다루어지겠지만 이들 여러 모더니스트들은, 잠시 동안이긴 하였지만, 파시즘에 매력적이었다. 신화의 깊이와 신비로움은 현대 유물론의 해독제였으며 융이 암시한 대로 내면적인 삶의 열쇠였던 것이다.

신화적 의식의 회복은 사회적인 것, 정신적인 것, 자연적인 것의 통합을 의미했으며, 이로써 소외가 끝나는 것이라고 보았다. 이것이야말로 파시즘이 궁극적으로 약속했던 것의 실현이라고 여긴 것이다. 20세기 특징인 단편성으로부터 치유된 개인은 자연과 커다란 공동체와의 하나됨으로 온전함과 성취감을 발견할 수 있었다. 독일 기독교 신학자 에마누엘 허쉬/Emanuel Hirsch는 한 사람의 학자로서 그의 입장에 대하여, "신화는 즉각적이고 비합리적이며 열정적인 힘으로서, 개인이 국가를 위한 종교적인 기초가 되었던 것처럼 이제는 삶의 공포를 견디게 하는 도움이 되고 있다"라고 요약한다.(55) 이렇게 완전히 신화로 돌아간다는 것은 전체적인 유대-기독교 유산을 철저하게 파괴시키는 것을 의미한다. 신화를 활성화시킨 파시즘은 그 심리적인 측면에서 파시즘의 야만성과 광기를 말해주기도 한다.

파시즘과 현대 신학

현대 학문은 상황의 중요성을 강조한다. 학문이 제대로 이해되기 위해서는 먼저 역사적 상황 안에서 살펴보아야 한다. 20세기 주요 신학자들이 개인적으로 독일 교회를 두고 갈등해야 했다는 것은 매우 중요하다. 더군다나 현대 신학의 이슈들, 이를테면 성서의 권위, 전통적인 교리의 지위, 교회와 문화와의 관계

등은 파시즘을 마주하는데 가장 먼저 해결되어야 하는 이슈였다. 그러나 대부분 이런 갈등의 의미는 현대 신학에 의해 소홀히 되고 말았다.

히틀러와의 직면은 현대 신학에게는 하나의 가혹한 시험이었다. 추상적인 관념과 학문적인 사색은 갑자기 실제 생활에 종속되었고 도덕적인 가정과 종교적인 신념들이 생사 문제가 되는 구체적인 현실에 직면하게 되었다. 그 시대는 이쪽이든 저쪽이든 어느 한 쪽만의 헌신을 요구했다. 어느 한 방향에만 헌신하는 것은 게슈타포의 소환 대상이 된다는 것을 알기에 긴장이 고조되었다. 파시즘의 시련 속에서 신학적인 입장의 의미와 신뢰성이 시험돼야 했다.

이것은 신학적인 분석을 공격하기 위한 것이 아니다. 신학을 평가하는 분류 가운데는 잘 못된 충성, 관망, 불일치, 단순한 겁쟁이, 저항, 순교 등도 있을 수 있다. 원죄에 관한 교리는 인간 존재가 그들의 신념대로 살지 않는다는 것을 말해주는 것일 수도 있다. 신학적 입장의 타당성은 신학자의 개인 또는 정치적 삶만이 아니라 논쟁과 학문에 의해서도 확립되어야 한다.

그러나 종교는 추상적인 믿음뿐만 아니라 사고, 윤리적인 행동도 포함한다. 비록 우리가 특정 신자들의 행동만으로 신학을 판단할 수 없지만 삶에 미치는 영향 또한 그 의미의 일부가 된다. 종교적 신념은 현실 세계에서도 드러내지기 마련이다. 그러므로 예수께서는 거짓 예언자들에게 "그들의 열매로 그들을 알지니라(마 7:16)라고 말씀하신다.

오늘날, 가치관의 합의를 정립하는 것은 매우 어렵기 때문에 사상과 신념을 평가는 것 역시 쉽지 않다. 대부분의 사람들은 비록 얕은 지식일지라도 히틀러의 정권이 사악하다는 것에는 동의할 것이다. 이런 것들이 바로 평가를 위한 기준을 제공할 수 있는 것이다. 파시즘에 대한 사상가, 철학 또는 이론의 입장 역시 여기에 해당한다.

어떠한 지적, 종교적 경향이 파시스트 이데올로기를 형성하는 데 도움을 주는지, 그리고 어떤 입장이 가장 심하게 저항했는지를 묻는 것은 매우 중요하다고 본다. 특정 교회 구성원들 간의 협력이나 저항의 정도가 어떠했던, 독일 교회의 신학적 갈등은 혼합주의와 고백교회 사이의 문제이기도 했다. 종교적 이유로 히틀러를 반대하는 사람들은 신앙고백, 즉 전통적인 기독교 교리에 대한 믿음과 성경의 권위의 바탕에서 한 것이다.

현대신학에서 반복되고 있는 있는 주제들, 이를테면, 문화와 기독교, 이 세상에서의 구원과 초월적인 세계 구원, 주관적 경험과 객관적인 교리, 성경 비판과 성경의 권위 간의 갈등에 대해서 생각해 보자. 이들 문제에 대한 논쟁은 19세기 내내 파시스트 이데올로기가 형성되면서 발전해 왔다. 각각의 경우 이러한 이슈에 대한 현대주의자의 입장은 문화의 특권, 복음의 정치화, 교리의 최소화, 성서의 권위에 대한 비판 등 기독교 운동에 의해 채택된 것들이다. 반대로 성경적으로 정통적인 입장은 고백교회 운동, 문화적 우상파괴, 초자연주의, 교리의 엄격성, 성서의 권위 등이었다.

이것은 고백교회가 근본주의적이라는 말이 아니다. 바르트의 신정통주의는 과거의 정통주의와 같은 것이 아니었다. 본회퍼는 자신만의 현대 신학을 분명히 했다. "위기 신학자"들과 보수주의 간의 분열은 루터교와 개혁주의에서처럼 고백교회/confessing church 안에 그대로 남아 있었다. 그럼에도 불구하고 바르멘 선언에 서명한 신학자들과 목회자들의 단체에서 가장 중요하게 여겼던 것은 위기의 순간에 고백주의/confessionalism와 더불어 초월적인 성경적 진리에 대한 믿음의 여부였다. 여러 면에서 현대의 주류 신학에 물들지 않고 "초월성에 대한 실용적이고 폭력적인 거부"(56) 즉 파시즘과 맞서기 위해서는 고백주의가 꼭 필요했던 것이다.

고백교회의 체코 동맹인 요제프 로마드카/Josef Hromadka 는 이렇게 썼다.

독일 내 자유주의 신학은 완전히 실패했다. 본질적인 점에서 신법과 "자연의 법칙"을 타협하고, 구약성서를 폐기하면서 대신 북유럽 민족의 법을 받아들이며, 구약성서의 "유대" 법을 각 인종과 개별적인 국가의 자율적인 법으로 대체했다. 그것은 "기독교의 독일화"와 인종적인 교회를 위해 필요한 모든 것을 준비하기 위한 것이었다.(57)

그럼에도 독일 신학의 자유주의 전통은 교회 투쟁과 홀로코스트가 전혀 없는 것처럼 주류 신학을 계속 지배하고 있었다. 홀로코스트 학자 중에 한 사람이 보았던 것처럼 "교회 투쟁과 홀로코스트로부터 배운 교훈들은 우리 개신교 신학교, 자유주의 개신교 출판, 교회 문학, 심지어 가장 유능하다고 하는 나이 든 신학자들의 생각과 글쓰기에도 거의 스며들지 못했다."(58) 그는 "미국의 자유주의 개신교 역시 병들었는데, 그 질병의 신학적 형태는 확고한 위치에 서있다"라고 말하지만, 나치즘에 협력한 "독일 기독교인" 신학자들에게 뒤늦게 자리를 내주고 말았다고 결론을 내린다.(59)

　복음의 정치화는 미국 기독교 내의 자유와 보수주의 모두의 프로젝트이다. 성서적인 기독교가 초월적 윤리의 증인이 되고 사회적 악을 비판해야 할 책임이 있지만 초월적인 초점을 상실하고 나서, 교회는 세속적 이데올로기에 넘어가는 위험을 초래하게 되었다. 오늘날 전통적인 종교의 "조잡한 구원론"과 "다른 세계관"은 정치적 의제를 참여하면서 기독교를 이용하려는 정교한 작업에 자리를 내주고 있다. 해방신학은 사회주의 유토피아를 추진하고, "재건주의(20세기 미국 유대인의 재건을 의미함-역자)"를 따르는 근본주의는 신정국가를 추진하려 한다. 대부분의 독일 기독교라면 이들 양쪽 모두에 동의했을 것이다.

　교회 생활의 중심으로서 공동체에 대한 현대의 강조는 독일 기독교인들이 보여주었듯이 실천적인 면에서 불길해질 수 있는 또 다른 예이기도 하다. 공동체주의는 개인의 어떤 주장도 압도할 수 있는 집단의 정체성을 만들어 낸다. 이는 특히 그 공동체가 신성한 지위를 부여받았을 때에 더욱 그러하다. 확실히 지역 회중들이란 공동체가 되어야 하는 것이 맞지만 하나의 몸을 이루는 기관으로 (고전 12장) 서로 다르면서도 독특한 개인을 이루는 공동체여야만 한다. 하지만 공동체주의/communalism는 순응적이고 그룹가치로 초월적인 가치를 대체해버리는 길로 가게 된다.

그러한 공동체 감각이 더 큰 영역, 하나의 파벌, 인종적 그룹으로 옮겨질 때에 우리는 독일 기독교인들이 추구했던 것에 더 가까워지게 된다. 오늘날 인종, 성별 (동성애 그룹 같은) 하위문화에 기반을 둔 공동체들이 여러 주류 교회들의 의제들을 지배하고 있는 실정이다. 다음 단계로 그들은 국가를 민족 공동체로 규정함으로써 국가주의를 승인하게 된다.

현대 종교의 철학적 비합리주의는 독일 기독교와 연관되는 또 다른 점이라고 하겠다.(60) 교리의 은폐는 많은 분야에서 경험과 주관성에 대한 배타적인 강조를 의미해 왔다. 이러한 일들이 지금 자유주의자들과 근본주의자들, 교회의 안과 밖 모두에서 미국 종교 전반에 걸쳐 일어나고 있는 것이다.

요즈음 종교는 조작적으로 꾸며진 "예배 경험"에서든 또는 사이비 심리학적인 소그룹 만남에서든 주관적인 경험을 추구하고 있다. 이들의 중심은 초월적인 신이 아니라 자기 자신이다. 이런 종류의 경험이 주는 종교적 풍미는 자아가 신이 아닌 공동체적 성격에 사로잡히게 된다. 소외감은 개인이 집단에 흡수될 때에 극복되는 것처럼 보인다. 물론 이런 것들이 파시즘의 핵심이고 매력으로 여겨지는 것들이다.

종교는 이제 비합리적으로 이탈한 생각에 의해 대중적인 특수성을 설명하게 된다. 고등교육을 받은 많은 사람들이 점성술을 통해 자신들의 삶을 계획하고 행성 간 에너지를 수렴하기 위해 마법의 수정을 착용하고 외계인과 연결되어 있다고 주장하는 조작자들과 상담한다고 거짓 주장한다. 그런 것들을 어떻게 믿을 수 있는가 하고 기이히 여기는 사람도 있을 것이다. 그 대답은 바로 그러한 관행의 비합리성이 오히려 자신들의 정당성을 부여하게 된다는 것이다. 이성이 무의미해지는 순간, 비이성적인 것이야말로 의미의 원천이 되는 것이다. 뉴에이지 영성의 소지품들이 어떤 초월적인 신앙 없이도 신비로운 경험의 대용품을 제공한다. 더 깊은 차원에서 그런 것들은 신화의 회귀와 명백한 이교, 유대-기독교 이전의 의식/cult의 부흥의 신호탄이 되기도 한다. 이런 것들 역시 파시즘의 핵심이자 매력으로 여겨지고 있는 것이다.

이와 같은 모든 비합리주의 형태의 문제는 더 이상 판단의 기준이 없다는 것이다. 경험이나 신념을 평가할 수 있는 초월적인 절대 기준이 없다면 어떤 경험이나 신념도 종교적 의미를 지니게 된다. 어떤 생각에 대하여 참이라거나 거짓이라거나 말할 수 있는 근거가 없어진다. 어떤 도덕적인 원칙, 예를 들면 유대인을 죽여서는 안 된다와 같은, 보편적인 구속력을 주장할 수 있는 근거가 없어지는 것이다. 이것이 바로 나치즘을 거부하는 기독교인의 저항이 고백적이 되어야 하는 이유이다.

확실히 현대 교회는, 적어도 현재로서는, 파시즘과 거리가 먼 것 같이 보인다. 그러나 파시즘적인 요소들이 그 속에 들어 있고 아마도 촉매를 기다리고 있을 지도 모른다. 1970년에 저자는 자유주의 개신교의 주요 교단 가운데 하나인 그리스도의 제자들의 일원이었었다. 샌프란시스코 도심에서 아주 효과적인 사역을 하고 있는 한 회중에 대해서 들은 적이 있었다. 이 교단의 워크숍 프로그램에 참석한 대표자들은 그 프로그램을 칭송하고 경쟁적으로 치켜세웠다. 그 회중이 바로 인민의 사원/The People's Temple 이었다. 그 교회의 목사는 짐 존스/Jim Jones 라는 이름으로 그리스도의 제자들 교단에 속한 성직자였다. 추종자들을 가이아나/Guyana로 데려간 후 짐 존스 목사는 미국 하원 의원 살해를 주동하였고 회중들은 그의 명령에 따라서 독이 들어 있는 음료수를 마시고 집단적으로 자살했다.

존스 타운 학살이 뉴스의 헤드라인을 장식하자 그 교단은 존스 목사와 인민 사원에 거리를 두고자 했다. 고백의 구조를 결여하고 있는 교회 지도자들은 존스 목사를 징계하면서 그 교회가 비정상적인 독재적 컬트가 되는 것을 막을 근거가 없었다는 것을 인정하게 되었다. 그러나 인민의 사원은 동양 종교나 근본주의에 중심을 둔 것이 아니라 개신교 주류인 인민신학에 그 기원을 두고 있는 컬트였다.

인민 사원은 해방신학에서 태동하였다. 존스의 사회주의 이상주의는 평범한 사회를 악마화 시켰고, 다른 모든 율법주의와 마찬가지로 신자들에 대하여 무엇이든지 정당화시킬 수 있는 자기 정당화를 주입시켰다. 이렇게 정치화 된 복음은 강렬한 공산주의와 결합되었다. 완전한 자기 노출과 그룹에의 복종이 기술적으로 만나는 실험이 전체 교단에서 진행되고 있는 가운데 인민의 사원은 색다른 단합과 그룹 결속력으로 사람들을 몰아붙였다. 이처럼 개인의 집단 안으로의 흡수는 존스 목사에 대한 의심 없는 복종, 재산의 집단에의 양도, 반대 의견에 대한 억압, 그리고 가이아나로의 집단 이주로 표출되었다. 이들 그룹의 집단 정체성이 매우 강했으므로 존스 목사가 말했을 때에 어머니들은 쉽게 자신들의 아이들을 독살했고 전체 회중이 서로 어깨동무를 하고 독배를 마시고 죽을 수 있었던 것이다.

비이성주의가 몸에 배면 인간 존재는 권위주의, 폭력, 자멸에 휘둘리는 경향이 있다. 원죄를 고백하는 교리는 칭찬할 만한 이상과 고상하게 들리는 목표가 어떻게 손쉽게 괴물로 전환되는지를 설명해 준다. 이것이 바로 존스타운의 경우였다. 독일 나치에서도 마찬가지였던 것이다.

나치즘의 의미는 현대 신학의 한 학파였던 신 죽음의 운동에서도 두드러진다. 기독교 무신론자들에게 홀로코스트가 의미하는 바는 개인적인 신앙, 하나님 사랑을 버리라는 것이었다. 동족들이 학살당했으나 신은 아무것도 하지 않았다. 이러한 공포 앞에서 신의 침묵과 아무런 움직임도 없었음은 종교사의 전환점이 되었다. 홀로코스트 이후 시대에 신은 죽은 신이 되었다. 초월적인 종교는 새로운 종류의 신앙에 자리를 내주어야 했다. 토마스 알타이저/Thomas Altizer의 말을 들어보자.

20세기로 가는 하나의 분명한 관문이 있다면, 그것은 신의 죽음, 새롭게 발견된 현대인의 급진적인 내재성 너머에 놓여있는 어떤 의미나 현실의 붕괴, 초월이라는 그림자에 대한 기억마저도 용해

모던파시즘

시키는 내재성을 관통하는 통로이다.(61)

이 운동은 신의 죽음이 인간 중심과 내재적인 새로운 영성으로 이어질 것이라고 주장한다.

신 죽음의 신학자들은 홀로코스트를 심각하게 경계하지만 역설적이게도 그들의 의지와는 달리 파시스트의 유산과 뒤엉키고 만다. 신의 죽음은 니체의 구호이며, 다음 장에서 보여주겠지만, 그는 파시스트 이데올로기의 대부가 되었다. 하이데거는 대학과 독일 지성인의 삶을 나치화하는 프로젝트 선언에서 니체의 구호를 사용하면서 다음과 같이 말했다. "권력에 대한 의지의 실체는 니체와 함께 '신의 죽음'이라는 명제로 표현될 수 있다." 이는 결코 평범한 무신론을 의미하지 않는다. 그것은 힘을 잃어버리고 이제는 대체되어야 하는 초감각적인 세계 곧 기독교 하나님의 세계를 의미하는 것이었다.(62)

이미 보인 대로 유대교와 기독교의 초월적인 신을 믿는 것은 대부분 나치의 테러 대상이 되었다. 유대인과 함께 하나님은 집단 수용소의 계획적인 희생자였다. 만약 홀로코스트가 신의 죽음을 정말로 의미한 것이라면, 나치는 이미 승리하는 것이 된다.

하이데거가 존재를 중심으로 하는 새로운 영성을 선호하는 가운데 초감각적인 세계를 거부했을 때, 그리고 알타이저가 의미의 장소를 현대 인간의 급진적인 내재성, 곧 초월성의 그림자조차 해체하는 내재성으로 보았을 때에 그들은 서로 일치하고 있었다. 그들은 또한 파시즘의 본질에서도 "초월성에 대한 실천적이고 폭력적인 저항을 한다는 데서 일치하고 있었다.(63)

"사랑하시고 전능하신 하나님"이 과연 그토록 많은 고통을 허락할 수 있겠는가 하는 악에 대한 질문은 욥기서로 거슬러올라갈 정도로 오래되었다. 그 문제는 일시적으로 해결하거나 제거될 수 없는 신학적으로도 영적으로도 심오한 것이다. 급진적인 유대인 신학자 리처드 루벤스타인/Richard Rubenstein은 홀로코스트에 대한 심포지엄에서 아우슈비츠 이후 신은 거부되어야 한다는 입장을 명확히 하는 논문을 발표했다. 아우슈비츠의 생존자인 엘리 위젤은 그러한 사고방식에 대해서 다음과 같이 말한다.

하나님을 부정하는 철학이 생존자로부터 나오지 않는다는 게 얼마 이상한 일인가? 소위 신 죽음의 신학과 더불어 아우슈비츠에 있었던 사람들 가운데는 살아남은 사람 가운데서는 한 사람도 그렇게 말하지 않았다.(64)

실제로 고통을 겪은 신자들은, 위젤이 지적한 대로, 포로수용소에서도 기도를 올리며 탈무드를 읊으며 신앙을 계속 실천했다고 한다. 성경의 신은 성공과 승리가 아닌 실패와 고통에서, 루터의 말로는 영광의 신학이 아닌 십자가의 신학에서 알려진다는 것을 알 수 있다.

위젤은 캠프에서의 그 자신의 경험으로 신에 대한 질문보다는 인간에 대한 질문을 오히려 하게 되었다.

포로수용소 체제 안에서 아주 이상한 일이 일어났다. 가장 먼저 굴복하고, 자신들의 생명을 구하기 위해 나치에 협력한 첫 번째 사람들은 지식인, 자유주의자, 인문주의자, 사회학 교수 등이었

다. 그들의 우주관이 무너지자 그들이 기댈 것이라곤 아무것도 없었던 것이다.(65)

초월적인 신념을 가진 사람들만이 저항할 수 있었다. 항복한 공산주의는 많지 않았다. 심지어 성직자는 더 적었다. 랍비 중에는 아무도 없었다.

위젤의 논평은 다른 유대인 알버트 아인슈타인/Albert Einstein의 견해와도 유사했다.

항상 자유의 열렬한 빨치산이었던 나는 독일에서 혁명이 일어나자마자 대학이 침묵 속으로 숨어들어가는 것을 보기 위해 대학을 바라보았다. 그다음엔 강하리라고 보았던 신문 편집자들에게 눈을 돌렸다. 그들은 최근의 흐름을 다룬 기사에서 자유의 충실한 옹호자라고 주장했었다. 하지만 대학뿐만 아니라 이 사람들도 몇 주 만에 침묵을 지켰다. 그러고 나서 나는 작가들에게 개별적으로, 그리고 그들 자신을 독일의 지적인 지도자로 행세했던 사람들에게, 그리고 그들 중 많은 사람들이 현대 생활에서 자유와 그것의 위치에 관하여 자주 토론했던 사람들에게 나 자신에 대해서 말했다. 그들은 모두 입을 다물었다. 오직 교회만이 히틀러가 자유에 대항하여 벌이고 있는 싸움에 반대했다. 그전까지는 교회에 관심이 없었지만 지금은 영적인 진리와 도덕적 자유를 위해 싸우는 끈질긴 용기를 가진 교회에 큰 감탄을 지니며 진심으로 매력을 갖게 되었다. 이전에 내게 거의 가치가 없다고 여겼던 것에 대해 이제는 존경한다고 고백해야 할 것 같다.(66)

교회는 고해성사와 하나님의 말씀 위에 서 있는 한, 악과 거짓에 저항할 수 있는 기반을 가질 수 있었다. 현대적인 철학을 가진 사람들은 압력이 주어졌을 때에 그렇지 못했다.

지적 경향에 대한 무비판적인 수용, 정치적 유토피아주의, 문학의 고양, 의지의 승리, 인간 시스템에 대한 자신감, 가치의 상대성, 이런 개념은 아우슈비츠 이후로는 거의 신빙성이 없다. 고귀하고 자유로워 보이는 그러한 생각들은 역설적이게도 잔혹한 모습으로 드러났다. 초월성을 거부하는 신뢰할 만한 프로젝트는 그 위치에서 인간의 문화에 기초한 영성, 인간 자신의 신뢰 그리고 자연과 연합을 주장했는데 이는 인간 조건을 결함한 아우슈비츠를 세우게 하였다. 홀로코스트는 종교적 신앙의 전환점이 되었는데 실로 하나님에 대한 믿음이 불가능했기 때문이 아니라 인간 존재에 대한 믿음이 불가능하게 했기 때문이었다. 이로 인해 교회의 갈등은 여전히 계속되어야만 했다.

5. 의지의 승리: 파시스트 철학

(서구의 붕괴를 막는 것)은 역사적이며 영적인 사람으로서의 우리에게 전적으로 달려있는데 그것은 우리가 여전히 그리고 다시 한번 우리 자신이 되느냐 아니면 더 이상 우리 자신이 되지 못하느냐에 달려있다…. 우리가 해야 할 일은 역사적 과업을 완성하는 것이다. 우리는 우리 자신이 되어야 하는 것이다. -Martin Heidegger, Rectoral Address -(1)

자유를 잊어버리게 되면, 우리는 죄를 짓도록 강요당하게 된다. 그것은 바로 죄와 악을 행하고자, 죄와 악을 말하고, 결국은 죄와 악을 행하는 것이다. - Martin Luther, "The Bondage of the Will"(2)

어느 누구도 국가 사회주의의 지적 정교함을 의심해서는 안된다. 엘리 위젤은, 나치가 교육을 받지 않은 짐승이라는 속설과는 달리 사형 집행인들 대부분이 대학 학위를 가지고 있었으며 일부는 철학, 문학, 심지어 신학박사 학위를 가지고 있었다는 사실을 알게 되었다.(3) 야로슬라프 크레치 역시 파시즘 운동이 일반적으로 하위 중산층에게 매력적인 경향이 있지만 파시즘이 가장 성공한 국가들, 이탈리아와 독일에서는 학생들과 대학을 졸업한 사람들에 의해 강력하게 대표된다는 것을 알게 되었다고 한다.(4) 지역 나치 당원 조직에 대한 한 연구에서는 당원의 43.3%가 대학생이었음을 보여준다.(5)

게오르그 루카스에게 히틀러를 추적하는 것은 쇼펜하우어, 니체, 딜타이, 지멜, 쉘러, 하이데거, 야스퍼스, 베버 등 헤겔 이후 거의 모든 주요 독일 철학자들의 이름과 관련이 있다고 보았다.(6) 나치가 그런 뛰어난 전통에서 나왔다고 해서 열거된 중요한 사상가들의 업적을 완전히 깎아내리자는 것은 물론 아니다. 그러나 사상은 결과를 가져오며, 따라서 아우슈비츠를 이끈 사상들을 특별히 꼼꼼하게 살펴볼 필요가 있다. 이들 사상들이 무비판적으로 채택된 것은 사실이며 아직도 그러한 경향이 여전히 남아 있다고 본다.

예를 들어, 니체는 파시스트 이데올로기의 주요 선구자로 인정되고 있다. 오늘날, 대학 캠퍼스에서 그의 사상이 다시 유행하고 있음을 주목해야 한다. 하이데거는 이데올로기적으로 활동적이며 헌신적인 나치 당원이었다. 그럼에도 불구하고 그의 사상은 여전히 현대 철학과 해석학을 지배하고 있다. 확실히 니체와 하이데거는 위대한 철학자이며 단지 나치와의 연관성으로 인해 그들이 지닌 철학적 소양을 의심해서는 안 될 것이다. 하지만 아우슈비츠의 관점에서 나치즘과 연관된 그들의 사상적 요소들을 이해하고 아직도 그러한 요소들이 그들의 계속되는 영향력의 일부가 되어 있는지를 살펴보는 것은 매우 중요한 일이다. 하이데거의 나치 활동에 관한 최근의 확인에 대한 반응 가운데는, 공격하는 이들이 있는가 하면, 방어하는 이들도 있다. 종종 소홀히 여겨지고 있는 것 가운데 하나는 바로 파시즘과 실존주의 간의 관계이다.

유대-기독교적 세계관과 윤리를 극복하는 것은 오랫동안의 지적, 문화적 과정을 거쳐 이루어졌다. 그것은 제3제국과 함께 시작된 것도, 거기에서 끝난 것도 아니다. 나치를 선호하는 예술가들 가운데 한 사람인 영화 제작자 레니 리펜슈탈/Leni Riefenstahl은 그녀의 다큐멘터리를 "의지의 승리"/The Triumph of the Will라는 제목으로 히틀러에게 헌사했다. 이 제목은 바로 파시즘 철학을 압축하는 것이었다. 비록 히틀러는 군사적으로 패배하였지만, 그의 "의지의 승리"는 현대 철학과 윤리, 문화 속에서 계속되고 있는 것이다.

서양 문화의 위기는, 허쉬/David Hirsch에 의하면, "유럽이 나치화되는 것을 용이하게" 해주었고 또한 지금도 그러하다고 한다.(7) 나치즘이 그렇게 쉽게 초기에 아무런 저항 없이 권력을 장악하게 된 것은 그 당시 시대적 분위기에 맞아떨어졌으며, 20세기 유럽 사상의 산물이자 그 조화를 입증하는 것이라고 하겠다. 현대 사항은 일반적으로 오늘날에 이르기까지 끊임없이 발전되는 연속체로 제시되고 연구된다. 그러나 나치의 붕괴는 현대 전통 속에 어떠한 결함이 있음을 보여주는 것이라고 하겠다.

제2차 세계대전이 끝난 직후 유대인 학자 막스 바인라이히/Max Weinreich는 "히틀러의 교수: 유대인에 대한 독일의 범죄 속에서의 학자들의 역할"을 출판했다. 독일 지식인과 나치 정권의 공모에 대한 이 철저한 연구는 당시의 학식이 어떻게 홀로코스트에 대한 지적 정당성과 개념적 틀을 제공했는지에 대해 기록하고 있다. 이들 지성인들이 반드시 홀로코스트를 의도했다고 말하려는 것이 아니더라도, 바인라이히는 그들이 없었다면 홀로코스트는 불가능했을 것이라고 주장한다. "그들이 독약을 먹였나요?" 하는 질문에(8) 그는 대답한다. "아닙니다. 그들은 단지 처방전을 썼을 뿐입니다." 그리고 그가 계속해서 묻는다. "나치의 균은 나치 국가의 궤멸과 함께 죽었는가요? 이들 학자들이 기술적으로 탈나치화 될 수 있다면 독일 사람들을 재교육시키는 도구로 만들어지지 않을까요?"(9)

바인라이히는 히틀러를 직 간접적으로 지지했던 학자들이야말로 그들의 분야에서 뛰어난 사상가이자 뛰어난 전문가였다고 지적한다. 그들의 문제점은 엉터리 학문에 문제가 있는 것이 아니라 그들의 연구가 "가치 중립적"이었던 것이 문제라고 한다. 그들의 약점은 "열등한 훈련이 아니라 모든 도덕적, 정신적, 가치를 간과하거나 공개적으로 부인하는 학문에 내재된 허위성이었다."(10)

실존주의와 파시즘

표면적으로 실존주의와 파시즘은 서로 상반되는 것처럼 보일 것이다. 개인 중심의 급진적 자유 철학은 공동체의 이름으로 정치적 자유를 부정하는 전체주의 사회 체재와 확실히 양립할 수 없는 것이다. 실존주의는 일반적으로 모든 외부 권위에 대한 반항 철학으로 간주된다. 그럼에도 불구하고 실존주의와 파시즘 사이의 연관성을 부인할 수 없는 것도 사실이다. 두 운동은 모두 그 혈통의 추적을 니체로 거슬러 올라가게 한다. 사르트르와 카뮈가 프랑스 저항 세력의 일원이었던 반면, 다른 주요 실존주의 철학자 마르틴 하이데거는 나치당의 활동가이기도 했다.

실존주의는 초월적인 영역에 의미가 내재되어 있다는 전통적 관점에 도전하는 것이었다. 실존주의에 따르면 미리 정해진 체계를 신뢰하는 것, 객관적인 진리를 믿는 것은 ─ 도덕이든 신학, 혹은 합리성이든 ─ 부조리하다고 한다. 의미는 이상이나 추상적인 영역에 있는 것이 아니라 개인의 존재에 있다. 의미란 개인적인 것이다. 인생은 발견되기만을 기다리는, 이미 만들어진 계획이라는 뜻에서는 아무런 의미가 없다. 인간 존재는 자기 스스로의 의미를 창조해야 한다. 대부분의 사람들이 다른 사람들에 의해 미리 설정된 것에 굴종함으로 자신의 삶에 대하여 책임을 회피하려 하지만 신실한 개인이란 자신의 선택과 행동에 의해 자신을 위한 의미를 창조한다는 것이 실존주의의 입장이다.

실존주의는 본질적으로 도덕적이거나 이념적인 질문에 객관적인 답을 주기를 거부하기 때문에 특정 실존주의자들은 민주적이거나 전체주의적인 이데올로기를 따르는 것도 선택에 달려 있다. 실존주의는 기존의 원리 그 자체로 인간의 정치적 딜레마를 해결하려 하지 않는다. 문제는 어떤 한 사람이 파시스트가 되느냐 저항하는 사람이 되느냐가 아니라 그 사람이 진정성을 선택하고 그 선택에 대해 온전한 책임을 지느냐 하는 것이다.(11)

그러나 실존주의는 이념적으로 중립적인 방법론 그 이상이다. 초월적 의미와 진리, 도덕법을 거부하고 인간의 의지에 궁극적 권위를 부여함으로써 실존주의는 같은 교리를 설파한 파시즘의 손에 놀아났다. 만약에 파시즘을 "초월성에 대한 폭력적이고 실천적인 저항"으로 정의한다면 실존주의와의 가까운 관계라는 것은 분명해진다.(12)

다양한 실존주의 사상가들의 모든 성향이 모두 파시즘과 양립할 수 있는 것은 아니지만 후기 낭만주의의 초월성에 대한 반작용으로 이 두 운동은 같은 생각의 흐름이라고 할 수 있다. 게다가 실존주의의 형이상학적, 윤리적 함의는 종종 파시스트 이론에 기여하기도 했다.

니체

실존주의와 파시즘의 계보는 모두 니체로 거슬러 올라간다. 확실히 니체는 독일 민족주의, 국가에 대한 충성, 당원 자격, 인종적 반유대주의를 거부했다. 이는 다른 파시스트 운동에는 반드시 필요한 것이 아니더라도 독일 국가 사회주의에는 중요한 것이 되었다. 그러나 니체가 인종차별주의나 순응주의자가 아니라는 점에 근거하여 파시즘에 영향을 미쳤다는 것과는 달리 니체를 옹호하고자 하는 사람들은 파시즘에 대해서 잘 알지 못하고 있는 것이다.

놀테가 말한 것처럼, 니체는 "파시즘에 이끌리는 정신적 초점을 제공하고 보다 아름다운 삶을 위하여 실천적이며 이론적인 초월성을 공격하는데 처음으로 목소리를 내었다."(13) 니체는 낭만주의를 파시스트의 방향으로 선회시켰다. 그의 반항적 태도는 당이 권력을 잡게 되면 나치 관료 조직과 충돌하게 될 것이 틀림없지만, 그러나 그의 거만한 자세는 초기 파시스트 혁명에서 널리 모방되었다. 니체는 인종적으로 반 유대적이지는 아니었지만 지적으로는 반 유대주의였고 유대인들의 사상과 윤리를 혹평했으며, 특히 이런 것들이 기독교 안에 나타나 있는 것들에 대해서 더욱 그러했다. 니체의 권력과 잔인성에 대한 반 윤리는 친위대원들과 집단 수용소 경비원들에게서 포착되는 것들이었다.

니체 사상은 실존주의 철학이 어떻게 파시스트 정책으로 이어질 수 있는지를 분명하게 보여준다. 유대-기독교 전통에 대한 비판과 그가 고안한 대안적 윤리는 파시스트 이론의 중심이 되었다. 한 나치 관리는 누구든 "하이 히틀러"라고 말하는 사람은 니체의 철학에 경의를 표한 것이라고 말한다.(14)

니체 철학의 핵심은 추상적인 것에 대한 경멸이기도 하다. 긍정하고자 하는 욕망에서 이성과 도덕의 초월적 범주를 부정하는 가운데 니체는 추상적인 삶은 사상의 추상성에서 나오는 것이라고 주장했다. 놀테의 용어로 말하면, 이론적인 초월(비물질적인 관념에 대한 초점)과 실용적인 초월 (이러한 관념들이 실제 삶에 미치는 영향)을 부정적인 삶으로 합성하는 것이 도덕이라고 한다. 유대인의 창조물인 기독교에 대한 니체의 비난은 도덕성으로 나타나는 부정적인 삶에 관한 것이었다. 민주주의와 사회주의에서처럼 다른 도덕주의는 유대-기독교의 세속적인 버전에 불과한 것이다.(15)

니체는 자신의 주장이 의미하는 것을 추구하는데 두려움이 없었다. 유대-기독교의 도덕성에 대한 그의 비판에서 그는 기독교의 사랑의 가치를 공격했다. 그는 연민이나 자비의 개념에 대해서 약자와 부적격자를 선호하여 더 많은 약점을 키운다고 논쟁했다. 자연은 덜 감정적이지만 궁극적으로 약한 자들을 죽게 내버려둠으로 오히려 더 친절하다고 한다. 기독교의 자선에 대한 이상은 부적격자가 번성하게 하는 반면, 적임자는 죄책감으로 그들에 대한 부담을 지니게 하고 도덕 체계로 인하여 그들을 섬기도록 강요당한다고 한다.

니체에 의하면 유대주의와 기독교는 "노예들의 반란"을 상징한다고 한다.(16) 모세와 함께 이집트의 노예들은 그들 위에 있는 이집트 주인에게 봉기하였다. 기독교와 함께 십자가에 못 박힌 갈릴리인의 가르침은 고대 문명에서도 버림받은 로마 제국에 의해 짓밟힌 여성, 노예, 버려진 자, 패배자에게 호소력이 있었다. 마르크스는 종교가 하층민들을 지배할 수 있는 방법이라고 믿었던 반면, 니체는 반대로 기독교는 죄의식을 조종하고 자애심을 요구하며 자연의 활력을 억압함으로써 힘없는 자가 강한 자를 결박할 수 있는 수단이라고 한다. 니체는 능력, 감각, 강인한 죽음의 수용으로 인해 고전적인 것들을 우상화했다. 유대인과 기독교인들은 그의 말에 의하면 "복음은 가난한 자, 저급한 자, 비참한 자, 실패한 자. 혜택을 받지 못한 자들에게 설교됐다"라고 한다.(17) 여기에서 프랑스 혁명, 여성 해방, 사회주의, 그리고 니체가 달리 표현하는 완전한 퇴폐적인 이슈들이 결국은 성공적인 혁명을 가져오게 했다고 본다.(18)

그러나 자연은 오래지 않아 거부될 것이다. 니체에 의하면 현대 세계에서 "신은 죽었다."(19) 격한 갈등은 다시 나타날 것이다. 인간 존재는 계속 진화하고, 결국 인간은 초인에게 양보할 것이다. 니체에게 이런 인간 진화의 다음 단계는 단지 우수한 생물학적 표본이 아니라 새로운 도덕, 문화, 정신적 질서를 예고하는, 새롭게 신뢰할 만한 자아가 된다. 초인은 실체가 없는 합리주의나 삶을 부정하는 종교에 의해 강요된 추상적이고 초월적인 의미를 받아들이지 않는다. 오히려 초인은 자신과 세계 전체를 위한 의미를 창조할 것이다.

니체에 의하면 초인은 그의 의지에 따라 인류를 형성할 수 있는 예술가이다. 그에게 있어서 인간은 조각가를 필요로 하는 아직 모양을 이루지 않는 물질, 흉한 돌일 뿐이다. 이러한 진술은 나치에 의해 형성될 우생학적인 움직임을 예측하게 한다. 아마도 더 중요한 것은, 의지의 고양이란 우리가 생활할 수 있는 것처럼 일반적인 자유가 아니라, 엘리트들이 많은 사람들을 지배하고 의지가 약한 사람들은 초인의 의지에 의해 예속되는 것이다.

도덕적으로, 초인은 친절, 연민, 공감, 그 외의 인간적인 특성을 암시하는 "대리 인간"적인 유대-기독교 이상과 정 반대가 될 것이다. 초인은 잔인하다고 한다.

반면에 초인은 잔인하다. 만약 초인의 힘이 높은 계층에 위치한다면… 그에게 많은 고통, 소멸, 파괴를 단순히 바라볼 수 있는 잔인함으로는 충분하지 않을 것이다. 이와 같은 사람은 스스로 아픔과 고통을 만들어 내고 그렇게 함으로 즐거움을 경험하고, 정신적인 안목으로 보는 것이 아니라 잔인한 행동을 하지 않을 수 없을 것이다. 없다.[21]

니체의 변호인들은 그런 진술들이 마치 단순한 논쟁이었을 뿐, 실제적으로는 의도하지 않았고 단지 부르주아지들에게 충격을 주고자 했을 뿐이라고 무시하는 경향이 있다. 그러나 니체는 추상성, 이론적인 초월성을 거부함으로써 단순한 이론 자체만으로는 관심을 갖지 않았다. 구체적인 것에 대한 그의 관심은 생각이 아니라 행동을 요구했다. 이 때문에 이론이 아닌 "직접적인 행동으로 잔인할 수밖에 없었다.

니체의 잔혹성에 대한 윤리는 나치의 모든 잔혹성의 근거가 되었다. 니체에 따르면 "약자와 실패자는 없어질 것이다. 이것이 바로 인간에 대한 첫 번째 사랑의 원리이다. 기독교는 바로 모든 실패자와 약자에 대하여 가능한 도움을 베풀고 적극적으로 동정하는데 이러한 악보다 더 큰 해악이 무엇이겠는가?"[22] 이와 같은 진술은 나치에 대한 니체의 또 다른 유산을 예시한 것이라고 하겠다. 평범한 인간의 가치에 대한 경박하고 냉소적인 니체의 태도라고 불릴 수 있는 것이 아돌프 히틀러에서부터 에즈라 폰드에 이르기까지 거의 모든 파시스트 작가들에 의해 흉내 낸 것으로 본다. 파시즘에 대한 니체의 영향은 직접적이고도 완벽한 것이었다. 그의 정신적 도덕적 입장 외에도 니체의 문화 비판, 철학적 반 이성주의, 그리고 신화적 의식을 회복하는 프로젝트는 모두 파시스트 이론과 수사적인 면에서 받아들여졌다. 스트룹/J. Stroup은 니체의 파시스트 문화 이론 요소들에 대해서 다음과 같이 요약한다.

> **여기에 문화 비판 시스템의 모든 구성 요소들이 있다. 첫째, 문화의 쇠퇴와 재탄생의 순환, 무시간적인 영원한 비합리성과 황홀하게 흥미를 돋우는 신화 사이의 밀착** (합리적인 것에 대한 엘리트의 적대감정을 강화하는 관점), **둘째, 예술, 정부, 종교와 같은 모든 문화 영역이 서로 연결되고 따라서 문화의 항구성 여부에 따라 흥하기도 하고 망하기도 한다는 신화적인 봄날의 전제, 셋째, 도덕적 절대성의 가치에 미적 기준을 주는 궁극적 의미, 넷째, 외부에서 즉 디오니소스나 십자가에 못 박힌 자가 아닌 세계 내부로 이해되는 구원 등이다.**(23)

니체의 변호인들은 재빨리 그를 파시즘으로부터 분리시켜 그가 히틀러와 국가 사회주의자들을 오히려 섬뜩하게 만들었을 것이라고 주장한다. 그럴지도 모르지만 히틀러와 국가 사회주의자들이 니체를 포용하고 스스로를 그의 제자로 자처했다는 것에는 의심의 여지가 없을 것이다.

하이데거

후기 실존주의는 니체의 실존주의보다 좀 더 온화하며 일반적으로 더 인간적인 가치를 주장한다. 그럼에도 불구하고 니체의 철학은 이후의 모든 실존주의자들의 기초가 되며, 따라서 그의 사상의 어두운 면에 대한 영향력을 모면하기는 어려울 것이다. 하이데거는 그들을 피하지 않았고 국가 사회주의 프로그램에 자신을 투신했으며 비록 하이데거를 통해 걸러졌다고 하더라도 니체 사상은 여전히 더욱 구미에 맞았던 것으로 보인다.

하이데거는 프라이부르크 대학 총장직 수락 연설에서 학계와 국가 사회주의의 통합에 대한 그의 헌신을 분명히 했다. 니체가 "하나님은 죽었다"라고 말하였다면, 하이데거는 "지식에 대한 의미는 무엇인가?라고 묻는다. 하이데거는 "하나님의 열정적인 추구자" 니체를 이러한 점에서 받아들이고, 버림받은 현대 인간 존재를 인식해야 한다고 말한다. 만약에 하나님이 죽었다면 더이상 초월적인 권위나 객관적인 진리를 위해 참조할 점은 없을 것이다. 고전적인 사상이, 그리스인들처럼, 객관적인 진리를 자신 있게 추구할 수 있었다면, 오늘날 신의 죽음 이후에 진리는 본질적으로 "숨겨지고 불확실해진다." 오늘날의 질문 과정은 "대답이 되는 과정에서 알려지는 단순한 예비단계가 더 이상 아닌, 질문 그 자체가 가장 높은 행태의 지식이 된다."[24]

하이데거의 결론은 "지식이란 과정의 문제가 아니라 내용의 문제"라고 하는 현대 사상의 상식을 받아들이게 한다. 하나님의 죽음과 함께 존재에 의해 명령되어야 하는 절대적이거나 추상적인 이상들의 집합은 더 이상 존재하지 않는다. 그러한 "본질주의"는 환상에 불과한 것이다. 객관적인 절대적 진리의 의미에서의 지식은 도전되어야 한다. 학자는 어떤 절대적인 진리를 알고 있거나 찾는 사람이 아니라 진실인 척하는 모든 것에 의문을 제기하는 사람이다.

이와 같은 견해는, 초월적으로 유효한 의미는 없다고 하는 실존적 형이상학의 필연적인 귀결이다. 하이데거가 지식을 질문으로 대체한 것은 교육 이론가들 (교육 과정에서 선호하는 내용의 가르침을 최소화하는 사람들), 폴 틸리히와 같은 신학자들 (신앙은 교리를 믿는 것보다 끊임없이 질문하는 것을 포함하는), 그리고 "절대적인 것은 없다," "진리는 상대적이다."라는 점에 동의하는, 거리에 있는 전형적인 사람들에 의해서 지속되고 있다.

사람들은 그러한 회의적 방법론이 사람들을 절대적인 인간의 권위에 종속시키는 관행과 함께 파시즘과는 양립할 수 없을 것이라고 생각할 것이다. 그럼에도 불구하고 이것은 파시즘에 대한 오해임을 보여준다. 하이데거의 "취임 연설"은 그의 동료 국가사회주의자들로부터 열렬한 찬사를 받았다. 파시스트들은 자신들을 우상 파괴자로 보고 구질서에 의문을 제기하면서 모든 초월적인 절대성에 과감히 도전했다. 자신들을 권위주의자로 여기고 대응 질문을 금지했다는 사실은 결코 일관성 없어 보이지 않을 것이다.

따라서 하이데거는 "질문 자체가 지식의 가장 높은 형태가 된다"라고 주장하는 같은 연설에서 더 나아가서는, 대학으로부터 학문의 자유를 퇴출할 것을 옹호하면서 다음과 같이 말했다. "자신에게 법을 주는 것이 최고의 자유이다. 많은 찬사를 받아온 학문의 자유는 대학에서 퇴출될 것이다." 하이데거는 학문적 자유의 전통적인 규약은 진정한 것이 아니라 단지 부정적이며 "관심 부족"과 "임의성"을 부추긴다고 주장한다. 학자들은 서로 통일되어야 하며 독일인 그 자체를 학생 봉사에 바쳐야 한다. 그렇게 하는 가운데 "독일 학생들의 자유 개념이 비로소 진실해질 것"이라고 말한다.(25) 학문적 자유가 배제될 때에 자유가 등장한다는 주장은 최악의 궤변이 아닐 수 없다. 하이데거의 진술은 수사학적 모호성 그 이상이었다.

하이데거는 맹목적인 복종이 아니라 의지에의 순수한 헌신을 위하여 실존적으로 말하고자 했다. 자유가 보존되는 것은 "법에 순응하는 것"이 자발적이고 자유로운 헌신의 선택이기 때문이라고 하는 것이다. 진리에 대한 사심 없는 추구로서의 학문의 자유는 임의성/arbitrariness을 보여주며 진리는 객관적이고 초월적이라는 낡은 본질론자들의 견해와 함께 한다. 본질주의 학자들은 초연하고 냉담하며 "관심 부족"을 보이고 진리가 궁극적으로 인격적이고 의지의 문제이며 개인적인 책임과 선택을 요구한다는 감각을 상실하고 있다. 새로운 질서 속에서 학자는 지역 사회에 대한 봉사에 완전히 종사하게 될 것이다. 학문적 자유는 도덕과 지적 절대성에 헌신하는 낡은 기능을 배제한다.

절대적 진리가 없다는 개념은 인간존재가 본질적으로 의미 없는 세계에 스스로 진리가 됨을 의미한다. 서로 연합하는데 객관적이고 본질적인 기준, 자신들의 지적 질서를 구축하는 의도적인 학자들 그리고 독일 사람들의 본질에 대한 강요는 없다. 이것이 실제로 의미하는 바는 바이에른 문화부 장관이 뮌헨에 있는 교수들에게 "어떤 것이 사실인지에 대해서가 아니라 오직 국가 사회주의 혁명의 방향과 일치하는지에 대해서만 판단하라"라는 지시에서 알 수 있다.(26)

위에서 본 하이데거의 나치와의 공모의 성격에 대해서는 뜨거운 논쟁 중에 있다.(27) 그를 변호하는 이들은 순진하여 너무 쉽게 파시스트의 약속에 잠시 흔들렸다고 주장한다. 가장 나쁘게 말하는 사람들은 그가 새로운 정권을 이용하여 학문적 정치에서의 야망을 취하고자 한 기회주의자라고 한다. 한편, 빅토르 파리아스는 하이데거가 "제3제국의 철학자"가 되고자 했었음을 보여주는 증거들을 보여준다.(28)

결국 하이데거는 파시즘에 대한 반대 입장 때문이 아니라 나치 당내 주요 이념적 싸움에서 패배한 편을 들었기에 호감을 잃고 총장직을 포기해야 했다. 파리아스가 보여주듯이 에른스트 룀/Ernst Rohm의 돌격대와 같이 가톨릭 학생들 단체를 박해할 것을 주장함으로 인해 히틀러에게 조차도 너무 급진적이라고 여겨지기도 했다.(29)

정당 분열의 문제 중 하나는 알프레드 로젠버그/Alfred Rosenberg가 주장한 생물학적 인종차별의 역할이기도 했다.

하이데거와 함께 한 룀/Rohm은 인종 결정론을 경시하고 경제 사회주의와 폭력적인 문화 변혁의 "지속적인 혁명"을 강조하며 무솔리니의 파시즘에 근접되는 주장을 옹호했다. 하이데거 변호 인들은 하이데거가 인종차별주의자가 아니라는 증거로 인용했 지만 이는 단지 그가 로젠베르크가 아닌 룀의 편이었다는 것을 의미할 뿐이다.

룀의 돌격대(SA, Sturmabteilung, Assault Division 공격조)는 갈색 상의 를 착용한 준 군사적 단체로써 히틀러가 권좌에 오르는데 도구 가 되었던 거리 전사이자 폭력주의자들이었다. 1933년 돌격대/ SA는 하이데거가 참여한 다양한 학생 및 대학 조직을 포함하 여 군대 수의 두 배나 되는 200만 명 이상의 회원을 자랑했다 (SA는 SS, Schutzstaffel, "Defense Echeolons, 즉 친위대와 구별되고, 친위대/SS는 검은 상의를 입은 비밀경찰[게슈타포]로서 히틀러 보디가드, 다양한 군단과 집단 수용 소의 감시자 역할을 했다). 돌격대/SA는 인종 이론에 덜 관심을 보였지 만, 유대인뿐만 아니라 구질서를 대표하는 아리안에 대하여 훨 씬 더 심하게 폭력적이고 억압적이었다. 룀은 나치당의 보수파, 특히 군대 (룀은 SA, 돌격대와 하나 되기를 원했다)에 의해 반대를 받았 다. 친위대/SS의 대장인 힘러/Himmler 역시 집중 통제 밖에 근 거지를 두고 있는 그에게 적대적인 시민 권력을 가진 룀을 두려 워했다. 당을 장악하기 위한 주요 이념적 투쟁에서 히틀러는 사 회적 동요를 피하고 군대를 달래기 위해 로젠베르크 편에 서서 그의 오랜 동지인 룀을 공격했다. 1934년 6월 30일에 돌격대/SA 측에서의 봉기 시도설이 나오자 히틀러는 재판 없이 룀을 처형하고 적어도 177명의 급진파가 살해되는 "긴 칼의 밤"이 시작되었다.(30) 돌격대/SA의 숙청 이후 인종과 우생학적인 계열에 의해 세워진 친위대/SS는 이전에 돌격대/SA가 잡고 있던 권력을 장악했다. 이와 같은 나치당의 피비린내 나는 재편성 과정에서 하이데거는 운 좋게도 그의 총장직만 잃었을 뿐이었다.(31)

그럼에도 불구하고 하이데거는 여전히 나치에 충성했다. 파리아스는 하이데거가 총장으로 있을 때에서처럼 더 이상 의무가 아니었을 때에도 나치 식의 경례("Heil Hitler!")를 강의 시작과 끝에 했을 것이라고 기록하고 있다.

하이데거의 삶보다도 더 중요한 것은 그의 사상이다. 하이데거가 나치였다는 이유만으로 하이데거의 생각이 진실하지 못했다고 하는 것은 인신공격적인 잘못일 수도 있다. 문제는 하이데거의 실존주의와 국가 사회주의 이념 사이에 진정한, 그리고 근본적인 유사성이 있다는 점이다. 〈존재와 시간〉 저서의 천재성에도 불구하고 파리아스는 얼마나 많은 하이데거의 개념들이 나치 이데올로기의 조명하에 불길하게 공명하고 있는지를 보여 준다. "우리, 투쟁, 운명, 국민, 공동체의 역사적 위임, 그리고 무엇보다도 이 같은 상황에서 사람들이 따라야 할 지도자의 (바람직하지 못한) 예가 된다는 점에서 그러하다."(32) 전체적으로 그리고 하이데거의 사상을 역사적 맥락에서 볼 때, "철학자들에게 히틀러와 하이데거가 세계에 대한 관점을 공유하고 있음을 인정하는 것이 고통스러울 것이다. 이 두 사람은 독일 문화에서 유럽 인본주의를 구성하는 헬레니즘과 헤브라이즘 간의 융합에 의한 이교도적 근원으로 회귀하고자 했다."라는 결론 외에, 다시 데이비드 허쉬의 결론을 외면하기 어려울 것이다.(33)

허쉬는 파시스트와 하이데거가 파시스트와 유대-기독교 전통에 대한 그들의 공통적인 반응에서 거짓말을 하고 있다는 것을 예리하게 지적한다.

> 히틀러는 유대인을 증오했고 그 증오만으로도 그들을 말살한 준비가 되어있었지만 그는 또한 기독교 창시자라는 점에서도 유대인들을 증오했다. 그는 니체처럼 기독교를 퇴폐적인 종교로 보았다. 우리는 과연, 하이데거가 형이상학을 훼손하고 소크라테스 이전의 존재에 대한 폭로 방식으로 돌아가려 했음이 독일어로 성경 이전과 기독교 이전의 과거로 돌라가려는 히틀러의 정치적 어젠다와 철학적 유상성이 있다는 사실을 간과할 수 있을까?(34)

하이데거와 동시대의 유대인들은 그의 생각을 정확히 다음과 같은 용어로 해석했다. 한 유대인 정기간행물은 하이데거의 총장 취임 연설에 대한 반응을 출판했는데 문제점을 정확하게 정의하고 있다. "영웅적인 민족주의, '국가에 협력하는 지식"은 하이데거에게 삶의 궁극적인 의미였다. 이는 가치의 왕국과 하나님의 초월적 근거에 반하는 장애였다."(35)

하이데거의 존재에 대한 분석과 주관성의 기초가 되는 숨겨진 것에 대한 그의 사색, 의미, 언어, 해석학에 대한 그의 성찰은 가치 있고 심오했다. 그러나 초월을 내재적인 것으로 대체하려는 그의 노력은 파시즘의 그것과 쉽게 융합될 수 있었다. 이는 하이데거의 영적 개념에서 확연히 드러난다. 그가 "총장 취임 연설"에서 말한 것처럼 영적 영역은 어떤 문화의 객관적인 상부구조도 아니며, 객관적인 정보와 초월적인 가치의 창고도 아니다. 오히려 사람의 영적 세계는 "땅과 피의 힘을 가장 깊이 보존하는 힘"이라고 한다.(36) 그에게 영적인 것은 객관적인 지식과 도덕적 가치, 더 이상 초월적인 종교적 진리의 문제가 아닌 것이다. 영적 세계는 땅, 피, 힘과 밀접한 관련이 있다고 본 것이다.

의지

초월적 의미를 거부함으로 실존주의는 의미가 인간의 의지에 의해 창조된다고 주장한다. 니체는 그의 전체 철학과 윤리를 "권력에의 의지를" 고양시키는데 기초했다.(37) 후에 실존주의자들은 니체의 권력에 대한 강조를 누그러뜨리기는 했지만 (포스트모던 사상에서 다시 강조되고 있지만) 진정한 의미의 창시자로서의 의지는 여전히 그 중심이 되고 있다. 이렇게 하이데거의 중요한 개념 중 하나는 "본질에의 의지"이다. 총장 취임 연설에서 하이데거는 대학으로 하여금 공동의 의지와 본질에의 의지 즉 지식의 추구와 역사적인 영적 사명에의 의지를 위해 함께 할 것을 촉구한다.(38) 하이데거가 "본질에의 의지"라는 식으로 말할 때에 그는 실존이 본질에 앞선다는 실존주의자들의 구호를 고수하고 있는 것이다.(39) 개인이 순응해야만 하는 선재적 본질은 없다고 한다. 본질은 의지적일 때 존재가 된다고 하는 것이다.

하이데거는 개인의 의지뿐만 아니라 "공동" 혹은 집단적 의지에도 주목한다. 루소가 강조했듯이 같은 것을 할 사람들은 공동체를 구성하고 공동체는 자신의 삶과 의지를 떠맡는다. 〈존재와 시간〉에서 하이데거는 자신의 정체성을 말살하지 않고 성취감을 주는 공동체에 참여하는 한에서 완전한 신뢰성을 "얻을 수 있다고 주장한다. "신뢰할 만한 실존은 공동체 삶의 정황에서 확보되는데 거기에서는 개인적인 정체성을 잃는 일이 결코 없다."(40)

실존주의자들의 의지에 대한 강조, 즉 인간의 자유에 대한 강조는 파시스트 전체주의와 정면으로 부딪히는 것처럼 보인다. 그러나 자유의지와 심지어 자유에 대한 요구는 파시스트 이론과 수사에서 두드러진 역할을 한다. 히틀러는 〈나의 투쟁〉에서 "가장 중요한 것은 권력에의 의지와 결단력의 훈련, 그리고 거기에 더하여 책임감에 대한 기쁨을 배양하는 것이다"라고 한다.(41) 의지의 중심은 선택한 사람들이 실존주의의 공통 주제인 자신의 운명을 책임져야 한다는 것을 의미한다. "오늘날 독일 외교 정책의 목표는 내일의 자유를 위한 재탈환을 준비해야 한다"라고 히틀러는 말한다.(42)

히틀러는 개인의 자유보다는 개인의 고립된 의지, 그리고 국가의 자유에 더하여 집단적인 의지에 주목한다. 파시스트들은 개인의 의지와 자유가 집단의 의지와 자유 안에서 성취감을 얻는 공동체주의를 믿는다. 목표는 무분별하게 순응하는 것이 아니라, 개인이 집단을 이루어 같은 일을 하기를 원하는 것이었다.

이성이 더 이상 공동의 진리로 이어지지 못하고 의미가 의지의 기능이라면 삶은 서로 경쟁하는 의지의 충돌이 된다. 설득은 증거를 이성적으로 분석해 공동의 결론에 도달하는 것이 아니라, 한 의지가 다른 의지를 정복하는 힘의 문제가 된다.

정치적인 집회의 한 토론에서 히틀러는 "설득"이란 약한 의지가 강한 의지에 의해 압도되는 과정이라고 분석한다.

이 모든 경우(공적인 웅변술과 관련하여) **우리는 인간 의지의 자유에 대한 침해를 다루어야 한다. 물론 이것은 의지에 반대되는 태도를 가지면서도 새로운 의지를 지녀야 하는 사람들이 참석하는 회의에 가장 많이 적용된다. 권력에의 의지는 아침이나 심지어 낮 동안에 사람들의 낯선 의지와 낯선 견해를 강요하는 것과 맞서 가장 큰 에너지로 투쟁하는 것처럼 보인다. 하지만 밤에는 더 강한 의지의 지배력에 의해 아주 쉽게 굴복하고 만다. 사실 그러한 모든 만남은 두 반대 세력 간의 한판 승부를 의미한다. 압도적인 설교자의 탁월한 웅변술은 정신적 긴장과 의지를 완전히 소유한 사람들보다 가장 자연스러운 방법으로 약한 그들의 저항 세력을 경험한 새로운 의지의 사람들에게 훨씬 쉽게 먹혀드는데 성공적이었을 것이다.**[43]

파시스트의 수사학은 마음보다는 의지를 지향한다. 이성적인 논의는 심리적이고 수사적인 조작으로 대체된다. 진실에 대한 탐구는 권력 투쟁과 의지 경쟁을 소홀히 여긴다.

파시즘이 의지에 대하여 그렇게 중요하게 여기는 것은 그 특정한 독재 방식을 설명하는데 도움이 될 수 있기 때문이다. 정권에 반대하는 사람들은 지적으로나 철학적으로 동의하지 않는 사람들이 아니라 적대적인 의지를 가진 사람들로 본다. 공동 의지를 거부하는 것은 그들이 소속되지 않는 죄를 범하는 것이다. 이는 아마도 나치 조직이 심문할 때에 원하는 것이 순응이 아닌 동의였던 이유이다. 동의하지 않는 사람은 반대 의지를 보였으며 그들은 의심스러운 사람들이 아니라 바로 적이 되는 것이었다. 의지의 충돌은 이성에 의해 중재되지 않는다. 그들은 오직 한 사람의 의지를 다른 의지에 강요하는 힘에 의해서만 해결된다. 여기서 설득은 문제가 되지 않는다. 강요나, 유대인과 같이 전적으로 집단 의지 밖에 있는 사람들에게는, 제거가 곧 해결이었다.

아마도 파시스트 예술의 가장 큰 예는 레니 리펜슈탈/Leni Riefenstahl의 "의지의 승리"라는 영화일 것이다. 국가 사회주의당의 뉘른베르크 집회에 대한 그녀의 다큐멘터리는 선동의 역작이라고 할 수 있을 것이다. 그것은 아주 교묘하게 만들어졌으며 파시스트의 이상과 가치를 잘 드러냈다. 리펜슈탈의 제목은 니체의 "권력에의 의지"라는 개념을 암시하고 있다. 중요한 것은 그 제목을 히틀러가 그녀에게 직접 주었다는 점이다.(44) 이 영화는 히틀러의 즉위를 독일 국민의 집단적 의지를 구현한 그의 불굴의 의지의 승리로 보여준다. 리펜슈탈은 다큐멘터리의 장면을 신화적인 내러티브로 편집했다. 비행기로 히틀러가 뉘른베르크에 도착하는 장면은 하늘로부터 신이 내려오는 것처럼 묘사했다. 집단적인 찬양과 공식적인 의식을 통해 사람들에게 신으로 받아들여지는 눈부신 장면은 신화적인 충격이 되게 하였다.

"의지의 승리"라는 니체와 나치의 구호는 또 다른 공명이라 하겠다. 그것은 루터에 의한 의지의 노예라는 독일 문화의 또 다른 기념비적인 문자의 암시인 동시에 도치이기도 했다. 이 책은 루터의 걸작으로서 종종 종교개혁의 선언으로 여겨지기도 했던 것이다.(45) 루터는 종교개혁뿐만 아니라 독일을 언어로 결속시키고 독일 국가를 정의했다는 역할로 칭송받은 독일 국민들의 영웅이었다. 루터를 암시하는 동시에 그와는 정 반대되는, "의지의 승리"는 히틀러를 루터의 외투로 덮고 독일 개신교를 새로운 파시스트의 영성으로 대체하고자 하는 것이었다. (히틀러의 비공식 대화가 나중에 기록되어 모아졌을 때에도 그것을 루터의 "탁상 담화"와 같은 제목으로 출판했다).(46) 히틀러는 적그리스도로 묘사되었다. 그는 자신을 루터를 반대하는 자리에 두었다. 비록 일부 학자들이 나치즘에 취약한 독일 문화의 다양한 면을 루터에게 돌리기도 하지만 의지의 승리와 의지의 노예 사이의 차이는 절대적인 것이었다.(47)

   루터에 의하면 의지는 죄에 속박되어 있다. 타락한 의지는 사탄의 노예가 되고 그 스스로도 악은 악한 것을 선택한다. 인간의 의지는 의로운 하나님의 의지에 반하도록 왜곡되어 있는 것이다. 죄인 된 인간 존재에게 의지는 자유의 상태가 아니라 충동에 예속되어 있는 것이다. "자유를 잃어버리면 우리는 죄를 섬기도록 강요당한다. 즉 우리는 죄와 악을 원하고, 악한 것을 말하며, 악을 행하게 된다."(48) 중세 가톨릭은 인간이 의지를 발휘하여 신에게 다가갈 수 있다고 가르쳤지만 루터는 인간의 의지 그 자체는 하나님을 배척할 수밖에 없다고 가르쳤다. 신으로부터의 원초적 소외는 의도적인 반항이며 모든 후속적인 악의 근원이 된다.

> 사람이 하나님을 알지 못하고 하나님을 경멸한다는 말이 결코 사
> 소한 것이 아님은 그것이 바로 모든 악의 근원이 되기 때문이다.
> 하나님에 대한 무지와 경멸이 있는 곳에 무슨 악이 있겠는가? 한
> 마디로 인간 안에 있는 사탄의 왕국은 하나에 대한 무지와 경멸
> 이라는 말 외에 달리 표현할 수 없을 것이다! 불신이 있는 곳에 불
> 순종이 있고, 신성 모독이 있는 곳에 하나님에 대한 모독이 있고
> 잔인함이 있으며, 이웃에 대한 자비가 필요한 곳, 하나님과 인간
> 과 관련된 모든 일에 오직 자기애가 있을 뿐이다! 여기에 영광과
> "자유 의지"의 힘에 대한 설명이 있는 것이다!(49)

구원은 인간의 의지에서 오는 것이 아니라 그리스도 안에서 인
간의 조건을 간섭하시고 그 안으로 들어가 은혜로 말미암아 자
유롭게 구원을 베푸시는 하나님의 뜻에서부터 나오는 것이다.
그리스도 안에서 성례전과 복음의 말씀에 의해 중재됨으로 속
박에서 벗어나고 죄악된 의지는 다시 새로워지며, 인간존재는
해방되는 것이다.(50)

루터의 의지에 대한 비판은 성경에 근거한 것으로 하나님의
법의 초월성과 법을 지키지 못한 인간 존재의 실패를 의미한다.
만약 인간의 의지가 내 외적으로 아무런 제재 없이 풀려난다면
루터는 진정성도, 자기 성취 혹은 인간적 성취를 기대하는 대신
에 악마에 접근하는 악을 보았을 것이다. 이 점에서 최소한 의
지의 승리를 자축한 사람들은 루터가 옳았음을 인정할 것이다.

6. 살아야할 가치가 없는 삶: 파시스트 윤리

나치가 "생명에 걸맞지 않은 생명"이라는 원칙을 관철하면서 이행한 다섯 단계 구별 가운데 첫 번째는 강제적인 단종이었다. 이와 같은 결과로 병원에서 "장애"아이들을 살해하고 다음에는 정신병원에서부터 모아 놓은 "장애"어른들을 특별히 일산화탄소가 설치된 시설에서 죽였다. 이 프로젝트는 (동일한 살육 센터에서) 집단 수용소와 말살 수용소의 "장애인"수용자들에게로 확장되었고, 결국 유대인 대부분이 학살 수용소에서 대량 살육되었다. - 로버트 제이 리프톤/Robert Jay Lifton, 나치 의사들(1986)-(1)

정의는 아리안 남자가 정당하다고 생각하는 것, 불공정은 그렇다고 간주하는 것이다. - 역사 장관, 알프레드 로젠베르크/Alfred Rosenberg -(2)

단순히 잔인함 만으로 죽음의 수용소를 다 설명할 수는 없다. 대량 살육의 세부계획은 합리적인 계획, 기술적인 독창성, 정교한 관리를 필요로 했다. 홀로코스트에서 가장 소름 끼치게 하는 것은 희생자들의 고통 외에도 그것을 실행하는 사람들의 감정, 연민, 죄의식 등에서 정상적이라고 볼 수 없는 인간 감정의 냉혹함이었다.

남자, 여자, 아이들, 전체 가족, 전체 인종 등을 가스실에 밀어넣을 수 있는 마음은 철학적인 합리화에 의해서 가능했을 것이다. 죽음의 수용소를 운영한 사람들과 그것을 용인하고 그러한 분위기가 가능하도록 만든 사람들은 도덕적 실패, 윤리적 실패자로서 결함이 있는 사람들이다. 그들의 부도덕한 행동, 옳고 그름에 대한 판단은 그들의 철학에서 이미 예견되었던 것이다. 그들의 도덕적 원칙은 그들의 세계관에 의해서 형성된 것이다.

유대-기독교의 초월적인 도덕적 절대성의 윤리를 거부한 것은 정의와 자비 같은 개념들이 더 이상 개념적 토대를 갖고 있지 않다는 것을 의미한다. 그러한 윤리적 추상성 대신에 파시스트들은 공동체의 필요에 기초하고 그 기원을 인간의 "의지의 힘"에 두는 내재적 윤리를 형성한다. 히틀러는 "양심이란 유대인이 고안해 낸 것"이라고 말한다.(3) 유대 예언자들과 고백교회는 양심이 침묵하고, 객관적 도덕성이 해체되고, 타락한 인간의 의지가 유일한 도덕적 권위가 될 때, 즉 인간의 타락이 노골적으로 노출될 때에 어떤 일이 일어나는지를 예측해왔었다.

의지의 신격화는 유대-기독교 연민의 윤리가 힘과 힘의 가치에 기초한 새로운 윤리로 대체되는 것을 의미한다. 이는 폭력의 미화, 우생학, 안락사, 그리고 마침내 대량학살의 승인에서 나타났다.

실존 윤리

실존 윤리는 도덕적 절대주의가 아닌 개인의 도덕적 선택에 초점이 맞춰져 있다. 행동은 그것이 외부의 도덕규범에 부합하는지 아닌지의 관점에서가 아니라, 그것이 개인의 진정한 선택과 헌신을 반영하는가 하는 입장에서 칭찬받기도 하고 비난받기도 한다. 하이데거의 용어에 의하면, 맹목적으로 다른 사람들의 규칙을 따르는 사람들은 진실하다고 볼 수 없다. 그들은 자신의 삶에 대한 책임을 부인하고 다른 사람들이 그들을 위해 결정을 내리도록 하면서, 그들의 타고난 자유를 거부한다. 자신의 삶을 형성하겠다는 의지를 내세우며 자유롭게 행동방침을 선택하는 이들이 진정성이 있다는 것이다. 그들이 전통적인 도덕을 선택하든, 좀 더 파격적인 생활 방식을 선택하든, 그들의 행동을 검증하는 것은 의식적인 선택이 있었는지의 여부에 달려있다.

무명 철학자들의 영역과는 거리가 먼 실존적 윤리는 심지어 대중문화에서도 현대의 도덕적 담론을 지배하게 되었다. 예를 들어, 낙태에 대한 논쟁은 윤리적인 문제에 접근하는 실존적인 방식과 유대-기독교적인 접근 사이의 충돌을 보여준다. 유대-기독교의 접근은 절대적인 도덕적 원칙, 예를 들어 성경에서 "죽여서는 안 된다"라는 명령과 인간의 삶의 초월적 가치를 추구한다. 발달 중인 태아가 인간의 삶의 본보기인지, 따라서 보호받을 가치가 있는지에 관한 의문에 대해서는, 객관적인 증거에 의해서 즉, 이 관점이 인간 생명의 정의에 대한 합리적인 논쟁과 더불어 성경적이냐 단순히 의학적이냐 하는 데서 결정된다.

실존적 윤리는 낙태에 관한 객관적인 문제들을 괄호 안에 둔다. 쟁점은 어떤 초월적인 도덕률, 의학적 증거, 논리적인 분석이 아니다. 오직 단 하나, 문제가 되는 것은 산모에게 선택권이 있느냐 없느냐 하는 것이다. 그 선택의 내용 그 자체에는 아무런 차이가 없다. 만약에 산모가 아이를 갖기로 결정한다면 그 행동이 바로 도덕적이 되는 것이다. 만약에 그녀가 아기를 갖지 않기로 결정한다면 그 행동 역시 도덕적이 되는 것이다. 만약 그녀가 자신의 의지에 반하여 아이를 임신했든, 그녀의 의지에 반하여 낙태하였든, 그 의지에 반한 것 그 자체가 바로 악이 되는 것이다. 사회의 기대에 진정성이 아닌 순응이 죄가 될 수 있는가 하면, 마찬가지로 자유를 앗아간 사람에게도 잘못이 있는 것이다. 낙태가 합법적이어야 한다고 믿는 사람들은 스스로를 "낙태 찬성자"라고 생각하지 않는다. 그들은 "선택 찬성론자"인 것이다. 이 용어는 수사적인 완곡한 표현일 뿐만 아니라 실존 윤리의 정확한 정의인 것이다.

실존주의는 "친 선택적"이지만 개인적으로는 낙태를 반대하는 사람들에게도 반영된다. 그들은 자신들을 위해서는 낙태를 믿지 않지만 자신의 믿음을 다른 사람들에게 강요하는 것을 거부한다. 이러한 관점에서 신념은 각 개인의 사적이고 개인적인 영역 밖에서는 타당성이 없다. 도덕적이고 종교적인 신념은 개인의 삶에 의미를 부여하는데 중요하지만 보편적으로 타당한 것은 아니다. 또는 일반적으로 받아들여지는 다른 공리를 인용해 보면, "당신에게 참된 것이라고 해서 나에게도 참된 것이 아닐 수도 있다."

진리에 대한 이러한 관점은 진리를 객관적이고 보편적이며 모든 사람에게 적용 가능한 것으로 보는 모든 고전적 형이상학과 배치된다. 진리는 부분적으로만 알려져 있고 인간의 지식은 어느 정도 회피할 수 있지만 이론적으로는, 어떤 명제가 사실이라면 누구에게나 사실이어야 한다. 현재, 진리가 상대적이란 통념은 겉보기에 난해한 실존주의 철학이 현대 대중문화에 미치는 강력한 영향을 놀랍게도 보여주고 있는 것이다.

현대 윤리 교육의 주요 방법론을 구성하는 "가치관에 대한 명확한 기술"이야말로 실존주의 윤리의 응용인 것이다.(4) 상상할 수 있는 윤리적 딜레마에 대해서 생각해 보도록 하자. (당신의 방공호에 10명만 들어갈 수 있는 공간이 있다고 하자. 당신의 이웃에는 과학자, 예술가, 십 대 소년, 패션모델, 의사, 프로 축구 선수, 70세 된 노인, 인공호흡기를 단 여인, 불평불만자인 이웃, 목사, 아기 등 모두 20명이 있다…. 핵 공격이 벌어졌다고 하자. 당신은 선택적으로 누구를 방공호 속에 들어오게 할 것인가? 누구를 살게 하며, 누구를 죽게 내버려 둘 것인가?) 이런 질문을 받은 학생들은 각자 나름대로 선택하겠지만, 선택 기준을 위한 정답은 없다. 이 질문의 목적은 학생들에게 이미 가지고 있는 가치를 명확하게 하고 실존주의 구호인 "윤리적 결단"을 강요하기 위한 것이다.

전통적인 도덕주의자는 시나리오가 인위적으로 만들어진 조건에서 어떤 선택이든 할 수밖에 없기 때문에 본질적으로 부도덕하다고 반대할 것이다. 보다 더 심각한 것은 이러한 질문이 학생들에게 도덕적으로 문제가 있는 역할을 강요하고 있다는 점이다. 어떠한 교육 원칙도 없이 제시되는 불가피한 도덕적 딜레마는 전통적으로 정의와 연민과 같은 객관적 가치를 주입하려는 도덕 교육을 위한 최고의 수단과는 전혀 다르다. 그러한 딜레마는 시대의 지혜로 무장한 세련된 사상가들에 의해 논의될 수 있지만, 그들의 도덕적인 질문들은 결코 명확하지 않으며, 선택하는 것이 무엇이든 옳은 것이라고 아이들에게 가르친 게 된다.

실존주의 신학자 조셉 플레처/Joseph Fletcher에 의해 처음 공식화된 상황윤리는 현재 전체 문화에 만연되어 있다. 윤리에 대한 이러한 접근은 도덕적 절대성을 적용하는 것이 아니라 각각 고유한 상황에 기초한 책임 있는 결정에 초점을 맞춘다. 이러한 관점에서 도둑질은 가족을 먹여 살리려는 한 남자의 비이기적인 행동이면 도덕적으로 정당화될 수 있게 된다. 간음은 여성의 성적인 관념에 따라 도움이 된다면 선이 될 수도 있다. 기계에 의존해서 겨우 살아 있는 아버지를 죽이는 것이 도덕적인 행위일 수도 있다. 전통적인 도덕주의자들은 상황윤리가 단지 도덕적 절대성을 피하고자 하는 것이라고 말할 것이다. 가족을 먹여 살리는 것, 성적 욕구를 충족시키는 것, 그리고 "삶의 질"이란 사실 전통적인 도덕적 가치보다도 우월한 것이며, 그런 의미에서 객관적인 가치로 취급될 수도 있다. 그러나 상황 윤리는 개인

모던파시즘

의 선택을 강조하는 것과 개인의 경험에서 나오는 가치관에 의존함으로써 다르게 작용한다. 개인적인 유대, 당장의 요구 등과 같은 고통스러운 가치관에 대한 회피는 유대-기독교 윤리의 엄격하고 자기 부정적인 요구와는 매우 다른 것이다. 상황윤리는 초월적 가치를 내재적 가치로 대체한다.

비록 각각의 상황을 개별적으로 판단한다고 주장하지만 상황윤리의 적용은 비교적 예측 가능한 상태로 남아 있을 것이다. 동의가 있는 한 모든 성적 행동은 제재를 받을 것이다. 상황윤리 학자는 물론 낙태에 관한 한 선택을 찬성할 것이다. 상황윤리가 자살을 비난하는 것은 정의상 개인이 죽음을 선택하는 것이기에 당연할 것이다.

오늘날, 성적 자유, 낙태, 안락사는 널리 받아들여지고 있는 실정이다. 자살은 도덕적인 악이라기보다는 비극으로 여겨지며, 불치병의 경우에는 널리 인정되기도 했다. 20세기 이전에는 자살, 안락사, 낙태가 끔찍한 악으로 보였지만 성적인 행동은 엄격한 도덕적 지침에 의해 규제되었다. 사람들 가운데 간음은 늘 있어왔지만 그렇게 하는 것이 도덕적일 수 있다고 주장한 적은 없었다. 이전 세기의 성적 규제에서 오늘날의 성적 허용으로 가는 것은 기념비적인 윤리적 혁명을 의미한다. 그 변화는 유대-기독교의 초월적 절대 윤리로부터 의지에 의해 비준된 내재적 가치의 실존적 윤리로 바뀐 것이라고 할 수 있겠다.

실존적 윤리가 개인의 도덕적 입장일 뿐만 아니라 공공 정책의 기초가 될 때에 그것은 인간적인 모습을 잃게 될 여지가 크다. 가치를 선명하게 하기 위해 사용되는 대부분의 도덕적 난국으로써의 재앙의 날 시나리오는 도덕적 사고에 대한 냉혈적인 실천적 접근을 하게 한다. 대개 노약자, 장애자는 방공호에 들어갈 기회를 잃을 것이다. (노인은 살 만큼 이미 살았고 호흡기를 단 여인은 다른 사람들이 돌보기에 큰 부담이 된다) 목사나 예술가, 등 당장 공동체의 생존에 별 도움이 되지 않는 사람들도 방공호 문 앞에서 막히게 될 것이다. 가장 중요하게 여겨지는 사람은 사회적 유익을 지닌 자(의사와 과학자)와 힘 있는 사람들 (청소년, 운동선수, 인생의 전성기에 있는 젊은이들)로서 언제나 환영받을 것이다. 이와 같은 류의 도덕적 추론과 윤리적 결단으로서의 결론이 독일 나치에서 실천되었던 것이다.

원칙없는 윤리
로버트 에릭슨/Robert Ericksen이 본 대로 "가치판단의 관점에서 실존주의의 문제는 도덕적 중립성에 있다. 히틀러에 대한 믿음의 도약은 가치 면에서 그로부터의 믿음의 이탈 못지않은 것이다."(5) 실존주의자들 자신도 그렇게 말한다. 장 폴 사르트르/Jean-Paul Sartre는 점령된 프랑스 내에서 파시즘에 대한 도전적인 저항인이었다. 그러나 저항으로 인하여 그의 학생이 위협을 받고 그의 어머니와 함께 집에 머물고 있는 동안 한 학생이 조언을 구했을 때에, 사르트르는 그 학생에게 "너는 자유다. 그러므로 선택하라. 즉 생각해 내라. 네가 무엇을 해야 하는지를 보여주는 일반적인 도덕률은 없다"라고 말한다.(6) 그러한 결정은 개인에게 달려있으며 자신의 행동에 대해서 자신이 홀로 책임을 져야 한다. 자신을 위해 결정해야 하는 보편적인 도덕적 가치는 없다. 자신을 위해 결단하기를 거부함으로 책임을 회피하는 것은 "나쁜 믿음"으로 행동하는 것이라고 하는 것이다.

사르트르에게는 표면적으로 악한 행동일지라도 그것이 "좋은 믿음"을 지니고 이행하면 도덕적인 것이었다. 그의 책, 〈성 지네/St. Genet〉에서 사르트르는 범죄자의 삶을 축하해 준다. 장 지네/Jean Genet는 도둑, 마약상, 성적 약탈자였다. 모든 관습적인 기준에서 그는 악한 사람이었다. 그러나 사르트르는 지네가 사실상 도덕적으로 모범적이라고 주장한다. 지네는 의식적으로 그가 어떤 일을 하기 위해 의식적인 선택을 했으며, 자신의 행동에 대하여 모든 책임을 지고자 했기 때문이다. 사회규범에 굴복하기를 거부하고 사회가 그의 행동에 책임을 져야 한다는 변명 가운데서 지네는 자신의 의지를 행사하고 자신이 선택한 가치를 살았던 것이다. 그는 이처럼 "좋은 믿음"으로 행동한 것이기에 실존적으로 그는 하나의 성자인 셈인 것이다.(7)

사르트르는 진정한 실존은 자신의 선택일 뿐만 아니라 "참여"라고도 한다. 의미를 선택하는 것은 헌신을 포함한다. 일단 선택이 이루어지면, 한 사람의 타고난 자유는 외부적 요구 사항에 굴복하게 된다. 사르트르는 마르크스주의의 결정론이 그의 모든 철학적 가정의 표면에서 나타나고 있는 가운데 마르크스주의를 삶의 근거로 선택했다. 사르트르는 마르크스주의자일 뿐만 아니라 자신을 심지어 마오쩌둥주의자라고도 불렀다.(8) 사르트르의 도덕철학은 파시스트에 대한 그의 저항에도 불구하고 다른 전체주의 이데올로기를 포용하게 했다는 점을 주목해야 할 것이다.

의지의 급진적인 자유를 강조하는 철학자들이 권위주의적 정치 이데올로기에 헌신한 것은 분명히 역설적이지 않을 수 없다. 실존주의 자체 안에 있는 요소가 이를 가능하게 하는 것이다.

실존주의에는 동전의 양면성 같은 측면이 있다. 인간의 의식은 자유로운 반면 물리적, 사회적 영역은 그렇지 않다. 실존주의는 외부 세계에 대하여 과학적 인과관계의 철칙을 따르는 결정론적 관점을 받아들인다. 객관적 세계는 그 자체 죽은 질서가 홀로 자유로운 인간의 의식과 거의 연관되지 않음으로 인해 엄밀히 말해서 부조리하다. 인간 존재는 이와 같은 외부 세계에서 자신들의 의지를 부조리한 우주에 강요함으로 의미를 만들어 내는 행동을 하지 않으면 안 된다. 니체는 개인의 의지를 강조했으나 자연과 궁극적으로 인간의 생명 그 자체가 영원으로 회귀하는 인과관계 속에 갇혀있는 것으로 본다.(9) 이렇게 실존주의자들은 자연과 사회에 대한 결정론을 받아들이는데 아무런 문제가 없었다. 사르트르의 사회와 인간의 조건에 대한 분석은 마르크스와 프로이트의 결정론적 방법론에서 거의 나온다.

일단 자유로운 헌신이 이루어지고 의식이 외부 세계에 관여하게 되면 자유는 자기 제한적인 것이 된다. 약속은 모든 불합리함과 다루기 힘든 결정론과 함께 삶에 몰입하는 것을 포함한다. 의미를 선택하는 것은 자신이 선택한 이데올로기의 논리에 복종하는 것을 포함한다. 하이데거의 말을 반복한다면 "자신의 법을 지키는 것이야말로 바로 최고의 자유이다." 하지만 법은 일단 주어지고 선택되면 반드시 지켜져야 하는 것이다.

이와 유사하게 실존주의는 진실하고 선의로 행동하는 사람들만을 말하는 것이 아니다. 동전의 다른 면은 "진실치 못하고," "선하지 않은"사람들의 관점을 의미한다. 사르트르는 모든 사람들이 "자유의 부담"을 원치 않는다고 믿는다. 대중은 자신의 운명을 선택하는 대신 교회, 국가 이웃이 그들을 위해 결정을 내리도록 하는 것에 만족한다. 진실치 못한 대중들은 그들의 자유를 의도적으로 거부하며 맹목적으로 따른다. 그들은 외부 세계의 결정론에 굴복한다. 지식인, 예술가, 왕따가 된 소수의 사람들만이 삶의 부조리를 직시하고 진정한 실존적 자유를 행사할 용기를 갖는다.

니체는 인류를 명령하는 자와 명령을 받는 자로 나눈다. "자신에게 복종할 수 없는 자는 명령을 받는다." 자신의 가치를 창조할 능력이 없는 사람은 다른 사람에게 복종해야 한다는 말이다. 니체는 "명령하는 것이 복종하는 것보다 더 어렵다. 이는 명령하는 사람이 복종의 의무를 지지 않으면 안 되기 때문만은 아니다"라고 믿는다. 명령은 "모험"을 수반하는데 명령자가 자신의 법의 심판자, 복수자, 희생자가 되어야 하기 때문이다. 그러나 심지어 명령을 받는 자도 그들의 자유를 양도하게 되는데 이는 그들도 그렇게 했기 때문이다. "약자가 강자를 섬기고 그 자신의

의지에 의해 설득되는 것이다."(10)

의지에 대한 이 모든 강조에 대해서 니체는 "자유의지의 오류"("우상의 황혼"의 일부)라고 한다. 도덕적으로 자유의지와 같은 것은 없다. 의지의 교리에는 본질적으로 처벌의 목적 즉 죄의식을 전가하기 위해 만들어진다. 실존의 목적도, 도덕, 신도 없기 때문에 도덕적 책임도 따르지 않는다. 역으로 추리하면 자유의지도 없는 것이다. 오직 전체만 있을 뿐이다.

하나는 전체에 속하고 하나는 전체 안에 있음으로 판단하고 재단하고 비교하는 것 외에 우리의 존재를 판결할 수 있는 것이 따로 없다. 이는 전체를 심판하고, 재단하고, 비교하고, 선고하기 때문이다. 전체 외에는 아무것도 없다. 그 누구도 더 이상 책임을 지지 않으며, 그것만이 위대한 해방이다…. 우리는 신을 부정하고 신에 대한 책임을 부정한다. 오직 그렇게 함으로서 우리는 세상을 구원한다.(11)

니체에게 개인은 우주의 거대한 유기적 통일체의 일부가 된다. 이 통합을 초월하는 것은 없다. 판단할 사람도 없고 판단할 것도 없기 때문에 죄책감도 없다. 전체 속에 자신을 잃어버림으로 주어지는 해방은, 그래서 자유의지도 없고 책임을 지지 않음으로 해방을 경험하게 된다. 이와 같은 내재적이고 세속적인 영성은 죄의 용서에 의해서가 아니라 도덕을 부정함으로써 죄의식을 없애고, 세상은 신의 자기희생이 아니라 신을 부정하는 인간의 행위에 의해 구원된다.

급진적인 자유의 철학이 절대 독재로 변모하는 굽어진 사고

방식은 논리적으로 유지될 수 없을 것이다. 그럼에도 심리학은 명확하다. 개인은 선택한 다음, 그 선택한 것에 매인다. 개인은 다른 의지에 반하여 스스를 주장하며 따라서 그들을 지배하기 위해 억압하지 않으면 안 된다. 실존주의는 진실하지 않은, 순응적인 대중에 맞섬으로써 자의식적이고, 자기 결정적인 실존적 영웅으로 엘리트적인 긴장을 지닌다. 이러한 류의 사고는, 니체처럼, 실존적 영웅을 그가 자신의 가치를 창조했기 때문에 복종만이 가능한 사람들을 명령하는 가치를 지닌다는 거만함을 갖게 한다. 공동 의지, 공동체, 전체에 관한 실존적 개념들은 전체주의적인 세계관을 갖게 하는 기초를 제공한다. 같은 이데올로기 내의 다른 당파들은 전체주의화된 세계관이 객관적으로 사실이라고 가정하는 반면, 실존주의자들은 그것을 인정하지만 그들 자신의 의지로 세우지 않았기 때문에 그 이데올로기는 그들이 진정으로 따르고 다른 사람에게도 따르도록 할 가치가 있다고 인식한다.

개인적인 차원에서 실존주의는 아니라고 말하는 것을 좋아한다. 그처럼 실존주의는 외부적인 권위에 대해 저항할 것을 권장한다. 이와 같은 의미에서 파시즘에 대한 제동이 될 수도 있다. 하지만 실존주의자가 어떤 것에 대해 "그렇다"라고 말하는 순간 내적 의지를 외부 세상에 강요하게 되고 선택은 임의적이 되며 독재적이 될 위험이 있다. 실존주의가 개인적이기 보다 집단적인 될 때에는 정체성과 그것이 사회와 세상의 모델이 되는 프로젝트에서 독재적이 되는 것은 불가피할 것이다. 만약에 초월적 절대성이 없다면 윤리적 행동은 한 사람의 의지가 다른 사람의 의지에 부담이 되게 될 것이다. 어떤 보편적인 관련성이 없기 때문에 합리적인 토론, 설득, 동의는 맹목적이 될 것이다. 오직 남는 것은 순전히 권력 행사일 뿐이다.

실존적인 의지가 법으로 번역될 때, 모든 상위 권위의 타당성이 거부되었기 때문에 그 법률들은 강압적일 수밖에 없다. 히틀러 집권기에 독일 법학회는 법철학 회의를 후원했다. 이 법의 목적은 객관적인 법적 개념(고전적이고 히브리적인 전통, 로마법과 유대교 성경 안에 간직된)을 새로운 유기적인 독일법으로 대체하는 방법을 찾는 것이었다. 하이데거는 인종 이론가이자 나치 이데올로기론자인 알프레드 로젠버그/AlfredRosenberg와 함께 이 회의에 참석했다. 로젠버그는 나치에 의해 채택된 실존적 윤리 이론을 "정의란, 아리안인이 생각하는 것이 곧 정의이다. 불의란 그 자신 스스로 생각한 것이다."라고 간결하게 요약했다.(12)

그는 정의가 국가를 이롭게 하거나 아리안 종족을 발전시키는 것이라고 말하지 않았다. 그렇게 했다면 그것은 객관적인 윤리의 영역에 남아 있었을 것이다. 그에게 정의와 불의는 아리안인의 결정 외에 다른 근거란 없었다. 로젠버그의 이러한 윤리가 바로 실존적인 윤리에 해당하는 것이다.

이는 모든 실존주의가 나치즘으로 이어진다는 말은 아니다. 실존주의는 아마도 모든 권위에 대한 저항에서 가장 잘 표현될 것이다. 그러나 실존주의의 역설은 파시즘의 역설에 의해서 반영된다. 학자들은 파시즘을 반대하는 사람들과 파시즘 권력자

간에 결정적인 차이가 있다고 지적한다.(13) 파시즘은 현상 유지를 공격하는 혁명적인 모드에서 시작한다. 이 단계에서 파시스트들은 우상파괴적이고 관용적이며, 모든 확립된 권위를 공격하고 성적 자유를 옹호하며, 급진적인 예술과 문화적 실험을 장려한다. 그러나 파시스트들이 권력을 장악했을 때에 그들은 그들이 만들어 낸 새로운 현상 유지를 방어해야만 했다. 모든 권위에 대한 의문은 더 이상 허용되어서는 안 되는, 새롭게 상승하는 권위에 모두 양보해야 했다. 이제 관용은 억압으로 대체되었다. 질서의 전복은 새로운 질서의 건설로 대체되었다. 에른스트 룀/Ernst Roem과 그보다는 덜한 하이데거는 히틀러가 급진주의자들을 제거할 때 이 변화를 미처 알지도 못한 채 체포되고 말았다. 그러나 실존주의의 부정은 유대-기독교의 초월적 윤리를 해체하는 파시스트의 프로젝트에서 결정적인 것이었다. 실존주의 이론으로부터 여전히 도움을 받으면서 파시스트들은 그들 자신의 새로운 윤리를 건설해 나아갔던 것이다.

유기적 윤리

데이비드 허쉬/David Hirsch는 홀로코스트 문학을 연구하면서 사람들을 멸종시키는 사람들의 가장 돌출적인 성격 중에 하나는, "다른" 이들과의 감정이입 능력이 없는 것이라고 결론을 내렸다.(14) 한스 에벨링/Hans Ebeling은 "타인을 타인으로 동등하게 여기는 힘이 사라지고 그와 같은 이유로 어떠한 관용도 없이 타인을 억압하는 것만이 남게 되었다"라고 하이데거를 비숫한 용어로 비판했다.(15) 실존주의는 개인적인 의식에만 초점을 두기 때문에 "타인"은 필연적으로 최소화된다.

초월성이 아닌 내재성에 기초한 새로운 윤리는 파시스트 이론가들의 의도적인 프로젝트였다. 프랑스의 초기 파시스트인 조르주 소렐/George Sorel은 추상적인 개념이 아닌 영혼과 의식의 상태 안에서의 도덕성을 확립하고자 했다.(16) 그의 책, 〈폭력에 대한 성찰〉은 자연권과 민주주의를 포함하여 부르주아 도덕과 부르주아 정치적 가치에 반대되는 반란을 촉구했다.(17) 소렐은 추상적인 이성을 배제하고 도덕이 억압되지 않은 인간의 감정으로 대체되어야 한다고 주장하는 "비이성주의자"였다. 이는 소렐로 하여금 폭력의 미덕을 설파하게 만든다. 허쉬는 소렐과 그의 동료들에 대해 "유럽인의 합리주의 산물에 대한 대안으로 그들은 느낌과 감정, 폭력을, 숭배했다"라고 말한다.(18)

파시즘 이론가들은 새로운 도덕이야말로 이전의 것과 매우 달라져야 할 것이라고 이해했다. 하이데거는 "기독교와 휴머니즘 개념에 물들지 않기 위해 국가 사회주의 정신에는 완고한 투쟁이 있어야 한다"라고 앞에서 말했을 때에(19) 그는 국가 사회주의 가치와 기독교 그리고 휴머니즘의 가치를 첨예하게 구분하였다.

따라서, 폭력은 기독교와 휴머니스트들의 교훈을 완전히 뒤집는 것임에도 불구하고(아마도 오히려 이로 인해서) 폭력은 적극적인 도덕 가치로 전환될 수 있었다. 파시스트 이론가들은 또한 니체의 연민에 대한 비판을 채택했다. 에즈라 폰드/Ezra Pound는 이 주제에 관한 시를 하나 썼는데 거기에서 사냥의 여신 아르테미스/Artemis는 차오르는 연민을 한탄한다.

> 불평, 불평, 언젠가 들었던 말
> 아르테미스, 아르테미스, 그녀의 노래
> 연민에 저항하여 고조되는 그녀의 비명
> 무성한 숲을 사라지게 하는 연민,
> 연민은 많은 악을 남기고
> 연민은 4월을 얼룩지게 하네
> 연민이 바로 그 뿌리요 바로 그 근원
> 이제 나를 따르는 피조물은 더 이상 없어
> 연민 때문이지
> 연민이 그들을 죽이지 못하도록 했기 때문이지.(20)

여기서 감정은 니체의 감정과 동일한 것이다.

> 우리는 연민을 느낄 때에 힘을 잃는다. 연민은 고통을 전염시킨다. 연민은 발전의 법칙 즉 선택의 법칙을 엇갈리게 한다. 그것은 파괴되어야 할 것을 보존하고 박탈당하고 저주받은 생명을 지닌 사람들을 방어한다. 온갖 종류의 실패자들에게 침울하고 미심쩍은 생명을 주어 연장시킨다.(21)

연민은 자연의 법칙을 어기는 일종의 감상주의이며 그 속에서 강자는 번성하고 약자는 소멸한다.

파시즘은 죽음을 자연적인 삶의 일부로 긍정하는 새로운 유기적 윤리를 주창한다. 유대-기독교의 사랑의 연민의 윤리는 오직 부패와 쇠퇴만을 초래한다. 죽음은 어떤 대가를 지불해서라도 피해야 하는 커다란 악이라고 본다. 하지만 자연에서 죽음은 매 끼니마다 무심코 일어난다. 죽음은 약한 종자를 쭉정이처럼 날려져 버리고 육식동물의 먹이가 되는 것처럼 종의 건강에 필수적인 것이다. 죽음을 적으로 여기는 유대-기독교 입장은 약한 자는 살려주고 건강한 자의 자원을 고갈시킨다. 가난한 사람들, 정신질환자들, 실패한 자들을 돕는 것으로 추정되는 자애는 실제로 이런 병폐들을 보존하고 그들을 번성케 하고 그로 인해 전체 사회를 약화시킨다.

유대-기독교 윤리는 고통을 연장시킬 뿐이다. 그 결과는 사회적 쇠퇴와 부패와 정서적인 퇴폐뿐이다. 폰드는 다음과 같이 말한다. "이제 깨끗한 죽음은 없고 다만 썩어문드러질 뿐이다."(22) 죽음의 수용소에서 보인 인간 생명에 대한 무감각은 부분적으로 이와 같은 도덕적 상상에서의 변화 때문이었을 수도 있다. 죽음이 나쁜 것으로 보이지 않았으며 따라서 살인이란 없는 것이었다.

이와 같이 자연으로 돌아가는 유기적 윤리는 성에 대해서는 모순적인 것을 시사해 준다. 파시스트 가운데는 억압되지 않는 "자연적인" 성적 욕구를 표현하는 성의 자유를 옹호하기도 한다. 그들의 도덕 개혁은 전통적인 제한과 금기의 도덕만을 공격할 뿐이다. 다른 이들은 일관되게 성은 자연 속에서 종의 재생산을 위해 존재한다고 주장했다. 그들의 도덕 개혁은 인종을 개선하기 위한 선택적으로 양육하는 우생학을 따랐다. 이것은 실제로 성을 억제하는 것을 의미하는데 어떤 면에서는 구 도덕의 질서와 유사하지만 사실은 매우 다른 이유에서였다. 유기적인 성 윤리를 형성하는데 포함된 어려움과 모순은 - 어느 것이 자연적인 성인지는 모르지만 - 룀/Rohm과 그의 폭풍군단을 숙청시키게 한 국가 사회주의 당 내부의 이데올로기 분열 요인 중에 하나였다.

이탈리아와 프랑스 파시즘은 항상 성적 자유를 강조했다. 독일에서의 파시즘 운동은 좀 더 보수적이긴 하였지만 권력을 잡기 전에는 "부르주아지"의 성적 가치와 성적 표현에 대한 공격면에서는 공통적이었다.(23) 대륙의 파시즘과 생물학적 이데올로기와의 동맹이 쉽지 않은 국가 사회주의는 동성애에 대해서도 타협을 해야 했다.

제1차 세계대전 참전용사들은 광범위한 정치 조직으로써 국가 사회주의 운동의 중추적인 역할을 했다. 모험과 위험, 영웅적인 전투 경험은 이상적으로 여겨졌다. 퇴역군인 단체들이 전쟁 당시의 동지애를 유지하고 베르사유 조약의 배신을 안타까워하면서 모였다. 이들 퇴역군인 단체들은 점점 더 전투적이 되었고, 국가 사회주의가 소개되자 룀/Rohm이 이끄는 돌격대/SA 간부 그룹을 형성하게 되었다. 갈색 셔츠를 입은 이들 폭풍군단은 반대 그룹에 맞서 정치 집회를 폭력적으로 혼란스럽게 만들고 유대인을 학살하기 시작했으며 테러를 저지르고, 일반적으로 국가 사회주의를 반대한 적들을 잔인하게 다루거나 살해했다. 그야말로 그들은 독일 파시스트 혁명의 격동적인 부대였다.

이들 준 군사 조직들은 분명히 남성주의적 신비로움을 발전시켰다. 남성주의 개념, 즉 인간 유대관계는 돌격대/SA 이데올로기의 핵심이 되었다. 이는 전투와 강인함에서 "남성다운" 덕목을 공표하는 남자 우월주의적이었다. 아마도 더 중요한 것은 이런 것들이 참호의 동지애, 즉 함께 위험을 무릅쓰고 서로를 위해 기꺼이 목숨을 바치는 남성들의 친밀감을 강조한 것이다. 남성들의 우정을 이상화하는 행동은 종종 동성애로 이어지기도 했다. 독일 사회와 나치당의 좀 더 보수적인 요소들은 돌격대/SA에 동성애가 만연하다는 명예롭지 못한 소문이 나오도록 했다. 이는 지도자 에른스트 룀/Ernst Rohm의 기세등등한 스타일에 대한 증언이기도 하다.(24)

로젠베르크 같은 당의 생물학자들에게 성의 유기적 기능은 아리아 인종을 번식시키는 것이었다. 히틀러는 룀이 개인적으로 하는 것이 바로 자신의 일이라고 말하면서 성에 대한 이와 같은 우생학의 기능적 관점에 동의했다.(25) 이런 관점에서 성의 문란함이 위험한 것은 초월적인 도덕률을 어겨서가 아니라 무분별한 번식을 초래하게 된다는 것이었다. 동성애가 나쁜 것 역시 어떤 객관적인 도덕 원칙 때문이 아니라 생물학적, 인종적 기능에서 성이 왜곡되기 때문이었다.

"긴 칼의 밤"에서 친위대/SS는 주요 장교들의 침실에 쳐들어가 동성애자를 모두 죽이곤 했다. 이는 동성애자에 대한 대대적인 박해를 촉발시켰다. 그들은 체포되고 강제수용소로 보내졌으며 많은 사람들이 그곳에서 살해되었다. 각국 사회주의는 동성애를 개방하고 심지어는 부추기는 데서부터 잔인한 억압으로 돌아섰다. 심리학자들은 이러한 변화에 대해 설명하지만 동성애에 대한 박해는 이데올로기적인 차원에서 이루어진 것이 분명했다. 동성애 행동은 룀/Rohm과 그의 당이 구현한 파벌의 파괴적인 문화적 급진주의와 관련된 것이었다. 룀과 돌격대/SA가 제거된 후 동성애 박해가 시작된 것이다.(27)

룀을 숙청하기로 한 결정은 성에 대한 보다 제한적인 관점을 포함하여 생물학적, 유전학적 이념에 대한 공식적인 개입을 의미한다. 그럼에도 불구하고 제3제국의 남성주의적 정취는 여전히 남아 있었다. "남자다운" 덕목들은 어디에서나 칭송되었고 탈의한 남성의 모습이 관공서를 장식했다. 여성은 독일 남성의 정신적 영감으로 이상화되었는가 하면 때로는 번식을 위한 자산으로 전락되기도 했다. 나치의 여성 단체들은 여성의 권리를 주장했지만 전반적으로 여성들은 남성들에게 확실하게 종속되어 있었다.(28)

룀의 숙청 이후 국가 사회주의 하에서의 성적 가치는 유대-기독교 도덕과는 여전히 확연하게 달랐다. 정권은 표면적으로 우생학자들이 해석한 "가족 가치"에 개입해 있었지만 생물학적 의무는 전통적인 도덕 가치 위에 있었다. 국가와 전쟁의 성과를 위해 아이를 낳는 것은 결혼으로써의 결합보다도 더 중요했다. 당의 선전은 미혼모를 명예롭게 만들었다. 힘러/Himmler는 좋은 혈통을 가진 독일 여성과 소녀들이 결혼과는 상관없이 아이를 가짐으로 조국을 섬길 수 있다고 말했다. 이러한 목적으로 특별 주택과 보조금이 책정되고 친위대원들의 사생아들에게 특별 연금을 약속했다.(29) 매춘도 또한 허용되었다. 전쟁이 끝난 후 인구를 보충하기 위한 특별한 계획도 세워졌다. 마틴 보어만/ Martin Bormann은 전쟁이 끝난 후 "특별 적용에 따라 남성은 한 명의 여성 외에 또 다른 한 명의 여성과 함께 영구적인 결혼을 맺는 것을 허용한다"라고 말하기도 했다.(30)

낙태는 수용소나 점령지에서 폴란드인이나 슬라브인과 같은 "타민족" 여성들에게 권장을 넘어 강요되었다.(31) 아이들을 공급하기 위해 아리안 여성들의 낙태는 금지되었다. 그러나 불임 법원은 "인종적 비상사태"의 경우 "혼혈"이나 선천적 장애를 가졌을 경우 낙태를 허락했다.(32)

나치의 유기적 윤리는 히틀러에 의해서 다음과 요약된다.

생산을 자유롭게 함으로 자연은 생존을 위해 고군분투하는 가운데 과도한 수의 개인들로부터 살 가치가 있는 가장 좋은 것을 선택하여 보존하고 그 종을 유지하며, 생산을 제한하는 동안 한 번 태어난 것은 어떤 값을 지불해서라도 보존되도록 극도의 관심을 보여야 한다.(33)

물론 그는 자연 그대로의 방식을 따를 것을 제안하지만 그 방식에는 생식은 자유지만 약자는 죽어 없어져야 하는 것이었다. 여기에 초기 나치 자유사상에 대한 힌트가 있는데, 생산이 비록 아주 자유롭지 않더라도 우생학적 프로그램이 완전하게 갖춰져 있다는 것을 알 수 있다. 그러나 바로 여기에 우생학의 이론,

자연에 대한 낭만주의적 긍정, 연민에 대한 비판, 그리고 죽음의 수용 등이 암시되고 있는 것이다. 유대-기독교 윤리가 철저하게 인정되지 않고 실제로 뒤집힌 상황에서 홀로코스트를 위한 도덕적 정당성이 자리 잡고 있는 것이다.

홀로코스트를 향하여

인간의 선택적 교배에 의해 인종을 개선하려는 시도로서의 우생학은 19세기 말과 20세기 초에 광범위한 지지를 받았다. 영국에서의 우생학 운동의 지도자는 제국주의와 국가주의 인종주의를 개발한 사회 진화론자"(34)로 불리는 칼 피어슨/Karl Pearson 이었다. 초기-파시스트 이념으로 지목되는 니체의 추종자 조지 버나드 쇼/George Bernard Shaw는 피어슨 서클 일원이었다. 그는 "우생적인/eugenic 종교만이 모든 이면에서 문명을 추월한 운명으로부터 우리들의 문명을 구할 수 있다"라는 피어슨의 말에 동의했다.(35) "살균의 실패"를 주장했던 H. G. Well도 그러했다.(36)

성적 해방의 지지자들은 우생학 운동과 함께 같은 이유를 들었다. 자유 섹스의 지지자, 해브록 엘리스/Havelock Ellis는 피어슨 운동의 일원이었고 나중에는 히틀러의 우생학 프로그램을 옹호했다.(37) 산아제한 운동 또한 우생학 이론에서 나온 것이다.

설계된 부모/planned Parenthood 설립자인 마거릿 생어/Margaret Sanger는 그녀의 목표를 다음과 같이 생각했다. "적합한 어린이들을 많이, 부적합한 어린이들을 적게 하는 것이 산아제한의 주 목적이다."(38) 사회적 문제가 생물학적 결정론의 결과라는 가정하에서 그녀는 범죄와 빈곤은 가난한 계층을 살균하는 것만으로도 제거될 수 있다고 믿었다. 우생학은 종종 인종주의와 결합했다. 생어는 흑인, 유대인, 남유럽인의 인구 증가를 막으려고 노력했다.(39) 생어는 그녀의 책, 〈문명의 축/Pivot of Civilization〉에서 이렇게 썼다.

> **무료 산부인과 진료를 제공하는 박애주의자들은, 세계에서 더 건강하고 더 정상적인 지역들에서 타인의 무사려하고 무차별적인 생산을 하도록 격려한다. 이는, 독자들도 동의하겠지만, 더 이상 존재감이 없는 인간쓰레기에 불과한 것이다. 그것은 세계의 미래 인종에 가장 불필요한 재고를 줄이고 제거하고자 하는 대신에 오히려 그들에 의해 위협당할 수준에 이르게 할 것이다.(40)**

생어는 국가 사회주의와 우생학 프로그램에 매우 큰 관심을 가졌다. 나치 선전책자 중 하나인 〈백인 우월주의 세계에 대항하는 유색인종의 고조〉에서 "산아제한 검토"(1920년 10월)라는 기고를 통해 호의적인 평가를 받았다. 생어의 미국 산아제한 연맹의 이사 멤버, 로드롭 스토다드/Lothrop Stoddard는 히틀러와 인터뷰를 한 후 그의 사상에 의해 깊은 인상을 받았다. 마거릿 생어는 히틀러의 인종 위생 고문인 유진 피셔/Eugen Fischer를 미국에서 연설할 수 있도록 초청했다. 히틀러의 유전자 단종 감독자요 인종학회의 설립자 중 하나인 에른스트 루딘/Ernst Rudin은 "우생학적 단종: 긴급 요청"이라는 제목으로 산아제한 검토의 우생학적인 문제를 다루는 특별호에 기고했다.(41)

생어의 산아제한에 대한 강조는 크게 부응하지 못하였고 전쟁 기간에 독일의 출산율을 증가시키기 위한 것과 얽혀 그녀의 수고는 반대에 부딪혔다. 문제는 우생학과 그것을 지지하는 인종적, 생물학적 이론들이 종종 진보적이고 개혁적인 지성인들에 의해 옹호되었다는 점이다. 우생학적인 계획은 막연한 것이었다. 나치의 특징은 여러 사람들의 이러저러한 생각들을 단지 실천하고자 했던 것이다.

나치 정권은 긍정적인 우생학과 부정적인 우생학을 모두 실천했다. 긍정적인 우생학은 "좋은 혈통"의 사람들을 결혼시켜 자손을 낳게 하는 것이었다. 친위대 멤버가 되는 요구 조건은 아리안 인종이어야 했는데, 이에 대해서 조심스럽게 기록되고 연구되었다. 친위대원들의 결혼은 커플이 바람직한 유전적, 인종적 특성을 가지고 있는지를 확실히 하기 위해 승인을 받아야 했다. 힘러의 친위대 우생학적 실험은 "인종적 가치가 있는" 자녀를 가진 사람들에게 보조금을 주었다. 더욱 사악한 정책은 "생물학적 가치가 있는" 아이들을, 아리안 유산을 물려받았거나 그런 특징을 지녔을 경우 점령지에서 납치해왔다고 하는 것이다.(43)

부정적인 우생학은 바람직하지 않은 유전자 변종을 제거하는 것을 의미했다. 불임법은 정신질환자와 유전질환자를 수술을 통하여 불임하게 하는 것이다. 의사들은 법이 적용되어야 하는 사람들을 보고하도록 요청받았다. 보건기관과 의료전문가들의 협조로 정치권력의 지원을 받아 그 법은 시행이 되어 20만에서 35만 정도의 불임시술이 이루어졌다.(44) 1933년 8월, 바이에른

보건 집행위원은 불임만으로 충분치 않고 정신질환자들은 안락사 되어야 한다고 주장하기도 했다.(45)

안락사 역시 애매모호했다. 1920년에 칼 빈딩/Karl Binding 과 알프레드 호치/Alfred Hoche는 〈삶의 가치가 없는 생명 살해 허용〉이라는 소책자를 발행했다. 이 소책자는 "죽기를 동의하는 자"에게 의사 측에서 "살인 조력자"를 허용하는 법적 근거를 제시하는 것이었다. 뇌 상처로 고통하는 사람 혹은 정신 지체자는 이미 "정신적 사망" 상태로 간주되었다. 어떤 의미에서 그들은 이미 죽은 것이다. 중병을 앓고 있는 환자들은 안락사에 동의하도록 했다. 정신적으로 동의마저도 불가능할 경우에는 세 사람의 패널을 통해 결정할 수 있게 했다. 그 책자는 희망 없는 환자와 제도적으로만 살아 있는 사람들을 유지하고 있는 사회의 경제적 부담을 강조하였다. 또한 안락사가 동정적이고 의료 윤리와도 "순수한 치유의 입장에서" 일치한다고 주장했다. (46)

그 책자는 2년 동안 판을 거듭해야 했을 만큼 대중적인 성공을 거두면서 엄청난 영향력을 끼쳤다.(47) 그 주장들은 오늘날 같은 주제를 다루고 있는 책들과 본질적으로 다를 것이 없었다. "살 가치가 없는 생명"이라는 저자의 개념은 쉽게 확장될 수 있었다.

안락사에 대한 대중적인 수용은 "나는 고발한다"라는 제목의 영화에 의해 다져졌다. 이 영화는 치유할 수 없는 병을 앓고 있는 아내를 둔 한 내과의사에 관한 이야기였는데 그녀는 자신의 고통을 끝내 달라고 남편에게 호소한다. 그는 그녀에 대한 사랑으로 그녀에게 독극물을 주입한다. 구성, 주제 성향, 감정조작은 주제에 관한 현대 TV영화를 연상케 한다. "나는 고발한다"라는 안락사 프로젝트의 책임자인 칼 브랜트/Karl Brandt의 제안에 의해 만들어졌다. 이 영화는 대중이 어느 정도까지 안락사를 받아들일 수 있는지를 알아보기 위해 그 주제에 대한 여론을 시험하고자 고안되었다. 영화 상영에 이어 관객들의 세심한 여론 조사가 이어졌다. 그 자료에서 의사를 포함한 대부분의 사람들은 남편이 아내를 죽인 것이 옳은 일이었다고 믿는다는 것을 보여주었다.(48)

"자비로운 살인"을 합법화한 첫 번째 관리는 총통 자신에게 가져온 감정적인 사건에 의해서였다. 눈이 멀고, 다리와 팔이 각각 하나씩 없는 상태로, 정신적 지체아 징후가 뚜렷한 크나우어/Knauer라는 이름의 아기가 태어났다. 아버지는 아이가 고통에서 벗어날 수 있도록 허락해 달라고 간청했다. 히틀러는 조사를 마치고 허가해 주었다. 그리고 보다 많은 간청들이 그 뒤를 이었다.

영아를 안락사시키는 적극적인 프로그램이 만들어지는 공식적인 정책이 마련됐다. 조산원과 의사들은 정신적 장애나 다른 선천적 결합을 가지고 태어난 아기들의 경우 모두 보고하도록 요구되었다. 상세한 설문지를 바탕으로 "치료" 즉 안락사를 수행해야 하는지의 여부를 결정하는 의료 패널이 설립되었다. 출산과 관련된 장애로 고통받고 있는 기존의 아이들도 이내 그 프로그램에 포함되었다. 1940년까지 어린아이들을 살해하기 위한 센

터 30개가 세워졌다.(49)

1939년 9월에 히틀러는 "인간의 판단에 따라 불치병에 해당하는 치명적인 질병을 가진 환자들은 안락사에 의해 고통에서 해방될 수 있음"을 승인하는 편지를 썼다.(50) 프레드릭 벤함/Fredric Wenham은 "그 기록은 죽음에 대한 명령이 아니라 죽일 권리를 준 것이다."라고 지적한다.(51) 그 결정은 오로지 의사가 하는 것이었다.

어린이 안락사를 위해 마련된 절차를 성인들에게 적용하는 "T4"로 알려진 프로그램이 시행되었다. 정신과 의사와 일반 의사들은 그들의 환자에 관하여 설문지를 작성해야 했다. 그 양식들은 어떤 환자들을 안락사 시켜야 하는지를 결정하는 전문가 패널들에게 전달되었다. 정신병원과 장기요양시설, 요양원 환자들이 주요 대상이었다. 1939년 30만 명 이상의 환자들이 정신병원에 있었다. 1940년에는 4만 명 만이 살아남아 있었다. 무려 모든 연령대에서 27만 5천 명 정도의 환자들이 살해된 것이다. 치매로 고생하는 노인들 역시 안락사되었다. 양로원의 노약자 상당수가 죽임을 당했다. 안락사는 다음으로 유전적이 아닌 단순한 신체적 장애를 가진 사람들에게도 확대되었다. 그다음 희생자는 제1차 세계대전에서 다리를 잃은 장애인들과 청각 장애인들이었다. 그다음의 대상은 행동에 문제가 있는 사람들에게로 옮겨졌는데 사회 부적응자, 교정 학교의 학생들도 제거의 대상이 되었다.(52)

"나는 고발한다"를 관람한 뒤에 개방되기는 했지만 독일 시민

169　　　　　　　　　　　　　　　　　　　　　　　　모던파시즘

들은 그들의 부모, 조부모, 어린이들이 살해되었다는 것을 알게 되었을 때에 경악했다. 항의자들은 개인적으로 대담하게 관공서로 밀려왔다. 특히 교회들이 반대 목소리를 높였다. 고백교회와 가톨릭교회도 이와 같은 살해에 대하여 공개적으로 선지자적인 목소리를 높였다. 이들은 "생명 가치가 없는 삶" 개념을 거부하고 인간존재는 하나님의 형상으로 창조되고 따라서 각자의 생명은 있는 그대로 가치가 있다는 유대-기독교적 원칙을 주장했다.

병원 원목들은 특별히 그들의 양떼를 보호하는 데 적극적이었다. 그들 가운데 폴-게르하르트 브라운/Paul-Gerhard Braune 목사는 안락사에 대한 도덕적 주장을 반박하고 의학적인 살해를 강력하게 공격하는 강력한 문서를 히틀러에게 직접 써서 보내기도 했다. 그는 "도움이 필요한 자가 아니라면 법은 누구를 보호해야 하는가?"라고 했다. 브라운 목사는 게슈타포에 의해 체포되고 투옥됐지만 그의 글은 널리 유포돼 영향력을 미치게 되었다.(53)

뮌스터의 가톨릭 주교, 클레멘스 카운트 폰 갈렌/Clemens Count von Galen은 강단에서 안락사 프로그램을 비난하고 무고한 사람들을 죽인 자들에게 하나님의 진노가 임하기를 기원했다. 그의 설교 사본은 독일 전역에 퍼졌고 여론의 분위기를 바꾸는데 도움을 주었다.(54) 심지어 친나치 성향의 독일 기독교인들조차도 안락사 프로그램을 반대하기에 이르렀다.(55)

대중의 항의에 대한 반응으로 T4 프로그램은, 비록 비밀리에 살해가 계속되기는 했지만, 1941년 공식적으로 취소되었다. 그러나 의료 안락사 프로그램은 훨씬 더 야심찬 프로젝트를 위한 전문가와 경험을 제공했다. 일단 안락사가 제도화되고 대규모로 시행되자, 특별한 기술과 시설들이 개발되었다. 처음 의학적 살인이 작은 규모로 행해졌을 때에 환자들은 독극물 주입으로 살해되거나 때로는 굶겨죽었다. 살상 기술은 점점 더 정교해지고 효율적이며 한꺼번에 많은 환자를 처리할 수 있게 되었다. 많은 연구와 공학적 독창성을 통해 마침내 가스실이 고안되어 만들어졌다.

안락사 시설이 강제수용소 안에 설치되고 투옥과 제국의 적, 특히 유대인을 위한 강제노동이 진행되었다. 약한 사람들, 병자, 그 외 일할 수 없는 사람들은 안락사로 처리되었다. (57)

"살 가치가 없는 생명"을 죽이는 것은 적법한 것이었다. 국가사회주의에 따라 이 구호는 유대인들에게 더욱 분명하게 적용되었다. 독일뿐만 아니라 점령지 전역에서 유대인들이 체포되어 수용소로 이송되었고, 그들은 모두 처형의 대상이 되었다. 기술과 시설, 그리고 가장 중요한 것은 유대-기독교와 반대되는 윤리적 역설이 모두 "마지막 해결"을 위해 갖춰져 있었다.

7. 죽음에 대한 미학적 관념: 파시즘과 모더니즘

누군가 선과 악의 창조자가 되어야 한다면 그는 파괴자/
annihilator 가 되고 가장 먼저 가치를 파괴해야 한다. 이와 같이
최고의 악은 최고의 선에 속한다. 이것이 바로 창조적인 것이다.
- 니체 -(1)

대학에서의 우리의 아이디어의 승리만큼 성공을 확신시켜주는
것은 없다. - 아돌프 히틀러 (1930) - (2)

파시즘은 대중 운동이 되었지만 그 기원은 지식인들과 예술
가들 사이에 있었다. 20세기 초에 그들은 파시즘을 낳는 소외
감을 가장 절실하게 느꼈다. 앤슨 라빈바흐/Anson Rabinbach
는 지식인들이 파시즘에 눈을 돌린 것은 "역사에 의해 패배한
것에 대한 불쾌감"을 가지고 있었기 때문이라고 말한다.(3) 알라
스태어 해밀턴/Alastair Hamilton 은 파시즘, 무엇보다도 지식인
들의 파시즘은 기존 질서에 반하는 방향으로 무정부적인 반란

에서 기원되었다고 설명한다.(4) 제2장에서 설명된 지적 파시즘의 흐름이라는 맥락에서 불만과 반항의 조합은 파시즘의 실천적인 프로그램을 흥미 있게 보이게 했다. 파시즘은 문화적 갱신을 제공하는 것으로 보였다. 적어도 당분간 파시즘은 매우 전위적/avant-garde 이었다.

문학과 예술에서의 모더니스트 운동은 여러 면에서 유사하고 파시즘의 등장과도 중복되었다. 모더니스트들은 제1차 세계대전 재앙 이후 구문명과는 예술 스타일이 무관하다고 믿었다. 쓰고, 그리고, 만드는 예술의 방법은 20세기 현실을 표현하는데 걸맞게 새롭게 개발되어야 했다. 모던 스타일을 고용하고자 하는 바람은 역설적이게도 현대 사회 자체에 대한 혐오감을 동반하는 것이었다. 현대주의자들은 거의 보편적으로 현대 세계를 황량하고, 표피적이고 단편적이라고 묘사했다. 자신들의 시대에 대한 반응에서 그들은 폰드/Pound의 이태리 르네상스, 흄/Hulme의 중세 시대, 로렌스/D. H. Lawrence의 아즈텍 등 과거의 문명을 이상화시키고 신비적인 의식을 회복시키고자 했다. 모더니즘은 이렇게 양식상의 급진주의와 사회적 우상파괴를 복고적인 혹은 원시적인 문화적 이상과 결합시키고자 했다.

파시즘은 제1차 세계대전 이후 뒤따른 각성에서 나타난 것과 마찬가지로, 근본적으로 새로운 것과 근본적으로 옛 것이 모두 함께한다고 주장했다. 파시스트는 모더니스트와 같이 기존 문명을 혹평하고 과거에 깊이 반향을 불러일으킨 혁명적인 새로운 구조와 가치를 제안했다. 두 운동은 병행하는 것 그 이상이었다.

대부분이 아니더라도 많은 현대주의자들은 적어도 한때는 자신들을 파시즘과 동일시했는데 이는 문학의 역사 가운데 가장 잘 지켜진 비밀 가운데 하나이다.

파시스트 이데올로기에 추파를 던졌던 많은 사람들이 히틀러 정권의 잔학행위가 명백해지자 이를 거부하게 된 것은 분명하다. 사건이 일어나고 나서야 비로소 이를 깨닫게 된 것이다. 많은 사람들이 순진하게 그러했던 것처럼 프로파간다나 속임수에 의해 넘어가 파시즘을 받아들였던 문화계 지도자들은 사죄를 구해야 했다. 해밀턴/Hamilton은 이에 대해서 다음과 같이 말한다.

> 히틀러 사상의 결말, 박해와 차별과 희생자, 무솔리니에 의해 초래된 불명예 등은 파시즘이 성행하고 또한 혼란스러웠던 시기, 그때 무슨 일이 일어났었는지, 상상하기 어려울 정도로 분위기가 흐트러져 있었다…민주주의를 증오했던 것으로 알려진 작가들은 폭력에 대한 그들의 사죄가 그들 자신을 표현한 논문에 비해 충분하지 못하다는 이유를 알지 못했던 것 같다.(5)

다른 말로 하면, 생각하는 것과 행동하는 것이 달랐다는 말이다.

또한 파시스트에 의해 물든 생각을 가진 저명한 사상가들이 상황을 벗어나 오해되었다고 주장할 수도 있을 것이다. 그들의 박식한 생각이 무지하고 부패한 정치인들에 의해 왜곡되고 오용된 것에 대해서 책임지지 않아도 된다고 할 수 있을 것이다. 그럼에도 불구하고 지브 스턴헬/Zeev Sternhell이 논한 것처럼 지성인들은 그들을 진지하게 받아들인 사람들에게 끼친 그들 사상의 영향력에 대해 책임을 면할 수는 없을 것이다.

비록 철학자들과 과학자들은 그들의 가르침이 사용되는 것에 대해 그 내용들이 사용자의 생각하는 방식에 따라 달리 해석되고 의미가 되기 때문에 책임을 질 수 없다고 하더라도, 신중한 철학적 사유를 갖추지 못한, 성숙하지 못한 성향을 지닌 수천의 지성인들의 손에 주어졌을 때 새로운 지적 풍토가 될 수가 있다는 것이다. 전쟁, 소련 혁명, 경제 위기 등 끔찍한 충격의 여파로 그러한 지적 풍토는 파시즘이 싹트고 강력한 대중 운동으로 성장하게끔 했다. 당시 대중들은 세계와 인간 현실뿐만 아니라 새로운 질서의 기초로서 새로운 도덕에 대한 새로운 해석을 받아들일 수 있는 조건이 되어 있었다.(6)

민주주의를 공격하고 도덕을 조롱하고 폭력을 찬양한 사람들은 고도의 정교한 방법으로 그렇게 했을지 모르지만, 그들의 독자들 가운데 일부는 그런 것들을 문자 그대로 받아들여 반민주적이고 부도덕하며 폭력적이었음에 대해 놀라지 않을 수 없었을 것이다.

예술가들과 지식인들은 그들의 시대정신을 형성하게 하는데 도움을 주고 또한 그 시대정신에 자신들도 물들었다. 모드리스 엑스타인스/Modris Eksteins는 "나치즘은 아방가르드의 여러 충동이 뒤섞인 변종이었다. 그것은 대중적인 수준에서 더욱 대중적인 경향성을 지니고 아방가르드들이 "고급 예술" 수준에서 행하였던 많은 동일한 해결책을 긍정적이게 만들었다."(7)

모던파시즘

20세기 예술과 문화에 대한 모더니스트들의 영향은 엄청났으며 폭넓게 확산되었다. 한때 파시즘과 제휴되었던 그들의 작품 요소들은 지속적인 영향력의 일부였다.

모더니스트들과 파시즘

모더니즘 탄생의 중요한 순간은 1913년 5월 2일, 이고르 스트라빈스키/Igor Stravinsky의 발레, 봄의 의식/The Rites of Spring 공연이었다. 전통적인 발레의 풍성한 음악과 우아하고 양식화된 제스처 대신에 이 음악은 조율이 없고 가혹한 것이었다. 무용수들은 의식적으로 움직이지만 그것은 회전하고 몸부림치는 등 열정적인 방식이었다. 봄의 의식은 원시인들이 봄이 오는 것을 축하하며 자연과 하나가 되는 모습을 묘사했다. 축제는 인간 희생에서 절정을 이루었다.(8)

음악과 주제 양면에서 그 잔혹스러움으로 인해 충격을 받은 관객들은 그 첫 공연의 끝에 가서 폭동을 일으키기도 했다. 하지만 봄의 의식은 특히 제1차 세계대전 이후 아방가르드에 의해 환호를 받았다. 모드리스 엑스타인스/Modris Eksteins은 다음과 같이 관찰한다.

발레는 현대 반란을 위한 많은 필수적 특징들을 포함하고, 예시하기도 한다. 계승된 형태에 대한 노골적인 적대감, 원시주의와 실제로 문명의 개념에 반하는 것에 대한 매혹감, 합리주의에 반대되는 활력론에 대한 강조, 불변하거나 절대적이 아닌 지속적인 흐름과 연속적인 관계로서의 실존인식, 사회적 관습에 반하는 반

란을 수반하는 심리적 내성 등을 포함하고 또한 예시하고 있다.(9)

이러한 예술은 근본적으로 새롭기도 했지만, 한편 원시적인 것이었다. 유기주의, 신화적 의식의 환기, 그리고 감성과 관습적 도덕성에 대한 거부에서 봄의 의식은 모더니즘 운동과 파시스트적 상상력 모두를 위한 패러다임으로 적용될 수 있었다.

당시 거의 모든 주요 작가들을 알고 그들에게 영향을 준 핵심 인물은 에즈라 폰드/Ezra Pound로서 그는 삶과 경력 모두를 파시즘에 헌신한 사람이었다. 유대인들에게 책임을 떠넘긴 "추상성"에 대한 폰드의 공격이 그 자신의 시와 상상주의 이면에 자리 잡고 있었다. 초월성에 대한 파시스트의 거부의 결과로서 시는 유형적이고 구체적인 이미지로 구성되어야 한다고 폰드는 주장했다.(10)

폰드는 소용돌이파/Vorticists로 알려진 영국에서의 예술 운동과 연관되었다. 이탈리아의 초기 파시스트 미래학자에 의해 영향을 받은 소용돌이파들도 전통 가치를 배격하고 정적인 이상이 아닌 역동적인 에너지를 옹호했다.(11) 이 서클의 한 멤버인 흄/T. E. Hulme도 상상주의 운동을 시작하는데 폰드와 함께 합작한 시인이자 비평가였다. 흄은 반 인문주의와 군국주의의 옹호자였다. 그러나 폰드와는 달리 그는 원죄 교리에 특별히 냉소적임에도 불구하고 기독교를 완전히 거부하지는 않았다. 소용돌이파의 주요 인물로는 예술가이자 작가인 윈덤 루이스/Wyndham Lewis를 꼽을 수 있을 것이다. 윈덤은 전쟁에 대한 자신의 견해를 바꾸려 했음에도 불구하고 파시즘을 홍보하고

히틀러를 옹호하는 많은 책과 기사들을 썼다.(12)

　T. S. Eliot과 마찬가지로 흄과 폰드도 초기 파시스트 사상가, 샤를 모라스/Charles maurras의 고전주의와 형식주의에 의해 영향을 받았다.(13) 독일과 이탈리아만큼이나 프랑스도 초기 파시스트 아방가드 활동의 온상이었다. 모라스 외에도 셀린/Celine과 블랑코/Blanchot 와 같은 소설가도 혁신적인 문체 실험을 폭력과 반셈족주의와 결합시켰다. 조지 소렐/George Sorel은 〈폭력에 대한 성찰〉에서 이미지와 신화의 힘을 탐구하면서 문학적인 모더니즘의 주요 흐름에 기여했다.(14)

　예츠/W. B. Yeats는 아이리시 국가주의와 연루된 가운데 파시즘에 추파를 던졌다. 그는 아이리시 파시스트 조직인 "푸른 셔츠"를 위해 곡을 썼으며, 히틀러와 무솔리니를 극찬한 적이 있었다.(15) 그가 신화와 원시주의, 국가주의를 종합한 것은 파시즘과 친밀감을 나타냈다. 문명의 한 단계가 지나면 그 반대가 뒤따른다는 예츠의 특유한 역사이론은 합리적이고 도덕적 민주주의를, 그 반대인 감정적이고 잔인한 독재가 뒤따르게 될 것이라는 예언처럼 보이게 했다.(16)

　그의 활력론 철학과 우생학에 대한 열정을 지닌 쇼는 무솔리니를 동료 사회주의자와 민주주의 비평가로 찬양했다.(17) 남아프리카 태생 시인 로이 캠벨/Roy Campbell은 민주주의를 공격하고 폭력과 노예제도를 옹호했다.(18) 로렌스/D. H. Lawrence는 특히 그의 소설, 〈아론의 막대기/Aaron's Rod〉와 〈깃털을 가진 뱀/The Plumed Serpent〉에서 그 자신의 원시주의와 자연주의에 필적하는 이탈리아의 파시즘에 그의 공감을 표시했다.(19) 문학적인 모더니즘에서 또 다른 주요 인물로는 노르웨이 소설가이며 노벨상 수상자인 누트 함순/Knut Hamsun이 있었는데, 그는 나치가 노르웨이를 지배하고 있는 동안에도 공개적으로 히틀러를 지지했었다. 다른 노벨상 수상자인 루이지 피란델로/Luigi Pirandello는 비록 그의 희곡이 모더니스트는 아니지만 포스트모던 작품을 미리 보는 듯한 작가로 오랫동안 파시스트 멤버였으며 무솔리니와도 긴밀한 관계를 지니고 있었다.(20)

초기 엘리엇/T. S. Eliot은 반 유대주의적 논평을 썼고 파시즘과 매우 가까운 입장을 옹호했다. 해밀턴/Alistair Hamilton의 말에 의하면, 기독교로 개종한 후 엘리엇의 반 유대주의는 진정되고 파시즘에 대한 그의 동정도 끝나게 되었다고 한다. "파시스트 독트린에 대한 근본적인 반대는 우리 자신들도 마찬가지로 비난할 수 있기 때문에 우리 자신으로부터 우리가 숨기고 있는 그것이 바로 이교도"라고 결론을 맺는다.(21) 이 논평은 실제 문제에 대한 통렬한 경각심이라고 할 수 있겠다. 엘리엇은 대부분 그의 동료들이 했던 대로 유산을 포기하는 대신 유대-기독교 유산을 되살리고자 기독교 유일신론을 발전시켰다.(22)

전쟁 기간 동안 에즈라 폰드는 무솔리니의 선전가가 되어 미군에게 라디오 방송을 하고 파시스트 이데올로기에 대해 강의를 하는가 하면 투항을 촉구하기도 했다. 연합군의 승리와 더불어 폰드는 반역죄로 체포되었다. 미국 문학과 학회는 그를 변호하기 위해 집회를 열었고, 그는 재판을 받는 대신 정신병원에 수용되었다. 1949년 예술작품을 그 도덕적 중요성과 분리시켜야 한다고 주장하는 "새로운 비평"을 문학적 모더니즘으로 스스로 채택한 비평 학자들은 그에게 볼링겐/Bollingen 상을 수여했다. 정신병원에서 12년을 지낸 후 문학계로부터의 더 큰 압력에 의해 결국 그는 1958년 석방되었다. 그는 그 즉시 이태리로 돌아갔다. 이태리에 도착하자마자 그는 오른손을 들어 파시스트 경례를 하였다. 그 제스처는 현장에 있던 기자에 의해 필름에 포착되었다. 이 책의 맨 첫 페이지 삽화는 지식인 집단에 의해 추켜세워진 폰드가 히죽거리며 뉘우치지 않고 전후 홀로코스트 이후 파시즘을 과시하는 모습을 담고 있다.(23)

처음에는 파시즘을 칭송했으나 자신들의 나라가 히틀러와 전쟁을 치르고 파시즘의 잔혹함이 명백하게 드러나자 대부분 다른 모더니스트들은 그들의 태도를 바꾸었다. 그러나 모더니즘의 개막과 파시즘의 발흥은 분명히 서로 연결되었으며 상호 보강하는 관계였다. 파시즘이 승리한 나라들 안에서의 예술은 파시스트 노선을 따라 발전해 왔지만, 그렇더라도 결국 자신들의 이데올로기 모순 속에 휘말리게 되었다.

파시스트 예술

스스로를 문학 천재라고 하는 니체는 아름다운 대상뿐만 아니라 가치를 창조하는 예술가라고 했다. 문화적인 변화는 예술적인 변화를 요구한다. "가치의 변화는 곧 창조자의 변화"라고 쓰기도 했다. 더욱이 새로운 가치를 위한 이러한 변화는 낡은 가치 파괴를 포함한다고 한다. "누구든 창조자가 되려면 항상 완전한 파괴자가 되어야 한다."(24) 예술가는 새로운 가치 창조의 서곡으로 낡은 가치를 완전히 파괴하지 않으면 안 된다.

로렌스 램퍼트/Lawrence Lampert는 이와 유사한 구절들을 언급하면서 니체의 예술관과 그의 권력관 사이의 연관성을 요약한다. "진리로서의 권력에의 의지가 예술로서의 힘에의 의지를 이끌다. 여기 가장 위대한 예술은 국민 위에 선에 관한 새로운 석판/tablet을 전시하는 기반 예술이다."(25)

니체를 위해 강조되는 모든 것은 "힘에의 의지"/will to power이다. 지식은 진리의 발견이 아니라 힘의 부과를 통한 진리의 창조이다. 예술 역시, 그리고 그것을 구체화하고 소통하는 가치도, 하나의 힘의 부과이다. 니체가 "선의 석판"이라고 한 것은 사회가 지니고 있는 가치로서의 십계명을 새긴 "석판"/tablet을 암시한 것이다. "선의 석판이 국민 위에 걸려있다. 보라 이것은 그들이 극복해 낸 석판이다. 보라 이는 그들의 힘에의 의지의 목소리이다."(26) 도덕적 원칙은 (유대-기독교 전통에서처럼) 초월적인 진리가 아닌 권력의 표현이다. 변화는 새로운 석판이 사람들에게 부과될 때 온다. 그리고 이것은 예술가들에 의해 이루어진다.

이러한 견해는 예술가를 문화적인 세력으로 높이 평가하는 것이다. 해밀턴/Hamilton은 "예술가-독재"와 떠오르는 초인이 구질서를 파괴하고 새로운 질서를 탄생시킨 신화가 당대의 예술가들과 지식인들에게 어떻게 설득력을 지녔는지를 기술하고 있다.(27) 대중과 민주적인 사회의 출현은 개인을 압도하는 위협일 뿐만 아니라 예술가와 지성인들을 소외시킬 위험도 있었다. 파시즘은 예술가와 지식인들에게 "영웅 숭배"의식을 제공했다. 그 외에도 파시즘은 평등과 평범을 지닌 민주주의와는 달리 창조적인 엘리트에 의해 주도되는 대중운동이었다.(28)

아마 그 누구도, 특히 예술가나 지식인들 가운데, 파시즘의 심리학적 유혹을 독일 소설가 토마스 만/Thomas Mann처럼 탐구하지는 않았을 것이다. 파시즘에 대해 여러 말을 했던 그는 가장 통찰력 있는 비평가들 중 한 명이기도 했다. 토마스 만에 의하면, 허쉬/Hirsch가 요약한 대로, "부르주아의 사회적 연대에서 벗어나려는 예술가들의 욕망은 나치가 선과 악의 관례적인 규범을 파괴하는 것과 유사하다.(29) 그의 소설 〈의사 파우스투스/Doctor Faustus〉를 위한 노트에서 만은 다음과 같이 기록하고 있다.

부르주아적이며 고전적이고 절제, 산업화 등에서 벗어나 술에 쩌들지 않은 세계, 디오니시안적인 대담한 천재 사회, 세계가 함께 하든 말든 상관없이 강화된 자의 경험과 도취, 모든 주관적인 것을 넘어 초인이 되려는 예술가의 바램은 나치가 선과 악의 전통적인 규범을 파괴하는 것과 유사하다…질병에 의한 붕괴처럼 사회 연대의 파열은 동시에 정치적이기도 하다. 지적-정신적 파시즘, 인간적인 원칙을 저버림, 폭력에의 회귀, 피에 대한 갈망, 비합리성, 잔인성, 디오니시안적 진리와 정의, 본능, 맡겨진 자아 포기, 절제되지 못한 삶, 이 모두는 사실 죽음이나 마찬가지이며, 삶이라면

그것은 악마적일 뿐이다. 파시즘은 부르주아 사회로부터 악마가 부여한 이탈로, 술주정뱅이들의 모험으로 강렬한 주관적인 감성 과 우쭐감을 거쳐 정신적 붕괴와 영적 죽음, 그리고 곧 육체적인 죽음에 이르게 한다.(30)

파시즘은 전통적인 도덕의 족쇄를 벗어던지고 "본능에 맡겨버 린 자아"의 스릴을 경험하는 방법이었다. 그러나 만/Thomas Mann은 "억제되지 않은 삶"은 사실 죽음이며 "술 취한 자아의 강화"는 악마에의 굴종을 의미한다는 것을 알고 있었다.

이탈리아와 프랑스에서는 예술가적 아방가르드가 파시스트의 이데올로기의 형성에 깊이 관여했다.(31) 이탈리아의 미래주의자 들은 입체파/Cubism의 발전에서의 역할, 역동적인 형태의 실 험, 아트 세계를 현대 기술의 에너지와 힘에 무방비 상태인 예술 역사에서 중요했다. 미래주의자들의 선언 역시 새로운 파시스트 질서에 대한 니체의 "선의 새로운 석판/tablet"이라는 도덕적 가 치를 포함시켰다.

1. 우리는 사랑에 대한 위험, 에너지와 경솔함의 습관을 노래 하고 싶다.

2. 우리는 시의 본질적인 요소를 용기, 대담성, 그리고 반란이 라고 한다.

3. 우리는 공격, 열정에 의한 불면, 기세 넘친 행군, 모험적인 도약, 주먹질 등의 자극적인 운동을 원한다.

......

9. 우리는 세계의 유일한 치료라고 할 수 있는 전쟁과 군국주

의, 애국주의, 무정부주의의 파괴적인 제스처, 살인을 미화시키는 생각들, 여성에 대한 경멸 등에 영광을 돌린다.

10. 우리는 박물관과 도서관을 허물고, 모든 도덕성, 페미니즘, 모든 기회주의적이고 공리주의적인 비겁함과 싸운다.(32) 이것이 바로 토마스 만이 묘사한 광적이고 흥분된 도덕성으로부터의 해방이었다. 비록 부르주아 계급에 충격을 주기 위해 고안된 것이 분명하지만 미래주의자의 선언인 폭력과 그 야만성에 대한 즐거운 축제와 노골적인 야만성은 실제로 룀의 폭풍 군대에서 전부 실현된 것이었다. 파시즘을 주도한 모든 지적 유산은 "죽음을 미화시키는 생각"으로 요약될 수 있었다.

합리주의에 대한 반응으로서의 미래주의자들의 폭력 배양은 프랑스 작가 조르주 발로이스/George Valois에게서 명백해진다.

부르주아가 전횡한 계약과 통계에 대하여:

2+3=…

아니, 야만인이 그의 머리를 내리치며 대답할 것이다.(33) 여기에 조화와 따스한 감정이 아닌 폭력적인 금기를 위반하는 폭력과 아찔한 전율에서 나오는 하나의 새로운 미학이 있다.

무솔리니는 예술적 아방가드에 특히 개방적이었고, 이는 이탈리아 파시즘에 강하게 끌리도록 했다. 1932년에 로마에서 열린 가장 주목할 만한 것은 파시스트 혁명 전람회/Mostra della Rivoluzione였다. 모스트라는 모더니스트의 역작으로 미래주의 예술들, 현대 건축가 그리고 파시스트 지성인들의 합작품이었

다.(34)

박물관이 전시장 안에 있는 역사적인 대상으로만 구성되어 있던 시기에 모스트라는 방문객들이 걸어 다니며 멀티미디어 체험에 몰입할 수 있는 현대 박물관 디자인을 구현했다. 모스트라는 콜라주의 현대 예술 기법을 도입하여 사진과 조각품, 음악, 그래픽 등을 결합시켰다. 관람객들이 파시스트 혁명의 다양한 면을 보여주는 전시실을 거닐 때 벽과 천정에 그려진 전쟁의 단편적인 이미지들, 격한 구호들, 추상적인 예술과 병치된 역사적인 공예품들에 의해 압도되었을 것이다. 방들은 기이한 각도, 솟아오르거나 축 처진 천정들, 급격한 규모의 변화, 공간의 조작 등으로 특징을 이루었다. 제프리 슈나프/Jeffrey Schnapp이 묘사한 것처럼, "이같이 개별적인 방의 연이은 공간적 변화는 끊임없는 운동과 불안정성을 만들어 냈다."(35)

거의 4백만에 이르는 관람객 중 하나였던 파시스트 시인, 아다 네그리즘/Ada Negrisms은 모스트라에 대한 자신의 인상을 다음과 같이 묘사하였다.

내가 꿈꿔보지 못한 거대하고 공포스러운 모양 또는 구상의 대담함, 거대한 조각이 살아서 찍혀 나오고 기록된 문서와 함께 증언하고 있다. 문서 보관소의 도장이 찍혀있는 그림, 캐리커처, 사진들이 역사적 문서와 영웅적인 전투를 연상시키는 이름들 곁에 나란히 있었다. 이미 전설처럼 보이는 그 세월의 역사가 우리 눈앞에서 동시에 뛰어나와 동시에 우리를 하나의 소용돌이 속에 밀어 넣는다. 그와 같은 폭력적인 공격에서 우리 자신들을 방어할 수

있는 것은 아무것도 없었다.(36)

프랑스 예술 비평가인 루이 질레/Louis Gillet는 "자르고 용접해서 조립된"것들로 영화 전문가의 생략과 강조에 해당한다고 평가하였다. 그는 이렇게 파시스트의 미학을 영화와 (9장에서 더 다루기로 함) 유사한 것으로 보았다. 전시회를 미래주의와 연관시키면서 질레는 "모든 것이 독특한 탄도학에 따라, 기관총을 보는 듯, 더 큰 충격을 받도록 계산되었다"(37)라고 했다.

객관적 세계의 분열과 인간이 창조한 질서의 재구성, 공동 경험에서의 주관성과 감성주의의 배양, 그리고 단어에 대한 새로운 신화적 이미지를 재창조하려는 시도는 모두 파시스트 세계관을 표현하는 파시스트 예술의 징후이다. 여러 면에서 모스트라는 모더니즘을 넘어 오늘날 현대 예술가들의 기술과 실험, 곧 충격의 미학, 멀티미디어 기법, 예술적 형태 사이의 장벽, 예술과 현실 사이의 장벽 깨기 등을 예견했다. 모스트라는 현대적일 뿐만 아니라 포스트모던적이었다.

이탈리아에 미래파가 있었다면, 독일에는 표현주의자가 있었다. 두 예술 운동 모두 파시즘과 밀접한 관련이 있었다. 이탈리아 파시즘이 성공적으로 모던 예술을 포용했다면 독일 파시즘은 특성 면에서 양면적이었는데 처음에는 격려하고 그다음에는 예술적 아방가르드를 뭉개버렸다.

그림, 시, 드라마, 영화 등을 포함하는, 독일의 표현주의는 위대한 예술에 있어서 내적인 심리적 상태를 탐구하였다. 주요 모티브가 된 것은 바로 폭력이었다.(38) 낡은 가치를 거부하고 새로운 가치를 만들어 내고자 하는 가운데 어떤 표현주의자들은 마르크시즘으로 돌아가기도 하고 다른 이들은 파시즘으로 회기하기도 했다. 독일 시인, 고트프리트 벤/Gottfried Benn은 후자 곧 파시즘에 속하였다. 해밀턴/Hamilton은 그의 프로젝트에 대해서 다음과 같이 기록하고 있다.

그는 칸트 이후 이성적인 서구 사상을 비판하고 파괴하고, 19세기의 실증주의 전통을 일소하기 시작했다…. 벤/Benn은 그의 모든 재능을 주변의 부패를 조사하는데 쏟아부었다. 그는 추한 것에 대한 미학을 공식화하기 위해 순전한 추함에 대한 글을 쓴 독일 시인이었다.(39)

벤은 그의 말년에는 비록 무르익었지만, "추악한 미학"이 전쟁 기간 동안 모든 예술에 스며들어 있었다. 에밀 놀데/Emil Nolde는 위대한 독일 표현주의 미술가 중 한 사람이었다. 기독교에 관심을 가지고 있었음에도 불구하고 놀데는 인종주의자요 원시주의자이며 오랫동안 나치당의 멤버였다.(40)

히틀러가 권력을 잡고 새로운 사회 질서를 만들기 시작하자 예술가의 역할은 갑자기 바뀌었다. 의지의 승리가 노예로 이어지고 절제되지 않은 삶이 죽음으로 이어지는 파시즘의 모순이 다시 한번 나타나게 되었다. 여러 면에서 파시즘의 상상력을 형성하고 그것을 권력이 되게끔 도움을 준 예술가들은 권력을 성취하게 되자 주목을 받았다. 예술적 혁신은 잔인한 검열을 직면해야 했다.

다시 한번 혁명정신과 새롭게 형성된 문화적 보수주의 사이의 갈등에서의 전환점은 에른스트 룀/Ernst Rohm과 나치당의 급진파를 숙청하는 것이었다. 괴벨스는 아방가드 예술을 후원하였지만 로젠베르크는 유대인의 퇴폐를 반영한다고 해서 모던 예술을 거부했다.(41) 문화혁명보다는 인종 이론 중심의 파시즘을 위한 선택으로 (그 자신 예술가로 출발한) 히틀러는 한때 제3제국을 성립시킨 것들을 문화혁명을 위해 거의 사용하지 않았다. 모더니스트 예술을 특징짓는 부정주의/negativism와 우상타파주의가 부르주아 질서를 반영하고 공격하는데 적합했을지 모르지만 그러나 새로운 민속주의 공동체에는 체제 전복적인 것이 되었다.

독일 표현주의는 금지되었다. 고트프리트 벤/Gottried Benn의 시는 검열의 대상이 되었다. 분개하고 항의함에도 불구하고 에밀 놀데의 그림은 압수되었다. 심지어 이탈리아 미래주의자들의 작품들 역시 금지되었다. 예술에서의 모더니즘은 퇴폐적인 것으로 낙인찍혔다. 그리고 새로운 민속 예술이 그 자리를 차지하게 되었다.

1937년 나치는 20세기 최대의 미술 전시회를 열었다.(42) 모스트라에 대한 전형적인 정신분열증적인 대응으로 나치는 이중적인 전시회를 열었는데 하나는 "퇴폐적인 예술"이었고 다른 하나는 "위대한 독일 예술 전시회"였다. 전자는 독일 표현주의자들을 중심으로 한 650개의 현대미술 작품으로 구성되었지만 그 속에는 마크 샤갈/Marc Chagall (유대인으로 공격받은)에서 러시아 추상 작가 바실리 칸딘스키/Wassily Kandisky에 이르기까지 저명한 모더니스트들이 포함되었다. 에밀 놀데의 작품은 눈에 띄게 전시되었다. 이러한 쇼는 "급진적인 영혼 유대 인종"과 "이상적인 백치 창녀"와 같은 제목으로 희화시켜 조롱하기도 했다.

스테파니 바론/Stephanie Barron에 의하면, 독일어로 번역된 퇴행성/degenerate, 또는 변색/entartete은 생물학적 용어로서 식물이나 동물을 정의할 때 더 이상 그 종에 속하지 않을 만큼 변화된 것을 의미한다.(43) 추상적인 예술을 유대적이라고 혹평하고 모던 예술의 왜곡된 모습과 생물학적 기형 간에 유사한 점을 끌어내어서 이 쇼는 인종적 미학을 만들어 내려고 시도하였다.

함께 열린 "위대한 독일 예술 전시회"는 히틀러가 직접 고른 작품으로 특색을 이루었다. 공식적으로 허가된 새로운 예술은 이상적인 아리안 남녀의 초상화, 조국의 땅을 기리는 낭만적인 풍경, 그리고 농민의 삶과 민속의 향수를 불러일으키는 이미지를 특징으로 했다.

나치 예술은 하지만 부르주아가 아니었다. 공식적인 예술의 가장 흔한 주제는 사실적인 누드였던 것으로 보인다. 어느 곳이든, 히틀러의 새로운 관청에는 옷을 벗은 여성, 특히 옷을 벗은 남성의 그림과 조각상이 있었다. 히틀러가 좋아하는 조각가, 아르노 브레커/Arno Breker는 그의 누드 작품에 대해 "본능적인 활기의 순수한 자태"를 묘사했다고 말했다. (44)

이들 예술 작품들은 자연주의와 성본능을 찬양한다. 힘겹게 억제하고 있는 동성애 속에서 그들은 초기 나치 감옥의 남성 유대관계/Mannerbund를 떠올리게 한다. 새로운 예술의 현실주의는 초월적이고 추상적인 것과는 반대로 구체적이고 유형적인 것에 대한 파시즘의 헌신을 반영한다. 국가 사회주의는 소속 인종과 공동체 국가의 참여에 의해 정의된 집단 정체성을 강조했고, 개인주의를 부르주아 민주주의 잔재라고 공격했다. 이는 사실적이기는 하나 개인적 특징이 아닌 이상적인 인종 모델을 묘사한 조각상에서 반영되고 있다.(45)

분명 보수적인 스타일임에도 불구하고 이 새로운 파시스트 예술은 여전히 혁명적인 이데올로기를 반영하였다. 사이비 고전주의는 질서의 강요를 반영할 뿐이었다. 풍경은 그 땅에 대한 숭배를 강화하는 것이었다. 민속예술은 새로운 질서를 위한 주요 가치였던 원시주의를 강조하였다.

파시스트 현실주의는 사실, 소련의 공식 예술인 사회주의 리얼리즘과 매우 유사하다. 국가 사회주의는 모든 독일 국민의 단결을 주장하는 대중운동이었기 때문에 대중 예술을 선호했다. 이것은 종종 모호한 현대주의자들의 실험이 인기를 잃게 된 또 다른 이유이기도 하다. 예술은 사람들에게 접근하기 용이한 것이어야 했다. 이로 인해 나치즘은 대중 영합적인/kitsch 것을 장려했다. 사람들은 대규모 집회와 의식에 의해 결합되었는데 이는 종종 라인강 소녀와 튜토부르크 숲의 전사처럼 옷을 입고 종이로 만든 커다란 그리스 머리를 한 키취의 의기양양한 행렬로 특징되었다.(46)

파시스트 예술은 완전한 자유에서 완전한 통제로 기울어졌다. 궁극적으로 공식적인 나치 예술이 아주 나쁘다는 것은 그 자체의 모순성과 억압하기 위해 창조성을 자극했기 때문이다. 초월적인 도덕 가치를 거부했듯이 파시즘은 초월적인 미학적 가치의 기초도 거부했다. 도덕과 예술 모두는 권력에의 의지의 표현과 마찬가지로 사회적 효용성을 위해 판단되었다.

권력의 미학은 미학적 질문이 곧 권력 갈등이 되는 것을 의미했다. 초월성을 거부함으로 파시즘은 객관적인 평가 혹은 순전한 미적 감상의 여지조차도 없어지게 되었다. 다른 예술 형태는 권력을 다투는 배열로 보였다. 하나의 특정 스타일은 가치를 만들어내는 권력의 행사로 나타났다. 예술이 사회적 공격의 행위가 되는 것이다. 만약 그 가치가 공동 의지의 것이 아니면 그것은 다른 권력 행위와 부딪히게 된다. 예술에 대한 이와 같은 견해는 예술가에 대한 검열과 박해를 불가피하게 한다. 결과적으로 몇몇 훌륭한 예술가들이 그들 자신의 이념의 희생자가 되었다.

예술적 모더니즘의 유산은 어떤 면에서는 도전을 받았지만 여전히 남아 있기도 하다. 예술가들은 여전히 "부르주아 도덕 가치"에 대한 도발을 즐겼다. 비합리주의 역시 배양되었다. 예술가들은 자신들을 의미 없는 세계에 질서를 부여한다고 보았다. 유기주의와 새로운 시대를 위한 새로운 예술 형태는 여전히 이해하기 어려운 목표들이 되었다. 신화, 원시주의, 무의식은 도그마, 문명, 지성 위에 특권을 누렸다. 이와 같은 의미에서 파시즘은 여전히 영향력이 있었다.

모던파시즘

그러나 이러한 흔적으로 남아 있는 파시즘은 약화된 변종에 해당하는 것이었다. 아마도 전후 몇 년 동안 서구 문화에게 보다 치명적인 질병을 예방하는 예방주사가 되었을지도 모른다. 그 위험은 새로운 돌연변이로 나타날 것이다.

8. 권력에의 의지: 파시즘과 포스트모더니즘

포스트모던 이데올로기 제공자는 이론적으로 그것이 인간존재
를 최소화시킬 가능성이 있는 것은 아닌지 동시에 개인적인 인간
의 삶을 현실 세계에서 가치 없게 만드는 것은 아닌지 고려해 해
보아야 한다. -David H. Hirsch -(1)

우리들은 … 다시금 언어와 말의 파괴시키진 않는 호칭의 힘을 정
복해야 한다. - Martin Heidegger -(2)

오늘날, 모더니즘은 낡은 유행이 되어버렸다. 현대 사상과 현
대 예술이 바로 그들 자신의 모습으로 여겨지게 되었다. 우리는
이제 포스트모던 시대를 맞고 있는 것이다. 21세기에 접어들어
우리는 파시즘으로 유착된 동일한 생각들이 다시 돌아오고 있
다는 것을 알 필요가 있다.

하지만 객관적인 도덕성과 초월적인 영적 진리와 함께 유대-
기독교 전통은 지적, 문화적 기득권에서 모두 지워버려졌다. 그

자리에 모든 종류의 지적, 도덕적 초월성을 거부하는 새로운 이데올로기가 등장하고 있다. 지적 세계 속에 자연의 신격화, 권력에의 환원론, 그리고 모든 초월적 의미와 가치에 대한 비판이 더욱 정교한 방식으로 다시 주장되고 있다. 밝혀진 바와 같이 새로운 포스트모더니즘의 중요한 이론가들 중 몇 명은 1930년대 파시즘에 개인적으로 참여했던 사람들이다.

현대 이데올로기

20세기 처음 10년 동안에는 의지의 자유를 강조하는 하나의 실존주의적 형이상학이 억압과 대학살의 정치적 프로그램으로 변형되었다. 우리에게 파시즘을 안겨준 지적 전통은 계속 발전해 왔다. 새로운 이데올로기는 의지의 승리를 결정론과 조화시키는 방법, 개인과 문화를 합성하는 방법 등 초기 파시스트 이론의 긴장을 해결하는 데 큰 도움이 되었다.

포스트모던 이데올로기는 하이데거, 니체와 마르크스, 프로이트의 합성이라고 생각할 수 있다.(3) 그 결과는 결정론과 자유주의, 준 과학적 분석과 비합리주의, 총체적 세계관과 혁명적 회의론 간의 변덕스러운 혼합이었다. 포스트모더니즘 이데올로기와 파시즘 사이에는 현대 이론가들이 정직하게 직면해야 할 중요한 지적, 역사적 연관성이 있다.

확실히 포스트모더니즘에는 페미니즘과 같은 몇 가지 새로운 요소들이 있다. 포스트모더니즘은 모더니즘의 발전일 뿐만 아니라 그것에 대한 반작용이기도 하다 (비록 어떤 면에서 파시스트의 가능성을 최소화하는 것보다 높이는 것처럼 보이는 방법으로). 실현된 정치적 운동으로서의 파시즘과 오늘날 지적 포스트모더니즘 사이에는 많은 차이가 있다. 포스트모더니즘과 파시스트 이론의 유사점을 보여주지만 본 저자는 포스트모더니스트들을 모두 파시스트라고 비난하는 것은 아니다. 단지 이전에 그들이 앞장섰던 것들을 기억함으로 그들이 앞으로 이끌어 갈 수 있는 여지들이 무엇인가를 보여줌으로써 특정한 사고계통이 지니고 있는 위험성에 대하여 주의를 환기시키고자 하는 것뿐이다.

초기 파시즘처럼 포스트모던 이데올로기는 해방의 수사학을 사용한다. 초기 파시즘과 현대 비판 사상의 문제는 수사학이 진보적이고 인간적으로 들리지만 그 함축성은 진보와 인간적 가치의 가능성을 약화시킨다. 포스트모던 이론가들은 자신을 좌파라고 생각하지만 그들의 마르크스 비전은 철학적, 심리학적 비합리주의로 변질된다. 그들은 마르크스주의 스타일로 자본주의 비판에 사용하지만 (초기 파시스트는 그러했다), 그들의 사회적 결정론과 심리적 해방의 통합은 일종의 과학에 기초한 사회주의가 아니라 국가 사회주의의 유기적 자기실현 공동체로 이어진다. 포스트모던 이론가들은 모든 사회적 관계는 권력에 대한 가면이라고 주장하지만 그들이 억압을 노출시키기 위한 그들의 분석을 의도하는 동안 그것은 "권력에의 의지"를 완화하고 통제할 수 있는 모든 도덕적, 법적 구조를 훼손함으로써 억압을 쉽게 합법화할 수 있다. 포스트모더니스트들은 다원주의 가치를 선언하지만 그렇게 함으로서 그들의 마음가짐과 개인적인 정체성은 문화적, 심지어 인종적으로, 결정된다는 낡은 파시스트 모델을 부활시키게 된다.

포스트모더니스트의 사상은 의미가 창조된다는 실존주의의 전제로 시작된다. 인간의 추론과 언어 범주는 외부 세계에 질서를 부여한다. 과학자들은 데이터를 찾고 그것을 설명하는 모델을 상상한다. 그리고 그 모델은 다시 발견될 데이터를 형성한다. 과학과 같은 객관적인 학문조차도 사실 인간 정신의 질서 정연한 능력을 강요한다. 예술가나 소설가가 허구를 만들어내 듯, 과학자, 역사가, 정치인, 법학자도 그들의 경험에 의미를 부여하기 위해 허구를 만들고 자신들의 학문에 질서를 부여한다.

초기의 실존주의가 이러한 의미 창출을 개인적인 의지로 본다면, 포스트모더니즘은 의미 창출의 사회적 차원을 강조하기 시작한다. 문화와 경제, 심리학의 비인격적인 힘은 – 이 모두는 언어에 의해 중재된다 – 인간의 행동을 형성한다. 의미 패턴은 본질적으로 언어의 구성이기 때문에 모든 것은 "텍스트"가 된다. 문화, 건축, 의상, 사회 관습 등 모든 인위적 산물들은 의미를 구체화하는 기호들이다. 그들도 일종의 언어이며, 읽히고, 독해되고, 비판적인 분석의 대상이 될 수 있는 테스트의 예가 된다. 이러한 텍스트는 모든 언어와 마찬가지로 사회의 기반이 되는 권력 구조를 암호화한다. 이러한 권력구조는 그 사회의 모든 구성원들의 마음에 "각인" 된다.

자아 또한 허구이거나 텍스트에 해당한다. 우리는 실제로 문화, 계급, 성, 민족성, 성적 특성들은 우리의 의식을 구성하는

"언어 체계"에 의해 형성되고 결정된다. 예를 들어, 자유롭고 자율적인 존재의 경험은 환상 즉 개인적인 가치와 더불어 부르주아 문화의 구조이기도 하다. 포스트모던 학자들은 계급투쟁, 경제적 불의, 억압자와 피억압자 간의 갈등 등의 용어로 현상을 설명하는 마르크스 스타일의 사회 분석을 사용한다. 그들은 또한 오이디푸스적 갈망과 성적 억압 등의 용어로 개인의 마음과 인간 문화 모두를 설명하는 프로이트적인 범주를 사용한다. 마르크스와 프로이트 이 둘을 결합하는 포스트모던 이론가는 니체로서 경제와 성, 이 두 배후에는 권력에의 의지가 있다고 한다.

마르크스, 프로이트, 니체에 의하면 실재는 은폐돼 있다. 예의범절에서부터 소설의 예술성에 이르기까지 문화적 표현의 그럴듯한 양상 이면에 성, 억압, 권력의 실제 의미가 숨겨져 있다고 한다. 포스트모던 비평가들은 숨겨진 것들을 밝혀내고 텍스트에 내재된 잠재적인 정치, 성, 권력의 메시지를 면밀히 조사하고 진의를 의심한다.

포스트모던 비평가들은 텍스트를 "심문"한다고 말하기도 한다. 친위대/SS 혹은 비밀경찰/KGB의 관행을 상기시키는 은유는 – 의심의 여지 없이 무의식적으로 – 경찰국가에서 나온 것이다. 비평가는 비밀경찰의 역할을 하기도 한다. 텍스트는 그렇게 억류된다. 심문은 죄수의 은밀한 정치적 신념을 캐내기 위해 고안되었다. 숙련된 게슈타포 심문관처럼 포스트모더니즘 비평가는 고문을 사용해서라도 텍스트가 정치적으로 잘못된 비밀을 누설하도록 강요한다.

    학문에 대한 이러한 접근은 미셸 푸코/Michael Foucault에게서 볼 수 있는데 그의 저서 광기와 문명, 훈육과 처벌, 그리고 성의 역사는 서양의 역사와 인간의 정신에 대한 도발적인 분석이었다. 푸코는 정신병원, 교도소, 법체계, 그리고 그것들을 정의하는 모든 문화 유물과 같은 텍스트에 대해서 질문을 던진다. 그는 광기, 법, 성도덕을 억압과 폭정의 양식으로 제시한다.

    "니체, 계보, 역사"라는 제목의 에세이에서 푸코는 니체를 인용하여 "자유의 개념은 지배계급의 고안물"이지 인간의 본성이나 존재나 진리에 대한 애착의 근원이 아니다"라고 말한다.(4) 자신이 자유롭다고 생각하는 사람은 실제로 경찰국가 안에 살고 있는 사람들보다 더 통제되고 있다는 것이다. 이러한 역설적인 분석은 자유 사회를 비판하는 한편, 경찰국가를 합법화한다. 민주주의는 경찰국가 보다 더 나을 것이 없고, 경찰국가는 민주주의와 마찬가지로 (사실 권력이 외부화되어 저항하기 쉽기 때문에) 선하다고 한다. 개인의 자유라는 개념은 여기서 사라진다. 자아는 거대하고 비인격적인 사회적 힘의 놀이로 축소된다.

    대부분의 포스트모던 학자들과 마찬가지로 푸코의 연민은 항상 억압받는 편에 선다. 니체가 부적격자를 잔인하게 방기한 것과는 달리 푸코는 그들의 편을 들고 있는 것이다. 푸코에게 광기는 사회적 구성 요소이기도 하다. 그는 이들을 정신병원에 처넣어 억압하는 자들을 광인으로서 대항하는 투사이기도 하다.(5) 그는 권력에의 의지라는 점에서 니체에게 동의하나 니체와는 달리 그의 성향은 권력이 없는 사람들과 함께 한다. 이는 완전하게 파시즘을 지향하지는 않았으나 그의 윤리적 공식은 그 자신의 분석의 힘을 얼마나 잘 버틸 수 있는지의 여부에 달려있다고 할 수 있다. 허쉬가 지적하고 있듯이 푸코는,

> 항상 하나의 목표를 가지고 있는데, 그것은 소위 자유 민주주의 내에서의 지배 계급이 지배하고 억압하는 방식을 폭로하는 것이다. 그러나 억압자들은 푸코의 계보에 의해서 명확하게 정의되는 반면 억압받는 자의 정체성에 대한 정의는 다소 어려운 것 같아 보인다. 억압받는 자가 개인으로 보이지 않는데 이는 푸코의 계보에서 "개인"은 살아있는 실체로 존재하지 않기 때문이다. 존재라는 용어는 억압자의 편의주의적 구성체 이상 아무것도 아니기 때문이다. 또한 이데올로기적 국가 장치에 의해 각인된 존재 안에서 지배 계급은 또한 그 지배자에 의해 억압받기 때문에 억압받는 자가 특별한 계급이 될 수 없는 것이다.(6)

힘없는 자들에 대한 푸코의 근거 없는 동정을 제외하면, 파시스트와 그가 어떤 점에서 다른지를 찾아내기 힘들 것이다.

상대주의

포스트모더니즘의 다른 주요 교리 가운데 하나는 문화적, 인식론적 상대주의이다. 의미란 구축되는 것이기에 사람에 따라 다양하다고 한다. 의미가 사회적인 구축이기 때문에 다른 문화는 다른 실재를 구축한다고도 한다. 포스트모더니스트들은 합리주의와 과학적 객관성을 서구 기술적 사고를 나타내는 것으로 그 자체가 역사적, 문화적으로 조건지워진다고 본다. 그들은

특별히 서구 양식의 지식에 부여하는 우월성을 거부한다.

포스트모더니스트들은 억압과 제국주의로 인하여 신랄하게 비판하는 경향이 있다. 그들에게 서구 유산은 인종차별, 성차별, 민족중심주의 중 하나에 해당한다. 서구문화는 영성과 빈곤층의 억압 위에 세워졌고, 서구 우월주의 신화는 선교사들의 개종에서 식민주의와 노예제도에 이르기까지 다른 문화를 지배하려는 오만한 시도에서 그 모습을 드러낸다. 포스트모더니스트들은 세계의 역사를 오로지 유럽의 관점에 바라보는 "유럽 중심주의"의 주장을 거부한다. 그들은 소위 원시문화로 불리는 근거와 서구의 확장주의에 희생된 미국 인디언, 아프리카인, 팔레스타인들을 옹호한다. 일부 학자들 가운데는 유럽중심주의를 거부하고 아프리카 중심주의를 실험한다. 포스트모더니스트들은 "사망한 백인 유럽 남자"들에 의해 묘사되고 그들 자신들을 위해 기록된 것이라고 하면서 역사를 거부하고 지배적인 힘의 구조에 의해 제외된 사람들, 이를테면, 여성, 가난한 사람, 소수의 관점에서 새롭게 기록하고자 한다.

이는 파시스트들이 가르치는 것과 정반대로 보일 것이다. 파시스트들은 "백인 유럽 남성"을 미화했었다. 그들은 소외되고 힘없는 사람들은 공개적으로 경멸했고, 즐겁게 아무런 변명의 여지도 없이 그들을 억압했다. 그럼에도 불구하고 서양 문화를 다른 인종에 대한 백인 지배의 역사로 보는 사회과학적 분석은 매우 유사하다. 한 가지 차이가 있다면 대부분의 포스트모더니즘 비평가들이 평가절하하는 것을 파시스트들은 반대로 오히려 높게 평가한다는 것이다. 그러면서 그들은 사실들에 동의한다고 한다.

사회적 거래를 정제되지 않은 권력에로 축소하고 개인적인 정체성보다 민족성을 강조하며 사상과 도덕적 가치의 범주들이 개인 문화를 초월하지 않는다고 주장한다는 점에서 파시스트들은 포스트모더니스트들과 완전히 일치할 것이다. 포스트모더니스트들이 억압받는 이들에 대한 관용과 연민의 가치를 지키고자 한다지만, 그들에 대한 묘사가 맞는다면, 그러한 정서는 자리잡기가 매우 힘들 것이다. 법이나 도덕, 문명이 권력 행사의 가면에 불과하다면, 비평가의 도덕적 입장 또한 권력 선언에 지나지 않을 것이다. 비평가들이 동정하는 비평과 파벌이 힘을 가졌다면, 그들도 아마 다른 사람들과 마찬가지로 억압하는 일에 그 힘을 사용했을 것이다. 법이나 도덕과 같이 권력에 대하여 모든 전통적인 억제가 그 자체로 억압에 관한 것이라면, 권력 행사에 과연 어떤 제한이 있어야 하는 것인가?

이미 알프레드 로젠버그/Alfred Rosenberg의 인종 환원주의와 아이러니한 유사성을 지닌 인종 중심 모델들이 등장하고 있다. "유럽인의 마음"이 냉정하고 개인주의적이며 직선적인 반면, "아프리카인들의 마음"은 따뜻하고 공동체적이다. 혹은 "동양인의 마음"은 통전적이고 주기적이다. 라틴 아메리카인들은 유럽과 아프리카를 결합시킨 것이며, 아메리칸 원주민은 남미 인종과의 혼합적인 특징을 지닌다는 등의 예들을 들 수 있겠다. 이와 같은 종류의 문화적 일반화는 어느 정도 유효할는지 모르지만 인종적 고정관념화라는 위험성이 따른다. 그것이 사이비-과학의 범주로 굳어질 때에는, 이미 보아왔듯이, 과거의 인종적 과학을 재현시킬 위험이 있다.

과거의 인종 과학이 백인에게 특권을 부여했다면 새로운 인종 과학은 비 백인에게 특권을 부여하는 것이 분명하다. 그러나 어떤 인종이 인정되고 어떤 인종이 비판되느냐 하는 것은 또 다른 문제이다. 어떤 인종이 주 인종이 되느냐 하는 견해는 다양하다. 독일 파시즘이 있는가 하면 일본 파시즘도 있었다. 아이리시로부터 크로아티아인에 이르기까지 실제로 유럽 내에 있는 모든 인종 그룹은 나름대로의 파시스트 운동을 가지고 있었다. 인종과 민족성의 중심은 자신의 인종과 민족 그룹을 다른 모든 그룹과 대결시키는 것을 의미하기 때문이다.

포스트모던의 다문화주의가 간과하고 있는 것은 문화를 초월하는 어떤 종류의 영역, 모든 문화가 공통적으로 가지고 있는 보편적인 인간성에 관하여 무엇보다도 중요한 의미를 인정해야 한다는 것이다. 과학, 기술, 이성은 공식적으로 이전에 어떤 문화에서 온 것이든 객관적인 진리를 제공한다고 생각되었다. 설령 중국 과학자일지라도 미국 과학자들이 행했던 동일한 실험을 통해 동일한 결과를 얻을 수 있는 것이다. 의학의 발달처럼 기술의 발달은 영국 어린이뿐만 아니라 아프리카 영성의 생명을 구할 수도 있는 것이다. 과학과 기술은 그들이 태어난 문화와는 상관없이 모든 사람들의 삶을 향상시킨다고 약속한다. 확실히 기술은 문화를 변화시키지만 항상 최고를 위한 것은 아니다. 그러나 과학과 기술은 그들 자신만의 가장 중요한 문화를 창조해 냈지만 어떤 의미에서 그것은 문화 밖에서였다. 포스트모던 식의 용어로 말하면 그것들은 "메타문화적"이었다.

민주주의의 가치, 이를테면, 인권, 자치, 개인의 자유 등은 모든 문화에 적용 가능하다고 생각된다. 민주주의는 문화의 다양성을 포함하고 개인으로 하여금 각 문화 속에서 더 큰 사회에 참여할 수 있는, 객관적으로 창안된 프레임을 제공한다. 그렇게 함으로서 민주주의는 개인주의와 사회를 구성하는 보다 유기적인 문화와 더불어 때로는 갈등하기도 하는 그 자체의 문화를 창조하게 된다. 민주주의는 여전히 문화적 다원주의와 공존할 수 있는 정치적 구조를 연결하고 통합과 다양성을 허용하는 객관적인 방식이라고 생각된다. 민주주의는 하나의 "메타문화"를 제공한다.

종교 역시 초월적인 것으로 문화에 얽매이지 않는다고 본다. 기독교는 문화적 가치보다 우선하는 객관적인 도덕 가치를 제공한다. 부족의 복수 관례나 유아 살해와 같은 유서 깊은 문화적 관습은 문화가 기독교를 받아들일 때에 바뀌었는데, 이는 개인적인 복수나 유아 살해를 행했던 아프리카인, 미국 원주민 못지않게, 그리고 그리스인이나 로마인, 독일 종족에서도 마찬가지였다. 서유럽도 뉴기니에서 복음화가 이루어졌던 것처럼 그렇게 복음화되어야 했다. "백인의 종교" 또는 "유럽인의 종교"와는 달리 기독교는 중동에서 발생했다. 기독교는 보편적인 메타문화적 종교로 보이지만 여전히 모든 문화의 필요에 상응하는 도전이 진행되고 있기도 하다.

오늘날, 우리는 이러한 메타문화가 전 세계를 걸쳐 작용하고 있음을 본다. 우리는 한국, 일본, 대만 그리고 다른 아시아 국가들에 의한 이 분야에서의 엄청난 업적에 비추어 과학, 기술, 자본주의가 전적으로 서구적이라고 할 수 있을까? 이들의 기술, 경제적 성공은 서구의 제국주의 용어로 설명되기 어렵다. 이들 아시아 문화는 그들 자신의 문화를 없애지 않고 가치 있는 것을 발견하는 기술을 터득했다. 민주 혁명도 마찬가지로 세계를 휩쓸고 있다. 자치와 개인적인 권리, 개인적인 자유는 독재정부 하에 수 세대를 걸쳐 시달려 온 아프리카인과 라틴 아메리카인에 의해서도 가치 있는 진리로 받아들여졌다. 기독교는 서유럽보다 아프리카나 라틴 같은 "제3세계" 나라 가운데서 더욱 생명력을 지니고 있는 실정이다.

저자에게 "아프리카 중심" 지성인을 포함하여 서구의 아프리카 이미지에 대해 비판적인 아프리카 친구가 하나가 있다.(7) 그는 단순한 종족의 삶을 미화하는 사람들은 아프리카 사람들이 그들의 삶을 개선하는데 절실히 필요한 기술, 경제성장, 그리고 민주적인 제도를 지니는 것을 막고 있다고 말한다. 그는 아프리카인들이 자연과 가까워지기 위해서가 아니라 가난하기 때문에 신을 신지 않는다고 말한다. "고상한 야만인"에 대한 서구, 포스트모던 이상은 원주민들로 하여금 현 상태의 자리에 머물게 한다. 서구 관광객들과 같이 포스트모더니스트들은 다른 문화의 사람들이 토착 의상을 입고 있는 것을 좋아한다. 그러나 저개발

국가의 많은 사람들은 그들 자신의 사회가 억압받고 서구가 누리고 있는 동일한 자유와 번영을 갈망한다. 기술과 민주주의, 초월적 종교의 메타문화는 그들 자신의 문화를 개혁하는 것을 도울 수 있다고 믿는다. 포스트모더니스트 원시주의는 거들먹거리고 인종차별적이고 반진보적이라는 것을 그들도 알고 있다.

존 엘리스/John Ellis는 이에 대해서 다음과 같이 말한다. "문화적 상대주의와 민족성에 관한 제축이 평등주의를 이끌어야 한다고 생각하는 사람은 그 어느 누구든 잘못된 것이다. 역사의 교훈은 그들이야말로 극우세력의 위험한 세력을 분출할 가능성이 더 높다는 것을 알려준다."(8) 그는 문화적 상대주의의 기원을 19세기 독일 낭만주의 이론가인 헤르더/Herder까지 소급한다. 헤르더는 독일이 프랑스에 대해 열등하다고 주장하는 것에 대해 각 문화는 그 나름대로 판단되어야 한다고 주장함으로써 대응했다. 어떤 문화든 다른 문화는 좋다, 나쁘다의 평가가 아닌 단지 다를 뿐이다. 문화에 대한 헤르더의 글은, 우리가 알고 있듯이, 국가 사회주의로 발전한 독일 민족주의의 발흥에 중요한 역할을 했다.(9)

"우리의 이해는 모든 인간의 평등을 믿는 치명적인 오류를 넘어서기 위해 분투하며 사람과 인종의 다양성을 인정하고자 한다."(10) 그러한 발언은 곧 포스트모던적이고 정치적으로 바른 소리처럼 들린다. 그러나 그것은 파시즘을 변호하는 이에 의한 것이다. 이렇게 말한 저자는 파시즘과 포스트모더니즘 모두에 관련되어 있었다. 엘프리드 하이데거 페트리/Elfride Heidegger-

Petri는 마틴 하이데거의 부인이었다. 그녀에게 사람들과 인종의 다양성을 인정하는 것은 평등과 모든 인간의 본질적인 가치를 부인하는 것을 의미했다.

베네데토 크로체/Benedetto Croce의 포스트모더니즘 비판은 실제로 하이데거의 총장 취임 연설을 공격하는 것이었다.

오늘날, 갑자기 사람들이 가장 거짓된 역사주의의 심연에 빠져들고 있는 것은 역사를 부인하고, 민족주의와 인종주의의 주장처럼 잔인하고 유물론적으로 생각하는 것이다.(11)

허쉬/Hirsch는 "역사의 허구성"같은 개념들이 홀로코스트의 객관적인 현실을 가로막는다고 불평한다.(12) 사실 수정주의 역사학자들은 그것을 해석하기 위해, 유대인의 몰살이 결코 일어나지 않았다고 주장하는 데이터를 설명하는 새로운 모델을 구축하기 위해 노력한다.(13)

그러나 홀로코스트는 객관적으로 사실이었다. 그것은 불확실한 데이터에 대한 의미 투영이 아니었다. 그것은 단순한 "문자"가 아니었다. 안락사 시술소와 강제수용소는 실제로 있었으며, 육백만 명의 유대인들의 소멸도 실제로 일어난 것이다. 그러한 죽음의 사건은 "소설"이 아니었다. 수용소에서 겪은 고통은 "자아의 신화"가 아니라 실존 인물이었다.

사울 프리들랜더/Saul Friedlander는 현대 지성적인 분석이라는 용어로는 홀로코스트를 논하기조차 어렵다고 지적한다.

"최종 해결책"에 대한 어떤 논의도 도덕적 문제를 직면하지 않으

면 안 된다. 따라서 새로운 해석적 전략을 적용하는 것과 더불어 문제가 제기되지 않으면 안 된다. 이러한 전략을 포함하면서도 도덕적인 상대주의를 모면하는 것이 과연 가능할까?(14)

포스트모더니즘이 학계의 난해한 세계보다도, 대중문화 속에서 더 중요한 것은 도덕적 상대주의를 적극적으로 긍정하고 자축하기 때문이다. 만약 모든 사람에게 유효한 도덕적 절대성이 없다면, 도덕이 사적으로 선택되는 관례라거나 다른 사람에 대한 권력의 부과라고 한다면 도덕적인 문제는 해체되고 만다. 홀로코스트를 포함하여 모든 행동들은 어느 한 개인의 다른 사람에 대한 사적인 견해로 도덕성은 중립화되고 만다. 그리고 만약에 사라진 유대인들과 고백교회가 옳고, 죄와 그 죄에 대한 성향이 진짜라면, 의지의 속박은 홀로코스트의 악을 위한 끔찍한 잠재적 가능성을 의미하는 것이며, 그렇다면, "도덕적 상대주의를 수용하고서 다른 것을 회피한다는 것이 가능할까?"라는 프리들랜더의 질문은 당연한 것이라고 하겠다. 바로 이 구절은 세계를 하나의 텍스트 곧, "최종 해결"을 바로 "해석적 전략"의 마지막 단계로 축소시키는 세계관에서 온 은유인 것이다.

해체

현대 사상의 두드러진 특징 가운데 하나는 이론에 대한 집착이라고 할 수 있겠다. 대부분의 현대 이론가들은 하이데거에게 동의하는데 그는 "이론은 진정한 실천의 최고 실현으로서 이해돼야 한다고" 주장한다.(15) 포스트모던 사상의 지적 핵심은 해체의 이론과 비판적 방법이다.

해체라는 개념은 하이데거 철학에 뿌리를 두고 있는데 비록 현대 이론이 언어와 초월성의 분해라는 점에서 하이데거를 넘어서지만(16) 그는 이 용어를 처음으로 사용했다. 간단히 말해서 해체는 초월적 의미란 없다는, 의미는 인간의 구축이라는 실존적 주장과 더불어 시작한다. 의미가 구축되는 방식은 언어를 통해서라는 것을 보여준다. 구조적 언어학자들의 작업에 의지하여 해체주의자들은 임의의 상징주의와 배제에 기반을 둔 언어 자체가 문제라고 주장한다. 언어구조는 불안정하고 심지어 모순적이다. 이 운동의 한 비평가는 이렇게 설명한다. 이 견해에 따르면, "언어는 그 자신의 움직임을 전복시킬 뿐, 결코 그 너머에 도달할 수 없다는 의미로 무의미하다."(17)

인간 존재는 누구나 알 수 있는 유일한 세계이자 인간의 마음 그 자체인 언어를 벗어날 수 없다. 하지만 언어는 궁극적으로 불안정하다. 의미는 잘 포착되지 않으며 해석은 무한하고 어떤 의미도 절대적이지 않다. 텍스트는 많은 의미가 있는 것처럼 보이지만 자체적으로 모순을 포함하기도 한다. 해체주의 프로젝트는 이러한 모순을 밝혀내고 그것이 문학 작품인지(18) 아니면 사회 제도이든지 텍스트 내면에 숨겨지고 억눌려 있는 의미를 드러내고자 한다. 담론의 공식적 의미는 권력에 의해서 결정된다. 포스트모던 비평은 이러한 의미를 "해체하여 그 표현 속에 숨겨지고 억압된 것을 읽고 이를 해체시키고자 한다."(19)

비판적 방법론으로서의 해체는 정치적 분석의 도구가 되었다. 페미니스트, 마르크스주의자, 동성애 평론가들은 그들의 언어를 분석하여 억압적인 권력 구조와 그들의 내적 모순을 밝혀 소설, 텔레비전 쇼, 법적 문서들을 해체하고자 한다. 독립선언서를 읽는 해주주의자는 "모든 인간/men은 평등하게 창조되었다"라는 문구에 대해서도 의문을 던질지 모른다. "인간/men"이라는 말은 여성을 배제하기 때문인데, 1776년 당시 법적 평등이 부정된 것은 사실이었다. 이 구절은 노예 소유자인 토마스 제퍼슨/Thomas Jefferson에 의해 작성된 것이다. 자유라는 수사는 성차별주의와 노예제도라는 하위 문구와 모순된다.

이와는 대조적으로 유대-기독교 전통에 근거한 분석은 평등의 원리를 하나님 자신(창조자)에 근거한 초월적인 도덕적 절대성에 기초했었다. 이러한 도덕적 원리는 그것이 지켜지든 그렇지 않든 진리의 자리에 있다. 제퍼슨과 다른 식민지 노예 소유자들이 자신들의 이상과 일치하지 않는다고 해서 그들의 이상이 타당하지 않다는 것을 의미하지는 않는다. 의지의 속박은 도덕적 완벽을 불가능하게 만든다. 하지만 심지어 노예 소유자들에 의해 인정된 평등에 대한 이상은 결국 노예제 폐지 운동을 촉발시켰고, 마침내 노예제도를 폐지하기에 이른다. 평등의 뜻이 다의적이기는 하지만 그러나 초월적이고 절대적인 목표가 있는 한 시민인권운동과 도덕적 절대성에 부합하는 참된 세계를 만들고자 하는 다른 투쟁들이 가능해진다.

해체론자들은 평등이라는 언어 자체가 그 용어가 정의하는 것과 반대되는 불평등에 따라 그 의미가 정해진다고 본다. 자유가 노예제도의 반대를 의미한다면 자유를 이해하기 위해서는 노예제도의 가능성이 항상 존재해야 한다. 진정으로 자유롭고 평등한 사회에서는 아무도 그런 제도를 만들지 않을 것이다. 누가 자유롭고, 누가 노예인지는, 권력의 패러다임이 바뀔지 모르지만 민주주의의 수사학은 그 모순된 토대를 버리게 될 것이다.

해체주의자의 분석이 실로 현상 유지를 전복시키는 반면 그 가설에 기초한 정치적 프로그램은 반 진보적일 수도 있고 권위주의적 일 수도 있다. 유대-기독교 세계관에서 진보는 그것에 따라서 세계가 개혁되어야 할 도덕적 절대성이 있기 때문에 가능하다. 초월적인 기준점이 없으면 진보를 위한 기준도 있을 수 없다. 남아 있는 모든 것은 권력의 행사뿐이다. 만약에 언어가 오직 상징과 상징을 연결하는 연관성의 표상만으로 임의적이면, 민주주의, 마르크시스트, 페미니스트 혹은 파시스트 등의 이행은 그 자체로 정당화되는 모든 수사에도 불구하고 임의적일 수밖에 없다.

해체주의자의 방법론은 기존 의미를 전복시킬 수 있는 반면 또 다른 결과가 나올 수도 있다. 언어의 모든 한계로 인하여 언어에서 벗어난다는 것은 불가능하다. 해체주의자들에게 그 자체 이상의 현실을 지적하는 말로서 초월성의 개념은 궁극적인 속임수에 해당한다. 말은 다른 말을 지적할 뿐이다. 언어는 하나의 감옥이다. 말은 부적절하지만 우리 모두 그 언어를 사용하고 있다. 그 자체 객관성을 지닌 존재론적 지위의 이념을 지적하는 말로서의 "초월적 의미"를 믿는 것은 언어 중심적이 되는 것이다. 언어 중심주의란 언어를 소리, 현존, 서구 형이상학과 일치시키고, 궁극적으로는 하나님의 말씀으로부터 파생되는 것과 동일시한다.(20) 해체주의자는 이와 같은 계층구조를 무너뜨리고자 한다.(21)

파시즘과 마찬가지로 해체는 초월성에 대한 반란이다. 개인적인 정체성, 문화적 상대주의, 권력에의 환원주의의 거부는 모두 초기 파시스트 이론의 정교한 발전이다. 그러나 해체와 파시즘 사이의 연결은 지적 유사성과 친화성 그 이상이다. 해체주의의 주요 이론가인 자끄 데리다/Jacques Derrida는 유대인이지만, 제프리 멜만/Jeffery Mehlman의 말대로, 해체를 측면 지원하는 "세 가지 이상의 가장 순수한 경력이 파시즘에 연루됨으로 심각하게 손상된다."(22) 하이데거의 파시즘은 이미 논의되었다. 프랑스 소설가이자 문학 이론가인 모리스 블랑쇼/Maurice Blanchot는 파시스트 저널에 반셈족 기사를 쓰고 테러를 지원했다.(23) 미국에서 그 누구보다도 해체를 촉진시킨 폴 드 만/Paul De Man은 나치 선전가였다. 멜만 외에 비록 접근은 다르지만 해체와 관련된 한스 로버트 야우스/Hans Robert Jauss는 리셉셔니스트/receptionist 평론가였다. 그는 무장 친위대의 일원이기도 했다.(24)

폴 드 만은 예일 대학의 교수였으며 현대 문학비평의 핵심 인물이었다. 1984년 드 만이 죽은 직후 그의 작품을 수집하고자 했던 한 연구자가 드 만이 점령당한 벨기에에서 친 나치 잡지에 백 편이 넘는 논문을 썼다는 것을 발견했다. 드 만은 미국으로 이민 가서 공부를 시작했을 때에 파시스트 언론인으로서의 배경을 비밀로 했다. 이와 같은 사실은 자신을 좌파로서 파시즘 중에서도 극단적이라고 생각하는 현 학계의 주류파들을 몹시 당황하게 만들었다. 그를 옹호하는 이들은 드 만이 젊의 시절의 견해를 버리고 그의 해체는 모든 권위주의를 내려놓은 방법이었다고 주장한다. 다른 사람들은 드 만의 개인적인 결점이 그의 지적 시스템을 무효화시키지는 않는다고 말하면서 그것들은 단지를 그를 향한 인신공격이라고 했다. 다른 학자들은 특별히 최근에 하이데거의 파시즘 연루가 드러난 가운데 파시즘과 해체와의 관계를 밝혀내고자 내고자 한다.(25)

폴 드 만은 비겁함, 야망에서 점령군에 협력하는 협력자 이상이었음에 틀림없다. 이미 언급했듯이 그의 삼촌인 앙리 드 만/Henri De Man은 중요한 파시스트 이론가였다. 앙리 드 만은 계급에 기초한 마르크스주의를 국가 사회주의로 전환하기 위한 이론적 토대를 마련했다.(26) "20세기 가장 독창적인 사회주의 철학자 중 한 명"으로 기록되는 앙리 드 만은 하이데거와 함께 새로운 파시스트 질서의 주요 사상가로서 언급되었다.(27) 실제로 모든 유럽 국가들이 파시스트 정당을 가지고 있었음을 기억하는 것는 중요하다. 앙리는 벨기에 노동자당 총재로서 독일이 그의 나라를 점령하기 전에 국가 사회주의의 발기인이었다. 그가 자신의 조카를 그의 주변에 어떻게 끌어올렸는지를 쉽게 이해할 수 있을 것 같다.

파시스트 저널, "저녁"/Le Soir 을 위한 폴 드 만의 기사는 주로 문학적인 토론이었으나 때로는 반유대적인 주제를 다루기도 했다. "그들의 두뇌, 즉 교리를 냉철하게 분리시키면서 교리를 동화시키는 능력은 유대인 정신의 특정한 특성 중 하나이다."라고 그는 썼다.(28) 드 만은 유대인에 대한 자신의 비판과 그의 옹호자들이 중요하게 여기는 "통속적인 반 유대주의"를 구분한다.(29) 그러나 그의 지적 반 유대주의는 파시스트 이론가들의 공통 주제에 해당하는데, 유대인들은 그들의 인종에 대한 것보다 그들의 사랑에 대한 비난을 더 크게 여긴다. "유대인의 마음이 냉혹하고 사색적이라고 말함으로 그는 유대인들이 추상주의적이고 유일신, 합리주의, 초월적 도덕의 소외 효과를 비난하는 파시스트 노선을 반영한다. 드 만은 같은 글에서 서구의 문학적인 삶에 있어서 유감스러운 결과가 오지 않도록 유럽으로부터 고립된 유대 식민지 탄생을 가져왔을 수도 있는, 유대인 문제에 대한 "하나의 해답"이라고 말했다.(30) 자신들의 식민지를 형성하기 위해 유대인을 추방하는 것은 사실 "유대인 문제"를 다루기 위한 나치의 초기 제안이었다. 한때 그들을 모두 마다가스카르로 보낼 계획이 있었다. 유대인을 한 곳에 고립시키려는 목표는 대신 강제수용소 고안으로 대체되었다. 그 후 안락사 시설이 최종적인 "유대인 문제 해결"이 된 것이다.

드 만은 파시스트 지성의 주류였다. 이들 초기 에세이들은 나중에 그의 성숙한 글에서 발전되는 주제들을 탐사하는 것이었다. 그의 반 유대인 발언이 명백한 증거가 되는 초월성의 거부는 파시스트 사상과 해체 모두에게 기본적인 것이었다. 후기 작품에서 발전된 초기 에세이의 핵심 주제는 반 개인주의였다.(31) 문학의 비인격화, 심지어 비인간화 시키려는 드 만의 노력은 1942년 초기 "저녁"/Le Soir에 서 분명하게 드러나고 있다.

**문학 스타일의 발전은 독단적이고 개인적인 결단에 의존하지 않
고 개인의 행동을 넘어 가혹한 작업을 수행하는 힘과 연결된
다.(32)**

이는 파시스트적인 지적 맥락에서 나중에 자아에 대한 포스트 모더니스트의 비판이 되는 간명한 진술이 된다.

드 만의 후기 작품들은 그의 초기 작품에 비추어 다른 의미를 지닌다. 스탠리 콤골드/Stanley Comgold는 드 만의 후기 작품들을 특징짓는 자의적인 폭력에 관하여 "알레고리 독서"라고 하면서 그중 한 구절을 인용하여 예를 든다.

**글쓰기는 언제나 기표차의 자의적인 권력 유희에 유리하게 처분
되는 순간을 포함하여, 주체의 관점에서 이것은 오직 분할, 참수/
beheading, 삭제 등으로만 경험할 수 있게 된다.(33)**

단순한 의미의 주장인 글쓰기 행위는 "권력의 유희"뿐만 아니라 "독단적인 권력" 행사가 되기도 한다. 언어의 사용은 친위대/SS의 의료진에 의해 일상적으로 행해진 잔혹한 범법의 폭력적인 행위를 생각하게 한다.

그 밖에 "알레고리 독서"에서 다룬 루소의 "고백록"에 관한 논쟁에서 드 만은 다음과 같이 말한다.

**모든 경험을 직면하면서(죄의식에 대한 변명으로) 그것이 가능했던 것
은 그 경험이 항상 허구의 담론과 경험적 사건으로서 동시에 존재**

하며 두 가지 가능성 중 어느 것이 옳은 것인지 결정하는 것이 불가능했기 때문이었다. 우유부단한 결정은 가장 궁색한 범죄에 대한 변명에서 가능한데, 하나의 소설처럼 죄의식과 무지의 강요에서 도망치게 하기 때문이다.(34)

경험 그 자체는 단지 사건일 뿐 아니라 다른 소설처럼 구성된 의미로서의 "텍스트"이다. 현실과 의미의 괴리 때문에 "가장 끔찍한 범죄"가 합리화될 수 있는 것이다. 드 만의 경우에는 그의 삶에 대하여 진술하는 "소설적인 담론"과 그의 전시활동의 "경험적 사건" 사이의 괴리가 특별히 컸던 것이다.

해체는 이런 종류의 도덕적 분리를 조장한다. 그것은 또한 과거를 축소하는 경향이 있다. 니체에 대한 토론에서 드 만은 "역사적 지식의 근거는 비록 이들이 전쟁이나 혁명을 가장한 텍스트일지라도 경험적 사실이 아니라 기록된 텍스트이다."(35)라고 썼다. 문학적 텍스트들이 그 자체로는 결정적인 의미가 없고 궁극적으로 알 수 없는 것처럼 전쟁이나 반란 같은 텍스트도 마찬가지이다.

허쉬는 역사를 해체하려는 드 만의 시도에서 자신의 과거를 회피하려는 개인적인 시도를 본다.(36) 그러나 허쉬는 파시즘과의 공모 관계를 숨기려고 하는 것은 드 만 뿐만이 아니라고 한다. 지적 기득권 자체는 "가장 발전된 단계에서 유럽의 고등 문화는 죽음의 수용소 건설과 이행을 막을 힘이 없었을 뿐만 아니라 실제로 수용소가 건설된 이념적 기반을 제공했다는 어두운 비밀을 숨기려 했다"라고 폭로한다.(37)

드 만 추종자들 가운데 일부는 전체 논쟁을 해체하려고 시도함으로써 그를 옹호해왔다. 드 만의 저널리즘은 내부 모순을 위해 면밀히 조사되었는데 이로써 유대인에 대한 그의 공격이 유대인 옹호 가운데서 해체되었다. 드 만을 나치주의자요 반 유대주의자라고 비판하는 사람들은 해체적인 맷돌 안으로 먹혀 들어갔으며 오히려 드 만을 비판함으로 인해서 나치와 반 유대주의로 비난받고 있다. 드 만을 위한 이러한 해체적 변증은 소름 돋게 하는 자기 풍자와 같은 것으로 그들의 난독과 회피로 인하여 해체가 순수한 역사적, 도덕적 문제를 문자적으로 다룸에 있어서, 또는 그 자체에 의문을 제기하는데 어떻게 무기력한지를 보여준다.(38)

해체가 파시스트가 아니라는 두 논쟁에 대해서 고려해보도록 하자. 해체에 관한 주요 이론가는 드 만이 아닌 유대인 자크 데리다/Jacques Derrida라고 한다. 해체는 따라서 반드시 파시스트일 수 없다고 한다. 허쉬는 이 점을 인종차별주의라고 일축하는데, 이는 누군가가 그의 인종 때문에 특정한 방식으로 생각해야 한다는 나치 주장의 반복일 뿐이라고 한다. 그는 말하기를, 데리다는 유대교 대신 하이데거를 따르기 위해 유대인 지식인이 아닌 프랑스 지식인이 되기를 선택했다고 한다.(39)

그러나 드 만 논쟁과는 별도로 다른 학자는 데리다를 유대인 전통에 포함시킨다. 수잔 헨델만/Susan handelman은 그녀의 책, "모세의 살인자: 현대 문학 이론에서의 랍비 해석의 등장"/The Slayers of Moses: The Emergence of Rabinic

Interpretation in Modern Literary Theory(40)에서 존재 해석에 대한 데리다의 접근이 체계화되지 않은 언어의 뉘앙스에 근접한 관심을 갖는다는 점에서, 어떤 면에서는 유대인의 미드라쉬 전통과 유사하다고 본다. 이러한 유대인의 접근은 언어를 넘어 이성적 체계와 이상화된 진리를 지향하는 시도로 서구 철학을 지배해 온 그리스 사상과는 크게 다르다. 허버트 슈나이더/Herbert Schneidau는 데리다의 해체를 성서 전통의 급진적 성상 파괴와 연관시킨다.(41) 더글라스 앳킨스/G. Douglas Atkins은 헨델만과 슈나이더를 지지하고, 톨레이프 보만/Thorlief Noman의 히브리 사상을 헬라 사상에 비교하면서 데리다를 히브리 전통 속에 위치시킨다.(42)

만약에 데리다의 사상이, 비평가들이 암시하는 것처럼, 종교적 차원을 가지고 있다면 그것은 특정한 종류의 종교일 것이다. 헨델만이 인정하고 있는 것처럼, 데라다의 유대주의와의 연관성은 정통 유대교와의 관계가 아니라 랍비 전통에 대한 해체와의 관련된 것으로 본다. 비록 해체가 성경의 성상 파괴와 유사할 수 있지만 여기에는 결정적인 차이가 있다. 히브리 예언자들은 인간이 만든 모든 우상들을 버렸지만 그러나 그들은 말씀의 권위에 따라 그렇게 했다. 하나님은 인간의 언어를 통해서 도덕적 절대성을 전달한 초월적 의미에 해당하는 분이다. 해체주의자들은 우상을 파괴할 수 있을지는 모르지만 그러나 거기에 그치지 않고 그들은 거룩한 말씀을 포함하여 그 밖의 모든 것을 파괴하고 있는 것이다. 성경적인 해체주의의 원형은 여호야김 왕이라고 할 수 있겠다. 그는 선지자의 기록된 언어를 요청하였다. 성경 본문의 각 구절을 읽을 때마다 그는 칼로 한 구절씩 잘라 벽난로의 불 속에 던져 온 두루마리가 없어질 때까지 태워 없애 버렸다. 왕과 그의 궁정은 그러나 두려워하지 않았으며 그들의 옷을 찢지도 않았다(렘36:23). 예언자는 여호야김이 말씀을 훼손하여 불태우는 것을 보고 놀랐을 뿐만 아니라 왕과 그의 추종자들이 그렇게 하는 것이 마치 말씀을 소멸시킬 수 있는 것처럼 만족하고 있다는 것에 더욱 놀라지 않을 수 없었다.

앳킨스/Atkins가 지적한 것처럼 해체에 관한 종교적 의미라면 20세기 급진적인 신학자로 초월성을 부정한 알타이저/Altizer의 기독교 무신론과, 믿음은 초월적인 내용을 무효화시켜야 한다는 실존주의 신학자 틸리히/Tillich에게서 찾아볼 수 있을 것이다.(43) 해체는 유대교든 기독교든 어떤 신앙고백적 종교에도 도전적이다. 로고스 즉 하나님의 창조적 설계, 그분의 아들, 그분의 말씀(요1:1_14)을 믿은 고백적인 그리스도인들에게 "로고스 중심"을 벗어나라고 하기는 어려울 것이다.

해체와 파시즘 사이의 연관성에 반하는 보다 효과적인 논쟁은 해체와 더불어 해체가 모든 권위를 의심하도록 요청하는 파시즘 간의 연관성에 관한 논쟁이 좀 더 말해져야 할 것이다. 이는 전체주의를 포함한 "전체화"에 관한 모든 형태를 약화시킨다. 따라서 해체는 본질적으로 반 파시스트적이라고 한다.(44) 하지만 이 논쟁에서 가장 큰 문제는 파시즘이 실제로 무엇이었는지에 대한 이해 부족을 드러낸다는 것이다. 파시즘은 혁명적인 면에서 성상 파괴를 지나치게 강조했다. 서구 문명의 이념과 가치를 파괴하려는 충동은 니체로부터 미래주의자들, 폭풍 군대에 이르기까지 그 특징이 되고 있다. 니체가 말한 것처럼, "누구든지 선과 악에서 창조자가 되려면 그는 먼저 가치를 무효화하고 파괴시켜야 할 것이다."(45)

일단 파시스트 권력 구조가 자리를 잡자 혁명의 국면은 조용해졌다. 해체주의자들은 이 시점에서 틀림없이 탄압을 받고, 해체적인 회의론이 그 역할을 했을 것이다. 언어의 해체는 이성을 훼손하고 모든 담론을 프로파간다로 축소시켰을 것이다. 자아의 해체는 자유를 환상으로 바꾸어 놓았을 것이고 인권의 가능성 자체를 되돌려 놓았을 것이다. 그것은 파시즘적인 "초월주의에 대한 실용적이고 폭력적인 저항"의 토대를 마련했을 것이다.(46)

해체주의자들에게 권위는 권력의 가면일 뿐이었다. 파시스트들은 그것에 대해 아무런 문제도 없었을 것이다. 인간의 권위를 훼손하는 것과 권력을 의심하게 하는 초월적인 도덕률의 보다 높은 권위를 훼손하는 것은 별개다. 해체와 더불어 이제 남게 된 것은 독단적인 권력뿐이다.

해체의 도덕적 공백은 이들의 가장 큰 약점이 된다. 폴 드 만의 파시즘을 해체하려는 시도와 관련된 왜곡된 합리화와 따분한 도치법에 격분한 와드 팍스/Ward Parks가 결정적인 질문을 제기한다.

나치즘을 비난하기 위한 해체적인 근거는 무엇인가? "나치가 유

**대인을 억압했다"와 같은 주장을 뒤집고 대신 유대인이 나치를 오
븐에서 요리했다고 함으로 그들이 정말로 나치의 억압자였다는
것을 보여주는 것과 같은 주장을 뒤집으려는 해체의 논리를 지니
려는 것은 아니지 않는가?(47)**

해체는 휴머니즘을 공격하지만 그 자리를 대신할 만한 것이 없
다. 해체는 "윤리적 제약 없이 오래 생존할 수 없는 인간 사회에
본질적인 허무주의적 철학을 개방하는 것의 위험성"을 과소평
가한다.(48)

해체에 대한 가장 가혹한 비판자는 아마도 데이비드 허쉬/
David Hirsch라고 보는데, 그의 아내는 바로 홀로코스트 생존
자였던 것이다. 그는 현대와 포스트모던 사상의 근본적인 영적
문제로 파고들어가 더 깊이 탐구해야 할 문제를 제기한다.

**아우슈비츠에서 신을 살해하려는 나치의 노력과 헬레니즘과 헤
브라이즘의 융합을 파괴하려는 서구 철학에서의 형이상학적 전
통을 해체하려는 시도 사이에 어떤 연관성도 있을 수 없는 것인
가? 사실 우리는 하이데거(그리고 지금은 데리다 추종자/Derridean와 드 만
추종자/De Manian)의 논리 중심적인 전통의 현실적인 결론에서 해
체가 정확히 아우슈비츠라고 정직하게 말해야 되는 것이 아닌
가?(49)**

괴테의 파우스트는 포스트모던 회의주의라는 막다른 골목
에서 시작한다. 파우스트는 대학이 모든 지적 학문을 익혔고,
그리고 "지식의 불가능성, 바로 이것이 내가 발견한 모든 것"이라
고 말한다.(50) 그의 이상주의와 냉소주의 사이의 불일치를 해결

하기 위해 노력하면서 파우스트는 "마스터 텍스트" 곧 성경으로 방향을 선회한다. 그다음 서양철학의 역사를 요약하고 현재 시대를 (그리고 포스트모더니즘 시대라고 말할 수 있는) 이끈다고 할 수 있는 괄목할 만한 구절을 소개한다.(51)

그것은 이렇게 기록되었다, 즉 태초에 말씀이 있었다.
여기에서 나는 꼼짝도 못 한다. 누가 나를 도울 수 있을까?
나는 그 말씀에 그런 공로를 부여할 수 없다.
내가 만약에 진실로 영에 의해 조명된다면,
나는 그것을 다르게 번역할 수밖에 없다.
그것은 기록되었다. 태초에 마음이 있었다.
하지만 왜 그렇게 빨리
내 펜이 질주해야 하는가?
그 첫째 줄을 잘 살펴보아라.
모든 것을 창조하고 영향을 주는 것이 마음인가?
다음을 읽어보아야 한다. 태초에 힘이 있었다.
하지만 나도 심지어 내가 쓴 것을 바꾸어야 한다고
무엇인가가 내게 그곳에 머무르지 말라고 경고한다.
영이 나를 감동하여 내가 필요로 하는 섬광을 보게끔 한다.
그리고 나는 기록하기를, 태초에 행동이 있었다!(52)

파우스트는 하나님의 말씀의 권위를 거부하는 것으로 시작하여 자유주의 신학자처럼 그의 취향에 따라 텍스트를 재해석한다. 그러나 결국은 성경의 권위를 부정함으로 그는 언어의 권위도 부정하게 된다.

파우스트는 마음에 우선권을 둠으로 하나님의 언어의 우선권을 부정한다. 여기에 자연의 합리적인 설계, 인간 이성의 권위를 신뢰하는 계몽주의의 낙관주의가 있다. 그러나 만약에 마음이 단순한 수동적 기록자가 아니라 능동적인 의미의 창조자라면 보다 근본적인 원리 즉 "태초에 힘이 있었다"가 있어야 한다. 괴테는 따라서 니체와 푸코를 모두 예견한다. 파우스트는 그 다음의 필연적인 단계를 깨닫게 되는데 힘은 오직 구체적인 행동으로만 나타날 수 있다는 것이다. "태초에 행동이 있었다!" 이와 같은 결론은 악마를 불러내는 것으로 결론짓게 된다. 악의가 없는, 하얗고 무해한 작은 푸들이 지극히 흉악한 유혹자/Mephistopheles로 변한다. 파우스트의 행위는 그의 영혼을 그렇게 악마에게 위탁시킨다.

파우스트의 요한복음 1장 1절의 해체, 즉 언어에서 마음, 힘, 행위로의 전환은 독일의 파우스트적인 경험, 바로 이들 주제의 포스트모던적인 발흥을 예견케 하는, 놀라울 정도로 예언적이었다. 포스트모던 사상도 마찬가지로 지식의 불가능성을 가정한다. 하나님의 말씀은 그 초월적인 권위를 잃게 된다. 언어 그 자체가 문제가 되고 "언어 행위" 즉 궁극적인 진리의 매개가 아니라 하나의 행위로 바뀐다. 마음은 합리성 자체가 의문시되기 때문에 그 권위를 잃어버린다. 현대 사상은 현재 권력이 모든 의미의 출처라는 가정의 단계에 와 있다. 우리는 도덕이나 심지어 합리적 제한이 없는 힘을 주장하면서 이러한 가정에 따라 행동하는 다음 단계를 기다리고 있다. 초월성의 완전한 상실은 해방이 아니라 악마들에게의 예속을 의미할 것이다. 지극히 흉악한 유혹자/Mephistopheles는 냉소주의와 현대적인 궤변으로 매력이 있지만 감추어진 의도가 있다. 포스트모더니스트들은 파우스트와 파우스트적인 독일과 마찬가지로 자신들이 기대했던 것보다 더 많은 것에 자신을 개방하고 있다는 것을 발견하게 될 것이다.

9. 사람들의 문화: 파시즘과 대중의 마음

현대 휴머니즘의 오래된 목표인 자유인의 교육은 충분히 현대적이지 않다. 단수인 "나"를 넘어 "우리"가, 개인의 필요를 넘어 사람들의 공동체의 필요가 존재한다. - Elfride Heidegger-Petri (1)

우리는 몇 세기 동안의 읽고 쓰는 능력으로 인해 우리를 갈라놓은 원시적인 감정을 다시금 구성하기 시작했다. - Marshall McLuhan (2)

파시즘은, 당연히, 하나의 지적 이론 그 이상이다. 이념은 대중 운동 속으로 차고 넘쳐나 정치 이론과 구체적인 행동으로 전환된다. 오늘날 포스트모더니즘 사상가들이 유대-기독교적인 지적 유산을 해체하느라 바쁜 동안에 대중문화는 훨씬 무모하게 새로 포장된 파시즘에 자신을 개방한다.

이미지와 대중

새로운 전자 매체, 특별히 텔레비전은 현대 문화에 심오한 영향을 미치고 있다. 언어의 중심이 전자 이미지 중심에게 자리를 내주고 있다. 텔레비전의 영향력에 대한 닐 포스트만/Neil Postman의 연구에서 보여주듯이 단어에 반응하는 것은 시각적인 이미지에 반응하는 것과 완전히 다르다. 언어는 지성에 호소하지만 이미지는 감정에 호소한다. 책을 읽는 것은 지속적인 집중력과 논리적 반성을 필요로 한다. 반면에 텔레비전 프로그램은 즉각적인 감정적 반응을 만들어 낸다.(3)

개념화와 반성을 요구하는 상징과 감정을 불러일으키는 상징 사이의 차이에는 큰 차이로 시사하는 것이 다른데, 그중 가장 중요한 것 가운데 하나는 TV의 교과과정을 반박할 수 없다는 것이다. 그 내용을 싫어할 수는 있지만 반대할 수는 없다는 것을 의미한다. 맥도날드 상업 광고의 이미지에 의해 유발된 감정이 거짓이라든가 혹은 진실이라든가 보여줄 수 있는 방법이 없다는 말이다. 진실과 거짓 같은 단어는 완전히 다른 상징 세계에서 나온다. 명제는 참이거나 거짓일 수 있다. 그런데 그림은 그렇지 못하다.(4)

새로운 미디어는 시청자들에게 "압축된 시간 경험, 단기적인 관계, 현재 지향적인 성취, 단순하고 즉각적인 해결책을 찾으라"라고 가르친다. 따라서 미디어 커리큘럼의 가르침은 장기 계획, 지연된 만족감, 전통과의 관련성, 복잡성 직면에 따른 필요 등에 대한 불신을 불가피하게 한다."(5) 그의 책, "죽을 때까지 우리를 즐겁게 하는 것"에서 포스트만은 텔레비전 사고방식이 모든 것

즉 정치, 교육, 종교를 어떻게 오락으로 환원시키는지를 보여준다.[6] 포스트만은 이러한 이미지 중심성이야말로 민주적인 사회에 재앙적인 영향을 줄 수 있다고 경고한다.

히틀러 역시 어떤 면에서는 미디어 학자라고 할 수 있겠다. 대중 연설이 대중을 설득하는 수단으로 글쓰기보다 우위에 있다고 논한 후 히틀러는 다음과 같이 말한다.

영화에 이르기까지 모든 형태의 그림은 더 큰 가능성을 가지고 있다. 여기서는 머리를 좀 덜 사용해도 된다. 그림은 바라보는 것으로 족하며, 최소한 아주 간단한 텍스트를 읽으면 된다. 때문에 많은 사람들이 긴 기사를 읽는 것보다 그림으로 된 표시를 훨씬 쉽게 받아들일 것이다. 그림은 짧은 시간으로 사람들을 모이게 하며, 힘들게 글을 읽어 얻을 수 있는 것을 단 한 번에 깨우칠 수 있다.[7]

여기서 텔레비전 시대가 도래하기 훨씬 오래전에 히틀러는 이미지의 즉각성, 추론을 피하는 성향, 조작의 가능성 등을 예견하고 있는 것이다.

언어보다 이미지를 우선시하는 것은 파시스트 이론의 신조 가운데 하나였다. 유대교와 기독교를 함축한 "말씀"은 추상적이고 초월적이다. 이교도 영성이 지니는 이미지는 구체적이고 즉각적이다. 에즈라 폰드의 문학적 심상주의/imagism로부터 하이데거 언어의 지명하는 힘을 파괴하지 않고 정복하고자 하는 프로젝트에 이르기까지 파시스트는 언어보다 이미지에 역점을 둔다.[8]

언어에 대한 파시스트의 비판은 포스트모던 비판이론과 또 다른 연관성을 갖는다. 폴 드 만은 "자연적인 실재를 위한 언어적 구성이 지니는 오류"를 강조했다. "이와 같은 언어의 권위에 대한 의문이야말로 내가 아는 가장 파괴적인 교육을 가져왔다"(9)고 그의 학생 가운데 하나가 말하였다. 말의 권위를 거부하는 것은 곧 "말씀"의 권위를 거부하는 것이기도 했다.

나치의 집회에서는 종종 책을 불태우기도 했다. 이러한 일들이 일반적으로 교육받지 않은 폭도들에 의해서가 아니라 대학생들에 의해 행해졌다. 책을 태우는 일은 하이데거가 총장으로 있는 동안 프라이부르크 대학교에서도 있었다.(10) 최근 스탠퍼드 대학에서도 유사한 시위가 있었다. 포스트모던 비판 이론에 힘입어 학생들은 기초 인문학 과목에서 요구되는 고전 텍스트 법전을 반대하는 시위를 했던 것이다. 독서 목록에 있는 책들이 "죽은 백인 남성"에 의해 지배되고 있기 때문에 "유럽 중심"적이라는 이유로 학생들은 "헤이, 헤이, 호, 호! 서구 문명은 가라"라고 외쳤다. 결국 교과과정 독서 목록은 바뀌었다. 책을 태우는 집회에 참석한 학생들의 동기는 유사했고 진지했다. 그들은 서구 문명을 표현하는 언어를 파괴함으로 그 사상을 반격하고자 했던 것이다. 해체는 훨씬 더 파괴적인 것으로 텍스트의 모든 권위를 박탈하고 비밀 범죄를 심문하고 그 의미를 청산하고자 했다. 책을 찢어버리는 것도 불태우는 것과 다름없었다.

나치는 책을 태웠지만 시각 매체는 사랑했다. 공공 계몽선전부 장관인 요세프 괴벨스는 "나는 영화를 선전 도구로 활용하고 싶다"라고 말하기도 했다. 제3제국/Third Reich은 1363편의 영화를 제작했다. 많은 영화들이 순전히 오락용으로 반유대적인 멜로드라마, 민속문화에 근거한 역사적 서사, 군부를 찬양하는 액션 영화 등이었다. 나는 고발한다와 같이 안락사를 찬성하는 여론 형성에 결정적인 영향을 미치는 것들도 많이 있었다. 레니 리펜슈탈의 의지의 승리와 베를린 올림픽에서 아리안 선수를 축하하기 위한 올림픽도 포함되어 있다. 어떤 영화도 공식적인 승인 없이는 개봉될 수 없었다. 진정한 영화광인 괴벨스는 아무리 바빠도 하루에 한 편의 영화를 보았다고 한다. 그는 또한 나라를 단결시키고 전쟁의 어두운 분위기에서 열정을 지닐 수 있도록 하게 하기 위해 당시의 전자 통신매체인 라디오를 능란하게 이용했다.(11) 사람들은 그가 라디오가 아닌 텔레비전이라면 무엇을 했을 것인가를 궁금하게 했다.

파시즘과 오늘날의 대중문화 모두가 이미지 중심이라는 데서 서로 유사한 점이 있다. 급성장하는 미디어 기술 때문에 현대의 대중문화는 1930년대의 독일보다 훨씬 이미지 중심적이며 점점 더 그렇게 되어가고 있다. 이는 오늘날 인구가 선동적인 심리학과 그 정서적 충격, 그리고 비합리적 호소에 더욱 민감할 수 있음을 암시한다.

포스트만/Postman은 여러 시간에 걸쳐서 복잡한 문제에 대한 밀접한 분석에서 오늘날 미디어 캠페인에 이르기까지 미국 내 정치적 담론이 링컨과 더글라스 논쟁 당시와 어떻게 다른지를 보여주고자 했다. 이미지 컨설턴트에 의해 관리되는 선거 후

보자들은 그들의 경쟁력 때문이 아니라 미디어 존재감과 카리스마 때문에 선택되거나 낙선된다. 다행스러운 것은 대부분 미디어의 설득적인 잠재력이 정치적 이데올로기보다는 상품 판매쪽에서 더 발달되었다는 것이다. 여전히 네트워크와 전체 경제에 커다란 후원이 되고 있는, 상업적인 텔레비전의 막강한 영향력이 미디어의 설득력을 입증해 주고 있다.

그러나 파시스트를 위한 매스 미디어의 목적은 선전 그 이상의 것이었다. 이미지의 힘은 다양한 사람들을 하나로 묶어주었다. 영화관 안에 있는 개인들은 하나같이 공통적인 경험, 감정, 반응을 보인다. 이와 같은 공동의 경험은 개인의 소외감을 치유하는 데 도움이 되기도 한다. 선전은 거짓을 통하여 대중들을 냉소적으로 조작한다고 단순하게 이해되지 않는다. 그것은 중요한 이념적 기능을 가진다. 선전은 사람들을 공동의 의지를 구축하여 공동체를 만들게 한다.

이것이 대중집회와 거대한 공공 예전을 가능하게 할 수 있었던 이유였다. 히틀러의 정당 집회는 그 자체만으로도 놀랄만한 구경거리였다. 1936년 뉘른베르크 집회에 관한 기록은 140,000명의 관중들이 함께 모였었다고 한다. 히틀러가 도착하는 순간 150개의 조명이 켜지면서 하늘을 향해 "고딕 양식의 성당"모양을 만들어 냈다. 그다음엔 25,000개의 깃발을 든 제복을 입은 기수들이 금은처럼 반짝이면서 붉고 넓은, 마치 타오르는 용암의 흐름처럼 어둠에서부터 행진해 나아왔다. 바로 그때에 대합창단이 노래를 부르기 시작한다.(13)

히틀러는 소외된 개인들이 거대한 군중에 소속되기를 열망하는 군중의 심리를 잘 이해하고 있었다. 나의 투쟁에 나오는 한 구절은 그런 심리가 신랄함과 냉소주의를 결합하는 특징을 지닌다는 것을 암시한다. 히틀러는 다음과 기록하고 있다.

대중 모임은 그 속에서 먼저 젊은이의 운동을 지원하지만, 고독을 느끼고 홀로되는 것을 두려워하는 커다란 공동체 그림을 그리고, 그 안에서 강해지는 효과를 상상한다… 군중 속에서 그는 항상 무언가 보호되고 있다고 느낀다…작은 일터이든 큰 공장이든 작게 느껴지고 다음에는 대중 모임에 처음 발을 들여놓게 되고 그들의 의견에 동화되게 된다. 처음에는 탐색자가 되지만 흥분과 열정적인 강력한 영향력 안으로 수천의 사람들과 함께 휩쓸려 들어가면 이전에 옳게 보였던 확신이나 진실들을 의심하게 되며 성공적으로 보이는 그들이 지닌 새로운 교리에 동의하면서 대중적인 제안에 마법처럼 홀려 굴복하게 된다.(14)

부르주아는 대중의 효과와 대중의 영향력을 위한 심리적 직관이 부족하다고 히틀러는 말한다.(15)

이미 시사한대로 오늘날 대중 미디어의 영향력 가운데 하나는 대중문화의 창조이다.(16) 나라 전체가, 세상의 많은 사람들이 같은 텔레비전 쇼를 보고, 같은 패션을 따르고 같은 방식으로 생각한다. 개인의 차이는 균질화된다. 세계는 마치 하나의 큰 "집단"을 이룬다. 세계를 지구촌이라고 한 매클루언/McHuhan의 은유는 "하나의 작은 세계"그 이상을 의미한다. 매클루언은 전자 미디어가 기술적인 정교함을 위해 세계를 보다 원시적인 부족적 사고 양식으로 변화시키고 있다고 논한다. 이미지가 언어, 합리주의를 대체할 때에 그것이 낳는 소외감은 정보 시스템 속으로 사라지고 경험과 감정, 집단 정체성을 강조한다. 문자 이후의 세계는 문자 이전의 세계와 비슷하게 충동적이고 감정적이며, 공동 사회같이 된다.(17) 스트라빈스키 이후 현대주의자처럼 매클루언은 원시사회에 대한 편견을 갖고서 이것이야말로 놀랄만한 것이라고 생각한다. 나치즘이라는 원시적인 의식에 대한 대규모 실험에 비추어 볼 때에, 우리는 그렇게 생각하지 않는다.

독일에서의 대중문화 출현은 보다 정교한 예술과 문자로서의 고등 문화가 대중들이 즐길 수 있는 예술 형태의 대중문화에 길을 내주게 되었다. 헤르더 이후의 독일 낭만주의는 지식인들의 높은 문화를 인위적이라고 하는 반면 사람들의 민속문화는 진실한 것이라고 주장해왔다.(18) 나치 치하에서 이러한 문화적 대중주의의 중요성은 훨씬 더 크게 여겨졌다. 한 나치 이론가는 "독일 문화는 항상 사람들의 문화였다"라고 한다. "자유 문명과 유대인 배제로 인한 상처가 컸다고는 하지만 아무도 독일 문화로부터 세상을 구하는데 성공하지는 못했다."(19) 여기에 문화와 문명, 유기적 공동체주의와 유대인의 배제 사이의 파시스트에 익숙한 구분을 볼 수 있다. "사람들의 문화"는 오래된 풍속을 회복하고 모든 사람들이 접근할 수 있도록 할 것이다.

비록 고등 문화의 많은 예술가와 지성인들이 새로운 제국의 중요한 지지자였을지라도, 처음에는 특별히 대중의 의식 형성과 유기적인 공동체 성취를 위해 대중 예술에 대한 새로운 강조를 필요로 했다. 말하자면 그것은 바로 저속한 작품들에서 그러했다. 감상적인 시, 라인강 소녀의 그림, 라크리 모스 음악 등이 다시 유행하기 시작했다. 높은 문화의 기준에 따라 말할 수 없을 정도로 무미건조하게 보이는 것일지라도 사람들의 문화에 따라 매우 다르게 평가될 수도 있었다. 제국 이전의 표현주의의 복잡성은 괴벨스와 같은 나치의 지성인에 의해 여전히 높이 평가되었더라도 대중 의식에 적합하게끔 보다 단순하고 보다 대중적인 예술 형식으로 바뀌어야 했다.

오늘날 대중문화 역시 고등 문화를 집어삼키고 있다. 케네스 마이어/Kenneth Myers는 미디어 중심의 대중문화가 어떻게 고등 문화와 전통적인 민속문화 모두를 밀어내고 있는지를 설명한다. 오늘날 많은 어린이들은 비록 민속 문화 속의 동화나 동요를 더 이상 알지 못하지만 스쿠비 두 만화와 최신 광고의 반복되는 후렴은 알고 있다. 어른들은 세련된 음악 대신에 자신들의 청소년기 시절 로큰롤을 여전히 듣고 있다. 진지한 예술과 문학은 깊은 관심과 지식, 능동적인 참여와 나아가서 시청자 입장에서의 해야 할 일이 있기도 하다. 수준 높은 예술은 순간적인 접근, 감정적인 만족, 시장 주도적인 매력 등 사람들의 문화가 요구하는 최소한의 공통분모를 지니지 못하기 때문에 경쟁하기가 어렵다.

오늘날의 고등 문화는 하지만 평범함의 승리로 인해 많은 비난을 감수하고 있다. 오늘날의 예술과 문화적 성취는 의도적으로 고등 문화와 대중문화 간의 차이를 애매모호하게 한다.

포스트모던 비평가들이 바로 그 애매모호한 경향성을 이끌고 있다. 예술적 기준과 업적의 척도는 사회적 힘의 나타남에 의해서 해체된다. 이와 같은 사고방식에 따르면 지배하고 있는 고등 교육과 수입, 사회적 지위가 있는 "백인 남성 유럽인"에 의해서 선과 악이 결정된다. 이는 도덕적 판단에서처럼 미적 판단에서도 마찬가지이다. 따라서 "셰익스피어나 밀턴과 같은 "고전"문학 작품들은 힘없는 사람들에게 인기 있는 작품보다 특권을 누린다. 사망한 백인 유럽 남성에 의한 작품으로 대부분 구성되어 승인된 문학작품 목록은 권력을 가진 엘리트의 가치를 뒷받침해 준다. "미적인 질"/aesthetic quality의 법주는 여성이나 소수자, 하층 계급에 의한 작품 (그리고 그들이 즐기는 작품)들은 열등하다고 분류하는 장치에 의해서 이런 것들을 같은 자리에 묶어둔다.

  포스트모더니스트들의 비판은 기준을 고치고 고전 작가들을 심문하여 그들의 억압적인 이데올로기를 드러내고 소외되었던 규범 작가들과 문학 장르를 끌어들이는데 많은 노력을 기울인다. 고등 문화와 대중문화 간의 차이는 부인된다. 전통적으로 공식적이고 비문학적인 것으로 여겨져 온 글의 종류들은 소위 고전이라고 불리는 것만큼이나 비판적인 관심을 받을만한 가치가 있다고 여겨진다. 대학들은 대중문화 강좌를 제공하고 심지어는 전문학과를 개설하기도 한다. 문학부에서는 할리퀸 로맨스 혹은 텔레비전 연속극(여성들에게 어필하는 장르) 과정을 제공하기도 한다. 괴물 영화, 펄프 스릴러, 그리고 로큰롤 가사가 제인 오스틴 소설과 마찬가지로 연구 대상이 되기도 한다.

고등 문화의 예술가들이 그들 스스로 대중 시장에 팔려나가고 있다. 이것이 앤디 워홀의 캠벨 수프 캔과 마릴린 먼로 판화가 의미하는 바이다. 워홀의 아방가르드적인 몸짓은 미술 교과서에서 연구된 자급자족 실험인 "고급예술"전통을 완전히 거부하는 것이었다. 워홀은 대신에 대중 예술 전통으로 눈을 돌렸고 의도적으로 그 나름대로의 구미에 맞는, 대량생산, 그리고 유명 인사들을 모방했다. 게다가 현기증 나는 수준의 아이러니로 워홀의 대중문화에 대한 과장된 모방은 고등 문화와 하급 문화 모두에게 통했다. 워홀의 자의식과 반 농담은 실제로 그를 유명인으로 만들었다. 팝 상업주의에 대한 그의 패러디는 상업적으로 큰 성공을 거두었다. 이렇게 해서 아방가르드 예술가들은 믿어지지 않을 만큼 부유하게 되었다.

대중 시장은 엄청난 재정적 보상을 약속하기 때문에 진지한 예술가들도 그 유혹을 뿌리치기가 힘들다. 저명한 소설가들은 이제 베스트셀러 목록에 오르고자 한다. "고등 문화"의 작가들은 이제 서부극, 미스터리, 스릴러 (판매량에 영향을 줄만큼은 아니지만 조금은 그 아이러니를 알고 있는 정도로) 물을 쓰고 있다. 진정한 성공의 징표는 영화 계약을 따내느냐에 달려있다. 출판사들은 이제 사람들이 읽을 뿐만 아니라 영화로 만들어질 가능성이 있는 원고를 찾는다. 많은 출판업자들과 작가들이 책 그 자체보다는 할리우드와의 거래로 더 많은 돈을 벌기 때문에 이야기의 탐욕적인 소비자인 할리우드는 출판 산업을 움직이고 이 또한 글 보다 이미지의 승리를 보여준다.

여러 종류의 대중 의식 가운데 하나의 커다란 위험은 폭력에 대한 성향이다. 대중 심리학자들은 어떻게 개인적인 자제가 한 사람이 폭도의 일부가 되었을 때에 쉽게 잃게 되는가를 연구해왔다. 성격적으로 온순하고 친절한 마음을 가진 개인도 큰 그룹 안에서는 살인적인 성격으로 변할 수도 있다. 폭도들은 감정보다는 덜 이성적이고 도덕적 제약보다는 비합리적인 충동에 의해 지배되는 경향이 있다. 이것이 바로 히틀러가 폭도들을 사랑한 이유이다.

폭력

십사만 명의 인간이 하나로 뭉친 뉘른베르크 집회는 집단 공동체의 의식을 조성하는 방법일 뿐만 아니라 공동체를 폭력에 동원하는 방법이기도 했다. 이는 전체 나치 선전기구의 또 다른 기능으로서 사람들로 하여금 유대인들에게 등을 돌리고, 전체 공동체를 전쟁을 위해 동원하기 위한 것이었다.

오늘날의 대중문화도 비슷하게 폭력에 의해 매혹되고 자극된다. 대부분 이는 영화나 록 콘서트로부터 나오는 미화된 폭력, 곧 대리적인 전율을 느끼게 하는 데서 가능해진다. 아직 뚜렷한 초점이나 정치적인 출구는 없었지만 미디어에 의해 폭력이 찬양되는 만큼, 기괴한 범죄와 끔찍한 거리 폭력이 현실적으로 넘쳐나는 것은 의심의 여지가 없다.

한때는 폭력의 미학이 나치 아방가르드를 연상케 하였으나 지금은 대중 연예산업이 완전히 그 자리를 차지하게 되었다. "폭력

모던파시즘

에 대한 소렐의 성찰"과 미래주의자들의 "공격적인 운동 예찬," "파괴적인 몸짓", "주먹으로 치고 날려버리는"(21) 등은 충격적이고 논란이 되었다. 이와 같은 미학은 특히 빅토리아 시대와 관련된 감상적이고 고상한 마음을 고수하고자 하는 그 세대의 대중문화에 대해 분노를 일으켰을 것이다. 그러나 오늘날 폭력의 미학은 대중 문학의 영역이기도 하다.

오늘날 대중 시장 영화들은 참수, 즉 눈에 박힌 얼음조각, 체인 톱의 절단, 그리고 사람의 뇌를 폭파시키는 묵직한 탄약 등을 즐긴다. 전체 하위 장르인 공포영화는 십 대와 여성들이 차례로 도살되는 이야기로 전부 구성되어 있다. 심지어 보다 세련되었다는 영화들까지도 차가 전복된다거나 얼굴에 총알이 박히는 등과 같은 내용을 필수적으로 담고 있다.

대중오락이 폭력적인 요소들을 요구하면서 항상 모험과 긴장을 중시하는 가운데 새로운 미디어 폭력은 과거의 것과 달라지게 된다. 전통적인 내러티브는 폭력을 더 큰 의미의 맥락에서 긴장과 정화시키기 위해 이야기의 일부로 사용된다. 오늘날 공포영화와 같은 많은 현대 영화에서는 폭력 그 자체가 전부이기도 하다. 구상/plot은 영화에서 또 다른 영화로 재사용된다는 점에서 최소화되는 것 같다. 유일한 매력은 특수 효과 기술자들이 새로운 잔학 행위를 경쟁적으로 모의시험하듯 하는 데서 보게 된다. 물론 잠시 후면 충격 효과는 사라지고 살인 그 자체마저 웃음거리가 되고 만다.

보다 중요한 것은 폭력이 영화화되는 방식이다. 전통적인 공포 이야기는 희생자의 관점에서 출발한다. 관객들은 자신을 "선한" 주인공과 동일시한다. 카메라는 창문으로 주인공이 다가오는 괴물을 바라보고 있는 얼굴을 보여준다. 영화 관객들은 순간적으로 대리적인 겁을 먹지만 결국에 괴물은 패배하고, 결론은 감동적인 도덕적 내용으로 끝을 맺는다. 새로운 공포 영화는 종종 괴물의 관점에서 출발한다. 가해자가 열쇠 구멍을 통하여 여자를 지켜보고, 자비를 간청하는 클로즈업 된 여자의 얼굴, 카메라 시각에서 여자의 몸을 찌르는 칼을 보여준다. 관객들은 누군가를 죽이는 것이 어떤 것인지를 대리 경험하게 된다. 관객이 희생자와 동일시되지 않기 때문에 영화는 결코 무섭지가 않다. 대신에 관객의 심리에 따라서 영화는 불쾌할 수도 있으며, 도덕적 금기를 범하는데서 오는 쾌락의 쇄도로 스릴을 느끼거나 또는 관객들을 둔감하게 하고 희생자를 비인간화 시켜 대리 살인을 재미있게 보이게 할 수도 있다.

히틀러의 대중 집회는 빛의 쇼와 음악으로 완성시켜 오늘날의 대형 록 콘서트를 떠올리게 한다. 콘서트에 간다는 것은 한때, 단순히 예술가의 연주를 직접 들을 수 있는 것을 의미했었지만 우드스탁(1969년 8월 미국 뉴욕시 교외의 우드스탁에서 열린 록 페스티벌-역주) 현상과 더불어 콘서트는 공동 경험에 참여하는 기회가 되었다. 오늘날 많은 록 콘서트가 폭력에 대한 대중의 판타지로 변해버리고 말았다. 데스메탈 밴드(폭력, 악마의 이미지를 상징하는 템포가 빠른 메탈 록을 의미-역주)는 강간, 고문, 대량 살인("내가 너를 죽일 거야" 같은 비명) 등을 노래한다. 진동하는 음악은 단두, 고문, 동물 살해

모던파시즘

등 음산한 무대를 동반한다. 살해 콘서트에서는 여성의 머리를 공개적으로 자르고 아기를 군중에게로 던지는 몸짓을 하기도 한다. 이런 일이 진행되면서 십 대들(대부분 남자들)은 폭력적인 구호를 외치며 밴드와 합류한다. 그러고 나서 그들은 격렬히 몸을 흔들고 서로 부딪히거나 하는 군무를 시작하는데 그 속에서 모든 이들은 서로 가능한 한 격렬한 몸짓으로 서로 부딪힌다.

분노와 폭력적인 가사, 관객들이 서로 부딪히는 춤을 추는 폭력의 미학을 이용하는 최초의 밴드는 1980년대의 펑크 로커들이었다. 최첨단의 펑크 밴드는 도덕적 반란의 한계를 뛰어넘었다. 일부 펑크와 헤비메탈 그룹은 인종차별적인 가사 금기를 위반하고 청중들에게 심금을 울렸다. 어떤 펑크 로커들은 "나의 투쟁"/Mein Kamp을 읽고 나치즘의 멋을 내기 위해 스와스티카 문양을 곳곳에 장식한 장신구를 착용하기도 한다.

스킨헤드 운동은 적어도 부분적으로는 펑크 록에서부터 시작되었다. 특별히 유럽에서는 이민자와 좋지 못한 경제 전망 속에서 원망하는 노동자 계층의 젊은이들이 그들의 머리를 밀고 신나치 세포를 형성했다. 일부는 영국의 국민전선과 같은 조직적인 파시스트 정당의 일부가 되었다. 비슷한 조직들이 거의 모든 유럽 국가에서 생겨났다. 베르트랑 드 주베넬/Bertrand de Jouvenl이 그 당시 말했듯이, 최초의 파시스트 당은 마찬가지로 "영웅주의와 폭력을 사랑함으로 해고된 젊은이들"에 의해 형성되었는데 특히 폭력적인 젊은이들에 의해서였다.(22) 이전 돌격대/SA가 그러했듯, 스킨헤드들은 축구장에서 흑인들을 구타하고 폭동을 조장하는 폭력행위/hooliganism을 즐긴다. 집회에서 펑크 메탈을 연주하고 격렬하게 춤을 추기도 한다.(23)

푸코는 "이성의 폭력"을 극복할 수 있는 힘을 위한 폭력적인 비합리성을 찬양했다.(24) 푸코는 광인이란 제정신을 지닌 사람들에 의해 억압을 받고 범죄자는 법에 의해 억압을 받는다고 믿었던 반면, 역사는 이성과 도덕의 모든 제재를 벗어버리는 것이야말로 해방이 아닌 파시즘에게 가는 길이라는 것을 보여주었다.

뉴에이지

이는 미국 사회가 반드시 또 다른 히틀러를 기다리고 있다는 말은 아니다. 미국에서 진정한 파시즘이 뿌리를 내리는 데는 중요한 장애물이 있다. 1940년대 미국에 대한 나치의 견해는 명백한 모순점을 보여주는데 이후 그중 일부는 누그러지기도 했다. 나치 학자 프란츠 오토 브레데/Franz ottowrede는 독일 국가사회주의가 전쟁에서 미국을 이기게 되는 이유를 예측했다.

북미가 전쟁에서 패배함으로 인해 항상 식민지였던 땅으로 결국은 다시 돌아가게 될 것이다. 이 전쟁에서 유기적인 연결은 부패와 파편화, 부풀려진 모든 가치를 정복할 것이다. 이는 건강한 사람들, 인종 혼돈에 대한 가족의 승리… 자유주의 어린이들, 자본가의 민주주의(재벌)에 대한 승리, 유기적인 단결 안에서의 인간의 승리, 대중에 대한 공동체, 쾌락의 기술과 멍청함에 대한 문화의 승리 등이다. 동시에 이는 토양을 고갈시키는, 유랑하는 농민들로부

터 황폐화된 토양에 대한 의무의 승리이며… 미국의 쓰레기 영화의 "해피 엔드"와는 달리 똑바로 일어선 채 굽힐 줄 모르는 곰과 같은 운명을 사멸시키는 북유럽계 게르만 민족 운명의 승리이다. 이 전쟁에서 독일은 박물관의 문을 지키는 것이 아니라 그 문화를 되살림으로 유럽의 옛 문화를 방어하는 것이다.

독일은 이 전쟁에서 동쪽에서 아메리칸주의의 위협, 평균적으로 열등한 이들에 의한 세계 지배에 대항하여 이를 방어할 것이다. 달리 말하면, 사실상 독일은 파괴적인 유대인에 의한 문화적 가치의 소멸에 대항하여 싸우는 것이다.(25)

미국은 유기적인 공동체가 아닌, 합리적인 민주주의 헌장에 의하여 조직된 인종들의 혼합에 불과하다. 브레데는 흥미롭게도 그들의 환경적 무관심이 자연으로부터 소외되어 있음을 보이는 신호라고 비난한다. 이미 언급한 대로 토양에 대한 강한 애착에서 나치는 금세기 최초의 환경 운동가였다. 브레데는 아메리카 영화에서 필연적인 "해피 엔딩"의 쓰레기 감성을 경멸한다. 미국은 "쾌락의 기술"에 집착하고 "평균적인 열등"을 고무한다. 물론 이 모든 것, 곧 민주주의, 돈벌이, 토양 침식, 감상적인 영화 등은 유대인들의 작품이다.

아메리카의 민주 제도들은 파시즘의 진정한 장벽이다. 브레데/wrede가 "원자화"라고 했던 미국의 개인주의 전통은 집단 공동체의 뿌리를 약화시킨다. 평등의 전통은 모든 인종과 민족 그룹으로 하여금 미국 사회에 참여할 수 있도록 했다. 브레드에게 미국의 "멜팅 폿"은 "인종적인 혼돈"에 해당하는 것이었다. 헌법에 기록된 본문에 안치된 법률 체계는 철저하게 체계적이고 결정적으로 개인의 권리를 보호하고 어떤 단일한 공동 의지를 통해서가 아닌 경쟁적인 견제와 균형을 통해 민주주의가 작동하는데 비유기적인 과정을 부여한다. 이들 권리와 보호 이면에는 초월적인 도덕법이 존재한다.

미국의 체계는 브레데의 기대와는 달리 여전히 건전하다. 하지만 현대 정치의 진부성이 좀 염려되기는 하다. 한나 아렌트/Hannah Arendt는 파시스트의 정치에 대한 접근이 어떻게 선전과 테러리즘과 결합되었는지를 보여준다.(26) 민주주의 정치는 개인이 자신을 다스리는 데 관심을 갖지 않고 이미지가 말을 대체하는 만큼 점점 더 프로파간다의 영향을 받게 된다. 일단 이성이 최소화되고 더 이상 도덕의식이 없어지면 합리적인 토론과 도덕적 분석이 예리해지지 않을 것이다. 포스트모던 이론가의 말대로라면 권력이 모든 것이 되는 것이다. 불평을 갖고 있는 사람에게 단 한 가지 의지가 되는 것은 힘의 폭력적인 행사인데 그게 바로 테러리즘인 것이다.

미국에 아직 어느 정도 도덕적인 합의가 있지만 이것이 지금 변하고 있는 것으로 보인다. 공리주의 윤리(가장 실용적이고 유익한 것이 기준이 되는), 실존 윤리(선택이 기준이 되는)가 유대-기독교 전통의 초월적 원리를 거의 지워가고 있다. 안락사는 대부분의 미국인들에 의해 도덕적으로 다시금 받아들여지고 있다. 초월적 윤리로부터 성장한 법률체계에 의해 금지되고 있는 말기 환자를 죽이는 것은 공리주의(말기 환자를 살아있게 유지하기엔 비용이 너무 많이 든다는 이유)와 실존적인 근거(죽을 권리의 선택)에 의해 변호되고 있다. 수십 년 전만 해도 혐오스러운 범죄로 여겨졌던 낙태도 이제는 도덕적으로, 법적으로 모두 받아들여지고 있는 실정이다. 다시 말하면, 논쟁은 공리적이며(먹여야 할 입이 너무 많다고 하는), 특별히 강력하게 힘을 받고 있는 실존적(낙태는 어머니의 선택이 되어야 한다는) 특징을 지닌다. 많은 수의 미국인들이 계속해서 초월적 윤리를 주장하고, 이러한 문제에 대한 접근이 다른 것은 (절대적인 생명의 권리가 있다고 하는) 사실이다. 그럼에도 불구하고 공공정책 논쟁과 대중문화에서 윤리 문제에 대한 유대-기독교적 접근 방법은 시대착오적일 뿐 심각하게 받아들여지고 있지 않다. 일단 윤리가 초월적이거나 절대적이 아닌 내재적이거나 일시적인 것이 되면, 파시스트 정책을 반대하는 것은 더욱 어려워질 것이다.

종교 자유는, 일부 사람들에게 놀라웁게도 역설적이지만, 미국으로 하여금 종교적인 나라로 남아있게 한다. 미국인 대부분은 교회 혹은 회당에 소속되어 있으며 신앙이 그들의 삶에서 주요한 역할을 하고 있다는 강력한 증거가 된다. 초월적 사실 즉 유대-기독교 경전의 지속적인 권위에 대한 믿음은 아마도 파시즘의 강력한 장애물일 것이다.

그러나 종교도 변하고 있는 것으로 보인다. 주류 기독교 교파들은 한 세기 동안 초월주의, 성경, 신앙고백을 외면해왔다. 유럽의 파시스트 이전 신학의 주류에 가담함으로 이들 교회들은 내재성, 문화적 행동주의, 실존주의에 기초한 영성을 구축해왔다. 성경에 전적으로 헌신적인 고백교회가 부흥하고 있다. 그들 중 많은 사람이 경험, 감정, 공동체주의를 선호하는 가운데 그들의 초점을 초월적 진리로 전환했다. 다수의 미국인들이 신이교도 영성에 눈을 돌리고 있다. 뉴에이지 종교는 자아의 신격화와 자연, 신비주의, 그리고 세속적인 신비 요법을 하나로 결합시켰다. 종교는 파시즘에 대항하는 가장 확실한 방어일 수 있지만 그 진입문이 될 수도 있다.

미국은, 부인할 수 없을 만큼. 이론적으로는 여전히 모든 사람들의 평등을 약속한다. 페미니즘은 영향력이 커지고 있고, 한편 나치즘은 노골적으로 남성주의적이었다. 그러나 마틴 하이데거의 아내, 엘프리드 하이데거 페트리/Elfride Heidegger-Petri 같은 페미니스트도 있었는데 그녀는 다음과 같이 말했다.

총통의 연설에서 독일 여성들에게 붙인 "인민 동지"라는 존칭은 여성을 차별하려는 어떤 의도도 아니다. 여성이 된다는 것은 노예가 되는 것이 아니다. 여성과 어머니가 되는 것은 영적인 가치를 지니는 것을 의미한다.[27]

그럼에도 불구하고 공식적인 나치 교리는 "여성의 해방"에 반대되고 "남성 단합"의 가치는 확고하였다. 파시즘의 페미니스트 버전이 남아있을 수 있는지는 두고 보아야 한다. 확실히 현대 페미니스트들은 여신과 내재적 가치를 중심으로 하는 고대 영성을 선호하는 가운데 유대-기독교 전통을 버리려는 시도를 포함해 해체와 포스트모던 사고방식의 강력한 실천자임에 틀림없었다. 파시즘과 페미니즘의 합성은 가공할 만한 조합이 될 것이다.

인종평등은 미국의 평등주의 이상 가운데 중요한 부분 중 하나이다. 인종차별을 없애기 위하여 법체계에 큰 진전이 있었지만 여전히 많은 문제들이 남아 있다. 인종 간 마찰이 증가하는가 하면, 인종차별도 더욱 심각해지고 있다. 구 파시스트들이 인종 간 증오(미국 나치당이라고도 할 수 있는 Ku Klus Klan)를 조장하기 위해 다시 등장하고 있다. 그들 가운데는 백인 우월주의와 다시 살아나고 있는 반 유대주의를 강조하는 이데올로기 가운데 분명히 파시스트라고 할 수 있는 새로운 그룹들, 이를테면, 백인 아리안 저항군(WAR), 아리안 민족(AN), 동부 백인 자존심(ESWP), 남부연맹 망치 가죽(CHS), 전국 백인 저항군(NWR), 베이 지역 스킨헤드(BAS), 낭만적 폭력(RV) 등이 있다.(28) 이들 단체들은 아직은 소수이고 주류는 아니더라도 이들 단체 가운데 점점 젊은이들이 늘어나고 있는 것이 우려스럽다.

　네오파시즘은 유럽에서 훨씬 더 큰 문제이다. 동유럽과 러시아 공산주의 붕괴는 강렬한 민족주의로 대체되었다. 공산주의 전체주의에 대한 그들의 증오 때문에 대부분의 이들 민족 운동은 진정한 파시즘에 대한 중요한 예방책인 강력한 중앙집권적 정부에 반대한다. 그러나 공산주의 붕괴에 따른 경제적 혼란과 오래된 민족적 증오로 인해 촉발된 파시스트 정당들이 생겨나오고 있다. 이들은 일반적으로 강경한 전직 공산주의자들의 지지를 받고 있으며 마르크스주의와 국가 사회주의 사이의 친화감을 다시 한번 보여준다. 루마니아, 크로아티아와 같은 동유럽 국가들은 1930년 대에 그들만의 토착 파시스트 정당을 가지고 있었다. 그들이 다시 살아나고 있는 것이다. 러시아에서 떠오르는 파시스트 운동이 전체주의를 회복하겠다는 위협이 되고 있다. 네오파시스트 정당들은 서유럽에서, 영국에서는 국민 전선/National Front, 벨기에의 플람스/Vlaams, 오스트리아의 자유당, 프랑스의 르펜의 국민 전선 등이 다시 나타나는가 하면, 런던, 베를린, 부다페스트, 그리고 거의 모든 유럽 도시에서 스와스티카를 든 스킨헤드의 등장, 인종 폭등, 축구 폭등 등이 빈번하게 등장하고 있다.(30)

경제적 여건이 바이마르 독일 수준으로 약화되지 않는 한, 그리고 극적인 문화적 붕괴가 일어나지 않는 한 그러한 집단은 히틀러가 그랬던 것처럼 전체 권력을 장악할 것 같지는 않다. 아마도 완전히 다른 형태의 파시즘, 인간의 얼굴을 가진 파시즘이랄 수 있겠다. 표현력이 풍부하고 자기실현적인 사람들의 공동체는 전자 매체에 의해 결합되어 자연과 조화를 이루며 건강한 삶을 산다. 사회적, 지적 순응은 공동체 의지를 낳는다. 사회공학은 출산과 어린이 교육을 선도하게 된다. 경제는 계획적이 되고, 폭력은 다른 공동체에 대한 것이고 폭력에 대한 욕구는 미디어를 통해 대리적으로 충족된다. 환경을 찬양하고 정서적 성취감을 제공하는 자연 종교는 유대교와 기독교를 대체하며, 유대교와 기독교 신자들은 그들의 신앙을 새로운 신앙과 조화를 이루도록 조정하거나 그렇지 않으면 더 엄격한 조치에 직면하게 된다. 모두는 하나가 되고, 부적응자들과 장애인들은 조용히 안락사로 처리된다.

이런 일들이 다시 일어나지 않을 이유가 없다. 구 버전이든,

신 버전이든 파시즘을 피해야 하는 경계가 필요하다. 파시스트의 최후를 우리는 아직 보지 못했다. 폴 드 만은 파시스트 언론인으로서 그 문제를 매우 분명하게 보았다. 문화 기사, "현대 문학 내에서의 유대인"에서 그는 세계 전쟁과 같은 대재앙에 의해 크게 영향받지 않는 문화적 흐름이 어떻게 발전하는지를 보여준다.

> **심미적 진화는 인류가 중요한 사건에 의해 흔들리는 동안에도 그들의 진로를 따라가는 매우 강력한 법칙을 따르는 것 같다. 세계대전은 정치와 경제 세계에 심오한 변화를 가져다주었다. 하지만 예술적 삶은 상대적으로 거의 영향을 받지 않았고, 우리가 현재 알고 있는 형태는 전에 있었던 논리적이고 정상적인 방식을 따르고 있다.(31)**

드 만은 제1차 세계대전을 언급했는데 그의 주장에 의하면 유대인들이 전후 유럽의 나머지 지역을 망치는 동안 예술은 거의 영향을 받지 않았다고 한다. 그러나 그가 말하는 것은 제2차 세계 대전, 드 만 자신의 경력, 그리고 20세기의 예술과 문자가 악몽 같은 이데올로기를 만들어 낼 수 있는 "강력한 법"에 현저하게 적용되어, 아무리 많은 사람이 죽더라도 같은 방향으로 계속될 것으로 보인다. 전쟁은 관념의 세계에 영향을 미치지 않을 수도 있지만, 관념의 세계는 문화에 영향을 미치고 전쟁을 일으킬 수도 있다.

20세기는 원시적 감정, 비이성적 주관성, 도덕적 반란, 반 초월성, 의지의 승리 등에 집착하고 있다. 그러나 문명은 취약하다. 인간의 마음 속 깊은 곳에는 성스러운 것이 있다. 폴은 그것을 법과 이성, 양심의 객관적 억제로 간신히 견제 받고 있는 "불법의 신비"라고 불렀다. 억제를 배제하는 것은 지옥을 지상에 풀어놓는 것이다.

유대-기독교 전통에 대한 공격은 궁극적으로 지적 이거나 문화적이 아닌, 바로 영적인 것이다. 유대인 조지 스타이너/George Steiner 는 다음과 같이 말한다.

유대인을 죽임으로서 서양 문화는 신을 "고안해 낸"사람들을 근절시코자 했을 것이다…보다 복잡하게 오랫 동안 금지되어 왔던 자연적인 감각 의식, 본능적인 다신교와 정령 신자의 요구를 반영한 것이라고 하겠다.(32)

파시즘은 현대 세계의 이교도에 대한 향수이다. 이는 정교한 문화의 신에 대한 반란인 것이다.

역자후기

　1993년에 출판된 이 책에서 저자는 파시즘이 돌아왔다고 선언한다. 30년이 지난 오늘날 독자들이 이에 공감할 수 있을지 궁금하다. 어쩌면 그 당시 사람들도 저자의 선언에 동의하지 않았기에 이 책이 지금까지 널리 소개되지 않았던 것 같다. 자유민주주의, 기술 자본주의의 전성기를 누리고 있는 때에 인류 역사상 가장 암흑기라고 할 수 있는 시대의 이념이었던 파시즘이 다시 돌아오고 있다는 말은 어쩌면 무모하든지 아니면 어처구니없는 시대착오적 판단이라고 쉽게 간과해버렸을 수도 있을 것이다. 하지만 정말 그러할까?

　파시즘을 이해하는 것은 결코 쉽지가 않다. 대부분의 사람들이 파시즘과 나치즘을 혼동하는가 하면, 파시즘과 사회주의, 공산주의와의 관계에 대해서도 막연한 추측에만 의존하고 있는 실정이다. 파시즘과 보수주의, 자유주의, 그리고 민주주의와의 관계에 대해서도 이해가 불분명한 경우가 많다.

처음부터 자연주의 적이면서 진화론을 수용한 파시즘은 시대의 변천과 변화하는 환경 속에서 끊임없이 진화하고 있기에 세계 역사상 유례없는, 가장 폭력적이고 잔인했었던 후유증이 있었음에도 불구하고 종식되거나 사라지지 않고 위장된 채 그 영향력이 남아 있을 수 있을 가능성에 대해서는 쉽게 짐작할 수 있을 것이다. 그러나 다시 돌아오고 있다는 말은 그런 방식으로 숨어있는 잠재적인 영향력으로서의 파시즘을 의미하지 않는다. 그것은 분명히 현재에도 진행 중이고 여러 면에서 다양한 방법으로 여전히 활동적인 운동성을 지니고 있음을 의미한다.

사람들은 파시즘 하면 대뜸 무솔리니와 히틀러를 떠올리고 그중 누가 파시스트였는가를 묻는 경우가 있다. 하지만 무솔리니가 시대적으로 약간 앞서고, 또 용어의 출처이긴 하나 나치즘이라고 알려진 히틀러 역시 파시스트의 이념적 성향을 가졌었다. 이렇게 이 두 사람이 기원적으로 20세기 초 파시즘을 대표했던 사람들임에는 분명하나, 그렇다고 파시즘은 이 두 사람과 그들 집단에게만 국한되지는 않는다. 1, 2차 세계대전 이후 지금까지도 일련의 독재자들을 파시스트들이라고 지적하는가 하면, 오늘날 살아있는 세계 지도자들, 이를테면 푸틴이나 시진핑뿐만 아니라 심지어는 트럼프나 바이든을 파시스트라고 하기도 하는데, 글렌 벡/Glenn Beck 이 최근에 펴낸 책, The Great Reset의 부제목이 "Joe Biden and the Rise of 21st Century Fascism"(Mercury, 2022)으로 되어 있는 것이 이를 입증해 준다. 이렇게 파시즘은 특정 시대를 넘어 다양하게 적용되고 있는 실정이다. 글렌 백은 현재 다보스 포럼을 필두로 글로벌리스트들의 경제정책과 더불어 심각한 인플레이션 등 경제 위기 가운데서 추진하고 있는 여러 정책들 역시 파시스트적 성향과 무관하다고 보지 않는다.

트럼프와 바이든은 지난 미국 대선에서 서로 경쟁자였는데도 불구하고 둘 다 파시스트로 불리고 있는 것 또한 파시즘의 역설적 특징이라고 할 수 있겠다. 심지어 전쟁의 와중에서 러시아와 우크라이나는 서로 상대방을 파시스트라고 부르면서 전쟁의 책임론을 전가시키기도 한 것을 보면, 도대체 파시즘이란 무엇이고 파시스트라 불리는 기준은 무엇인가? 혼동스럽지 않을 수가 없으며, 따라서 일반 사람들이 파시즘을 잘 알고 분별하기가 어려운 것은 결코 무리가 아니다.

파시즘은 역사적인 기원에서 오늘에 이르기까지 위에서 열거하고 있는 제 이념들을 모두 포괄하고 있다고 해도 이상할 것이 없다. 프랑스 혁명에서 시작된 자유주의, 개인주의, 민주주의로 말미암은 부정과 부패, 퇴폐적인 부조리들을 청산하기 위해 출발한 파시즘이 반자본주의적인 특징을 지니고 있는 것이 사실인가 하면, 초기 세력의 규합을 위해 보수주의와 연대한 것도 사실이다. 공산주의, 사회주의와 대립하기 위해 자본주와 민주주의를 표방한 것도 사실인가 하면, 자유 방임주의적인 자본주의와 무정부주의를 경계하기 위해 국가 사회주의 노선을 선택한 것도 역시 사실이다. 경제 문제를 두고 노동자 농민 중심의 사회주의를 지향한 마르크시즘과는 달리 소수 엘리트 계층에 의한 권위주의와 자본주의를 지향한 파시즘이었기에 이들 둘은 처음부터 공조할 수 있는 대상이 아니었음에도 불구하고, 둘 다 결국은 전체주의적 통치를 위하여 절대 권력을 추구하고 폭력을 행사한다는 점에서 닮아 있기에 이 두 이념적 체제를 혼동하는 것도 매우 당연할 듯싶다. 이렇게 절대 권력과 전체주의적 체제 유지를 위해 이념들 간의 경계를 넘나드는 가운데 좌파, 우파의 분류 선상에서 파시즘은 대개 극우파로 분류되어 왔으나 오늘날 정치 현장에서는 오히려 극좌파로 분류되는 것도 이해할 수 있을 것 같다. 어쨌든 이들 가운데 한 가지 분명한 특징이 있다면, 그것은 절대 권력 추구와 무한대의 폭력을 사용한다는 점이다.

무솔리니와 히틀러, 곧 이태리의 파시즘과 독일의 나치즘과의 관계는 히틀러의 무솔리니에 대한 동경과 모방에서 비롯되었으며 히틀러의 나치당이 파시즘을 실현한 것으로서 나치즘은 곧 파시즘과 동일시해도 무방할 수 있겠으나 모든 이념적 발전이 그러하듯 뒤따라오면서 모방하며 발전하는 이념은 훨씬 더 포괄적이고 복잡하다는 것을 독일의 파시즘에서 확인할 수 있게 된다.

더군다나 독일은 철학의 고장이니 만큼 히틀러가 권력을 장악하면서 여러 철학 사상 가운데 특히 쇼펜하우어에게서 출발하여 니체를 거쳐 꽃을 피운 권력에의 의지의 철학, 초월적인 가치와 도덕을 부인한 채 인간의 의지 중심, 자연에 대한 동경과 종교적 신비주의를 포함하여 절대 권력을 극대화하는데 필요

　　　　　　　　　　　　　　　　　　　　　　　모던파시즘

한 의식과 더불어 고대 이교도에로의 회귀, 폭력의 합리화를 위한 감정과 야만성을 예찬하는 낭만주의의 수용 등, 히틀러 치하의 나치즘은 절대 권력의 장악과 행사를 위해서는 무엇이든 수용하고, 추구하는 목적을 위하여 가능한 모든 것들을 수단으로 삼았던 것이다.

600만 명에 달하는 유대인 대학살은 왜곡된 인종주의에 의한 대참사였다고 말할 수 있겠으나, 사실 무엇보다도 심각한 문제는 자신들의 통치체제를 호도하고 선전하는데 방해가 되는 초월적인 가치관과 세계관, 절대적인 도덕률 등을 제거하기 위하여, 그 기원이자 전파자로서 유대인과 기독교를 지목함으로 발생된 인류 역사상 유례가 없는 대참극이었던 것이다. 이 책에서 저자가 다루고 있는 내용들은 특별히 이러한 관점에서 비롯되고 있음을 보게 된다.

유대-기독교 세계관, 가치, 도덕성에 대하여 대립각을 세우고 이를 제거하기 위한 투쟁에서 파시즘의 절묘하고 기괴한 이념적 선동과 이러한 이념적 배경과 선동을 미쳐 분별하지 못한 채, 파시즘 운동에 참여한 정치가들은 물론이고 가톨릭과 기독교인, 학자들, 예술가, 작가, 신학자, 목회자, 신자, 일반인들에 이르기까지 우리는 역사적이고 영적인 비극이 어떻게 생겨났는지, 그리고 그 과정이 얼마나 혼돈스럽고, 결과가 얼마나 참혹한 것이었는지를 저자는 비교적 상세히 밝히고자 다양한 자료를 수집하여 분석하였으며, 따라서 이를 통하여 우리가 살고 있는 이 시대와 주어진 상황을 어떻게 분별하고 살아야 하는지에 대한 교훈을 얻게 한다는 점에서 이 책은 소중하며, 그러한 파시즘이 이 시대에 다시 등장하고 있다는 점에서 경각심을 갖고 작금의 시대를 살고 있는 사람들에게 이를 소개하고자 번역하게 되었다.

　요즘 시중에 니체와 하이데거의 책들이 많이 유통되고 있는 것을 보면서 이 책을 번역하는 동안 꽤나 마음이 불편하기도 했다. 번역의 작업 중에 역자는 단지 역사책에서 배웠던 그 이상의 파시즘을 알게 되었으며 저자가 많은 자료들을 통해 발표하고 있는 상세한 내용들을 통해 파시즘과 교회, 철학적이고 신학적이며 윤리적인 문제를 보다 구체적으로 확인하면서 배울 수가 있었다. 한 그리스도인으로 또는 한 학자로서 그 당시의 혼란기를 살았다면 과연 나는 이들 이념들에 대해서 어떤 반응을 보이고, 어떤 신념을 가졌으며 행동하고 살았을 가를 질문해보면서 숙연해지지 않을 수 없었다. 시대적 질병과 인간적인 한계상황적 조건을 만났을 때에 인간은 누구이고 과연 무엇을 이해하며 어떻게 결단할 수 있을까? 그러한 때에 진리는 무엇이며 또한 신앙은 무엇이고 어떤 힘을 지니는 것인가? 질문들은 사뭇 심각해지지 않을 수 없었다.

　더군다나 1939년의 세계경제대공황을 통하여 파시즘의 권력이 강화되고 전쟁을 통하여 새로운 세계를 만들어보려는 야욕이 제2차 세계 대전으로 비화하는 가운데 유대인을 희생양으로 삼게 되었다는 비하인드 스토리는 오늘날 상황을 돌아볼 때에 심각한 정도를 넘어 두려움을 느끼지 않을 수 없게 한다. 최근에 파시즘이 돌아오고 있다는 전언과 함께 우리가 당장 살고 있는 이 시대가 그 당시의 상황과 유사하지 않는가 하는 의구심이 그렇게 만들고 있는 것 같다.

그러한 증후군적인 최근의 경제적 침체, 범람하고 있는 LGBTQ/Lesbian, Gay, Bisexual, transgender, Queer 등 젠더 이데올로기를 비롯하여, 무엇이든 정치적으로 옳고 그름을 판단하는 정치적 교정/political correctness, 나와 다른 것을 무시하다 못해 배제하기 위해 억누르는 문화적 삭제/cultural cancel, 자신만의 지적 자부심을 갖고 다른 사람을 자신의 생각대로 계몽시키려는 워크 컬처/woke culture, 과거의 역사를 부인함으로 기존의 전통, 가치를 지워버리고자 하는 역사 지우기/historical erase, 절대적 혹은 초월적 가치나 도덕성을 부인하고 상대주의 관점에서 모든 것을 부정하려는 해체주의/deconstructionism, 그리고 그 흐름에서 진리란 객관적이지 않으며 다만 일상의 언어놀이 속에서 만들어지는 것이라고 하면서 조금도 거리낌 없이 말하고 놀고 행동하고 사는 포스트모더니즘, 일상의 관행조차도 폭력을 앞세워 파괴하고 방관하는 안티파 운동/anti-fascism 등이, 그야말로 히틀러 당시의 나치즘, 파시즘을 그대로 연상케 한다는 점에서 경계심을 늦출 수 없을 것 같다. 이와 같은 사회적인 파괴 운동은 특히 경제적인 공황과 불확실성으로 인한 생존 투쟁에서 극단적으로 이분화되는 사회 분위기를 틈타 위기를 고조시키면서 폭력 행사를 정당화하는 동시에 허울좋은 대전환 또는 새 출발을 약속했던, 역사적 전례로서 무솔리니와 히틀러의 파시즘이었던 만큼, 팬데믹과 더불어 기존 제도와 체제의 붕괴, 불신, 불확실성, 이런 것들이 한꺼번에 와닿는 고도의 인플레로 말미암은 생활고가 마치 쓰나미처럼 예고되고 있는 상황에서 불안심리는 파시즘이 돌아온다는 경고, 혹은 Great Reset 즉 대전환, 또는 새로운 세계 질서가 유행어가 되고 있다는 루머성 정보일지라도 그냥 무관심하게 받아들이면서 지나칠 수는 없는 것 같다.

1993년에 처음 발행되었을 때보다도 훨씬 더 절박한 상황을 맞고 있는 지금이야말로 꼭 필요하다고 여겨져 이 책을 번역하는데 주저하지 않았다. 이 책에서는 히틀러 독재 통치의 시대에 당시 자유주의적인 성향을 지녔던 기독교 신앙이 어떻게 취약했었는지를 말해준다. 소수의 복음주의적인 신학자와 신자들이 어떻게 시대의 압박에 대항하며 견뎌왔는지에 대해서도 말해주고 있다. 오늘날에 이르기까지 철학의 대가로 불리는 하이데거 같은 학자가 시대의 정신에 눈이 멀어 권력에 굴종했었는지를 다루는 분량에서는 해석학을 공부하면서 한때 그에게 잠시나마 마음을 빼앗겼던 순간이 부끄럽기 짝이 없었다. 오늘날 오히려 시중 서점에 부쩍 늘어나고 있는 철학자 니체, 하이데거의 저서들과 더불어 포스트모더니즘의 해체주의 작가들의 저서들이 그렇지 않아도 왜곡되어 가고 있는 시대정신에 부응하여 현대인들에게 미화된 채 소개되는 것이 왜 위험한 것인가를 이 책을 번역하면서 절실하게 느낄 수 있었다. 실존에 대한 예리한 분석으로 사람들의 마음을 흔들게 하는 실존주의 이면에 놓여있는 위험들에 대해서도 이 책은 적나라하게 분석해준다. 자기 밖의 타인에 해당하는 것은 무엇이든, 특히 역사적인 유한에서 초월적인 것, 절대적인 것, 권위적인 것, 이를테면, 진리, 가치, 도덕 등을 거부하고 해체하려는 포스트모더니즘과 해체주의의 폭거를 이 책은 거침없이 파헤친다. 이 책은 이렇게 파시즘 당시의 역사적 상황 분석을 통하여 이 시대를 분석하고 통찰하게 한다. 인간을 그토록 당혹스럽게 하고 고통스럽게 했던 것이 초월적 가치관, 절대적인 도덕적 가치, 진리를 부정하고 끌어내리려 한 데서 비롯되었다는 것을 이 책은 보여주고 있는 것이다. 그런데 지금 다시 이 시대에 파시즘이 컴백하고 있다는 전언과 함께 나타나고 있는 시대적 증후군들에 대해서, 이를 알면서도 염려하거나 두려워하기보다는 오히려 이전에 행했던 것보다도 더 교활한 모습으로 광범위하게 모든 것들을 왜곡하고 거부하며, 해체하면서, 수단 방법을 가리지 않고 자신들이 원하는 것만을 관철하려는 한다는 것을 이 책을 통해서 보게 되어 섬뜩한 마음으로 숨을 죽이며 읽게 한다.

원문에 충실하고자 하였지만 역부족을 느끼지 않을 수 없었다. 혹시 오역이 있지는 않을지 우려하면서도 책의 내용을 독자들에게 소개하고자 하는 마음이 앞서 이렇게 이 책을 대하자마자 서둘러 번역하여 출간하게 되었음을 양해해 주시기 바란다. 굳이 원문에 있는 그대로 각주 내용을 번역하지 않고 소개하게 된 것은 이 책을 통하여 파시즘에 대하여 더 연구하고자 하는 분들에게 원자료에 접근하기 용이하게끔 하기 위해서였다.

끝으로 이미지에 심취해 있어 일종의 문자 기피증, 문자 공포증이 만연되어 있는 가운데 사명이 아니면 할 수 없었을 텐데, 선뜻 용기를 내어 이 책을 출판해 주신 드러커마인드 출판사 관계자분들께 심심한 감사의 말씀을 드리고자 한다. 또한 이 책의 번역 출간을 위하여 여러모로 힘을 써주신 ICC(Inter-Community Connection) 대표 B. J. Kim에게 감사한다.

2022년 12월
Washington D. C. 인근에서
역자 최봉기

미주 endnotes

1장. 시대의 질병 A Disease of the Times

1. George Steiner, In Bluebeard's Castle: Some Notes Towards the Redefinition of Culture (New Haven, CT: Yale Univ. Press, 1971), p41
2. David H. Hirsh, The Deconstruction of Literature: Criticism after Auschwitz   (Hanover, NH: Brown Univ. Press, 1991) p71
3. "Dieser Friede," Gesammelte Werke, 12:930. Quoted from Ernst Nolte, Three Faces of Fascism: Action Francaise, Italian Fascism, National Socialism, trans. Leila Vennewitz(New York: Holt, Reinhart & Winston, 1965), p7
4. Essay on Nietzsche, Gesammelte Werke, 9:702. Quoted from Nolte, p7
5. Nolte, p429. See his section, "Fascism as a Matapolitical Phenomenon," pp429~462. See also the discussion fo Nolte's Thesis in Zeev Sternhall, "Fascist Ideology," in Fascism: A Reader's Guide: Analysis, Interpretations, Bibliography, ed. Walter Laqueur (Berkeley: University of California Press, 1976), pp368 ~ 369. Hirsh is very critical of Nolte as a Heideggerian and as a revisionist (see pp18, 100, 141~142). Hirsh accuses Nolte of trivializing Auschwitz

by making it only another example of human cruelty and by urging Germany to forget its Nazi past. Hirsh is attacking Nolte for an article he wrote, "The Past That Will Not Pass Away," Frankfurter Allgemeine Zeitung, 6 June 1986. Hirsh does not take issue with Nolte's earlier scholarship as reflected in Three Faces of Fascism.

6. For the social conservation of mythological cultures and the constrast with the Biblical tradition. see Herbert Schneiau, Sacred Discontent: The Bible and Western Tradition(Berkeley: Univ. of California Press, 1977)

7. Victor Farias, Heidegger and Nazism, tr. Paul Burrell (Philadelphia: Temple University Press, 1989). For Responses to the revelations in Farias's book, see Paul Gottfried, "Heidegger and the Nazis,: The Salisbury Review, September 1988, pp. 34~38 and Thomas Sheehan, "Heidegger and the Nazis," The New York Review of Books, 16 June 1988, pp38~47.

8. See Paul De Man, Wartime Journalism: 1939~1943, ed. Werner Hamacher, et al. (Lincoln: Univ. of Nebraska Press, 1989). For responses to the revelations in Farias's book, see Serner Hamacher, et. al., ed. Responses on Paul De Man's Wartime Journalism (Linsoln: Univ. of Nebraska Press, 1989).

9. Forward to Alastair Hamilton, The Appeal of Fascism: A Study of Intellectuals and Fascism, 1919~1945 (New York: Macmillan, 1971), p. x.

10. See Volodymyr Odajnyk, Jung and Politics (New York: New York Univ. Press, 1976), pp86~108, and Gerhard Wehr, Jung: A Biography, tr. David M. Weeks (Boston: Shambhala, 1982), pp304~330.

11. See George Grant, Grand Illusions: The Legacy of Planned Parenthood (Brentwood, TN: Wolgemuth and Hyatt, 1985), pp90~94.

12. Robert Casillo, The Genealogy of Demons: Anti-Semitism, Fascism, and the Myths of Ezra Pound (Evanston, IL:

Northwestern Univ. Press, 1988), p328. See also p22.
13. Hirsch, p267.
14. Hirsch, p161.

2장. 우리 시대의 독트린: 파시스트의 전통 The Doctrine of Our Age

1. From Mussolini's Fascism: Doctrine and Institutions, 31.34.n2. Quoted from Zeev Sternhell, "Fascist Ideology" in Walter Iaqueur, ed. Fascism: A Reader's Guide (Berkeley: Univ. of California, 1976), p318
2. Sternhell, p315.
3. See Alvin H. Rosenfeld, Imagining Hitler (Bloomington: Indiana Univ. Press, 1985), pp103~112
4. David H. Hirsh, The Deconstruction of Literature: Criticism after Auschwitz   (Hanover, NH: Brown University Press, 1991), p69.
5. Sternehll, p316.
6. Sternhell, pp353~354.
7. Jaroslav, Krejci "Introduction: Concepts of Right and Left," in Neo-Fascism in Europe, ed. Luciano Cheles, et al. (London Longman, 1991), p7.
8. Krejci, pp1~2
9. Krejci, pp1~2
10. Indofar as American conservatives stress the need for traditional merality and are suspicious of institutional change, they would be on the "right." Liberals   tend to stress personal freedom over traditional morality, which would put them on the "left." The point is not where to place American liberals and conservatives - which are also probably inadequate metaphors. Rather, the point is that sorting out positions by such metaphorical models results in

oversimplication and misunderstanding.

11. Krejct, p6.

12. The discussion that follows is indebted to Robert P. Erickson, Theologians Under Hitler: Gerhard Kittel, Paul Althaus and Emanuel Hirsh (New Haven CT: Yale Univ. Press, 1985), who shows how fascism is a reaction to "the crisis of modernity" and how it deleveped in response to three cultural forces: the industrial revolution; the democratic revolution; and an intellectual revolution.

13. "Milton," I 8 and "London."

14. "God's Grandeur," II. 6~8.

15. "The Tables Turned," I 28.

16. See The Social Contract, Book 1. Chapter vi, vii. I-v, viii-x, vi. Rousseah's   theory of the organic state anticipates in surprising details the theory and   practice of fascism.

17. "In Memoriam," stanza LVI, 1. 15.

18. Sternhell, p322.

19. Sternhell, p322

20. Ericksen, p3.

21. Sternhell, p323. For the change in the science and humanities from egalitarianism see also pp329~330.

22. Sternhell, p322.

23. Sternhell, p321.

24. Sternhell, p323.

25. Sternhell, p323.

26. Sternhell, p322.

27. Sternhell, pp4~5.

28. Sternhell, p321.

29. Sternhell, pp326~327.

30. Sternhell, p339.

31. Sternhell, pp353~357.

32. Sternhell, 326~327.

33. Quoted in Sternhell, p328.

34. Sternhell. p335.
35. Sternhell, p328.
36. Sternhell, pp336~337. For the elder De Man's economic theory, see Reed Way Dasenbrock, "Paul De man: The Modernist as Fascist," in Fascism, Aesthetics, and Culture, ed. Richard J. Golsan (Hanover, NH: University Press of New England, 1992), pp235~237.
37. Nolte, pp8~9.
38. Sternhell, 346. See his discussion of this point on pp344~347.
39. Sternhell, p345.
40. Sternehll, p344.
41. See Hirsch, p17.
42. See Hirsch, pp161~163, 255~257, and Sternhell, p344.
43. Sternhell, p345.
44. Sternhell, pp346~347.
45. Robert Casillo, The Genealogy of Demons: Anty-Semitism, Fascism, and the Myths of Ezra Pound (Evanston, Il: Northwestern Univ. Press, 1988), pp75~76.
46. Sternhell, p341.
47. Sternhell, pp317, 356~357.
48. Sternhell, p324. The "sterlity" and "dryness" that the fascists believed characterized Jewish thoughr would typically be ascribed to the fact that the Jews were people of the desert.
49. Sternhell, p341.
50. See R. H. Dominick, "The Nazis and Nature Conservationists," Historians, 49 (1987). 509~538
51. Adolf Hitler, Mein Kampf, tr. Ralph Manheim (Boston: Houghton Miffflin, 1943), p384.
52. Simopekka Virkkula, "One Man's War," Books from Finland, 24(1990): 45~50. The article is a review of Pentti Linkola's book Johdatus 1990-luvun a jattelutun (introduction to the Thought of the 1990's) (Helsinki: WSOY, 1989).
53. Quoted by Virlulla, p45.

54. Sternhell, p382.
55. Martin Heideggerm "The Self-Assertion of the German University (The Rectoral Address)," in Gunther Neska and Emil Kettering, ed. Martin Heidegger and National Socialism. Questions and Answers, tr. Lisa Harries and Joachim Neugroschel (New York: Paragon House, 1990), p13.
56. Quoted in Farias, p224.
57. See "The Spiegel Interview," for Heidegger's late views on democracy,   environmentalism, and technology, printed in Neska, PP54~56.
58. Quoted in Sternhell, p356.
60. Hitler, p534.
61. See Hirsch, pp258~259.

3장. 히브리 사유의 질병: 파시스트의 신학 The Hebrew Disease

1. "The Twilight of the Idols" in The Portable Nietzsche, tr. Walter Kaufmann (New York: Viking Press, 1968), pp504~505
2. George Steiner, The Portage of San Cristobal of A. H. (New York: Simon & Schuster, 1981), p166. See also his book In Bluebeard's Castle: Some Notes Towards the Redefinition of Culture (New Haven, CT: Yale Uni. Press, 1971) pp36~47.
3. Hannah Arendt, The Origins of Totalitarianism (New York: Harcourt, Brace & World, 1951), pp3~120)
4. Ernst Nolte, Three Faces of Fascism: Action Francaise, Italian Fascism, National Socialism, trans. Leila Vennewitz (New York: Holt, Rinehart & Winston, 1965). p429.
5. Paul De Man, "The Jews in Contemp[orary Literature," Le Soir, 4 March 1941. Translated by David Lehman and printed in his book

Signs of the Times: Deconstruction and the Fall of Paul De Man (New York: Poseidon Press, 1991), p270. In the essay, De Man distances himself from "vugar anti-Semitism" in favor of a more intellectual and Semitism. De Man's defenders, remarkably, find this praiseworthy, as if hating the Jews for intellectual reasons is somehow nobler than hating them out of blind prejudice. The vulgar anti-Semitism of the popular tradition was indeed brutal, and it was easily manipulated by the intellectual ati-Semities who were the designers of the Final Solution. Scholars have studied the traditions of popular anti-Semitism, but the intellectual and Semitism of the National Socialism is less well known and deserves more attention.

6. Quoted from Robert Casillo, The Genealogy of Demons: Anti-Semitism, Fascism, and the Myths of Ezra Pound (Evanston, IL: Northwestern Univ. Press, 1988), pp30~31, from The Spirit of Romance, p95. For a thorough discussion of fascism and monotheism, see Casillo, pp25~37.

7. Quoted from Casillo, pp30~31, from Selected Prose of Ezra Pound 1909~1965, p51.

8. See Casillo, p30.

9. Nolte, p430.

10. Casillo, p126.

11. Adolf Hitler, Mein Kampf, tr. Ralph Manheim (Boston: Houghton Mifflin, 1943), p287.

12. Casillo, p31. He sited Pound's Guide to Kuichur, p164, and Selected Prose, pp58~150.

13. Casillo, p30.

14. Casillo, p29.

15. Hitler, p454.

16. For the distinction between mythological cultures and Biblical cultures, and how the Hebrews made social criticism possible, see Herbert Schneidau, Sacred Discontent: The Bible and Western Tradition (Berkery: Univ. of California Press 1976).

17. Quoted in Nolte, p124. This theses, according to Nolte, was also advanced in France by Benard Lazare and in Germany by Hermann Cohen. The social disruptiveness of Judaism and Christianity, as compared to a pagan civil religion, was also a theme of Rousseas. See The Social Contract, Book IV, chapter viii.
18. Nolte, p430.
19. Casillo, p129.
20. Casillo, p129.
21. Alice Uaeger Kaplan, "Paul de Man, Le Soir, and the Francophone Collaboration (1940~!1942)," in Responses, p272.
22. Nolte, pp406~407, citing Hitler's Table Talk. Hitler's analysis of Christianity as the revolt of the shaves is taken from Nietzsche.
23. Mein Kampf, p454.
25. Quoted in Casillo, p32, from Literary Essays of Ezra Pound, pp150~154.
26. Quoted in Casilo, p128, from Letter, p52.
27. See Nolte, pp420~421.
28. Nolte, pp406~407, citing Hitler's Table Talk.
29. Nolte, p138.
30. Casillo, p35.
31. Victor Farias, Heidegger and Nazism, tr. Paul Burrell (Philadelphia: Temple Univ. Press, 1989) pp. 179~180.
32. Hirsch, p266.
33. Farias, pp179~180.
34. See Farias, pp177~187.
35. Farias, pp179~180. For Engelbert Krebs, his views on Heidegger, and his leadership of the Catholic resistance movement, see the letter by Hans Fottscnalk in Gunther Neska and Emil Kettering, ed. Martin Heidegger and National Socialism, Qeustions and Anaswers (New York: Paragon House, 1990), p172.
36. Casillo, p35.
37. Casillo, pp32~33.

38. Quoted in Nolte, p138.

39. Nolte, pp121~122.

40. Quoted in Nolte, p124, from Vers l'Esagne de Franco, p133.

41. Paul Gottfried, "Heidegger and the Nazis," The Salisbury Review, September 1988, p35.

42. Raymond F. Surberg, "The Influence of the Two Delitzches on Biblical and Near Eastern Studies," Concordia Theological Quarterly, 47 (1983): 233~235.

43. Quoted in Surberg, p235, from Die Grosse Taeuscburg (The Great Deception), p52.

44. Surberg, p236.

45. Surberg, p236.

47. Robert p. Ericksen, Theologians under Hitler: Gerhard Kittel, Paul Albaus and Emanuel Hirsch (New Haven, CT: Yale Univ. Press, 1985), p50.

48. See H. Richard Niebuhr, Christ and Culture (New York: Harper & Row, 1951), pp83~115.

49. Erickson, p203 n81.

50. Casillo, p80.

4장. 두 주인: 파시즘과 고백주의 Two Masters

1. Thomas Altizer, Gospel of Christian Atheism (New York: Collins, 1967), p136.

2. Adolf Hitler, Mein Kampf, tr. Ralph Manheim (Boston: Houghton Mifflin, 1943), p114.

3. Shelley Baranowski, The Confessing Church, Conservative Elites, and the Nazi State (Lewiston, NY: E, Mellan Press, 1986), p58.

4. See Ernst Christian Helmreich, The German Churches Under

Hitler, Back ground, Struggle, and Epilogue (Detroit, Wayne State Univ. Press, 1979), pp237~301.

5. Max Weinreich, Hitler's Professors: The Past of Scholarship in Germany's Crimes Against the Jewish People (New York: Yiddish Scientific Institure, 1946), pp62~65.

6. Helmreich, p234.

7. Robert P. Ericksen, Theologians under Hitler: Gerhard Kittel, Paul Althaus, and Emanuel Hirsh (New Haven, CT: Yale Univ. Press, 1985), p48.

8. Quoted in Helmreich p150.

9. Eberhard Bethge, "Troubled Self-Interpretation and Uncertain Reception in the Church Struggle." in The German Church Struggle and the Holocaust, ed. Franklin H. Littell and Hubert G. Locke (Detroit: Wayne State Univ. Press, 1974),   p171.

10. Quotations from the Barmen Declaration are taken from The Encyclopedia of American Religion: Religious Creeds, ed. J. Gordon Melton (Detroit: Gale Research Company, 1988), pp249~251.

11. Arthur C. Cochrane, "The Message of Barmen for Contemporary Church History," in Littell, pp194~195.

12. Quoted in Cochrane, p194.

13. Ericksen, pp25~26.

14. See the appended biography by J. T. E. Renner in Hermann Sasse, We Confess Jesus Christ, tr. Norman Nagel (St. Louis: Concordia Publishing House, 1984), p101. For Sasse's resistance to the German Christians, see Franklin H. Littell, "Church Struggle and Holocaust," in Littell, p25, Sasse, interestingly, criticized the Barmen Declaration for its "false ecumenism and Barthian church diplomacy based on Reformed theology" (Renner, p101), For Sasse, the Confessions of the Lutheran Reformation were sufficient.

15. Franklin H. Littell, "Church Struggle and the Holocaust," in Littell, p25.

16. Littell, p25.

17. Erisksen, pp123, 120.

18. Erisksen, p81.

19. Ericksen, p139.

20. Ericksen, pp132~134.

21. Ericksen, pp178~183.

22. Ericksen, pp178~183.

23. Quoted in Morris Ashcraft, Rudolf Bulmann (Waco, TX: Word Books, 1972), p17.

24. See Helmreich's book for detailed account of the ecclesiatical conflicts.

25. Wilhelm Niemoller, "The Niemoller Archived," in Littell, p53.

26. The Book of Concord, tr. Theodore Tappert (Philadelphia Fortress Press, 1959), p38.

27. Ericksen, p33. The issue of how to consider Jewish converts to Christianity was a key test in the controversy between the German Christians and the Confessing Church. For the latter, baptism and faith in Christ define a Christian. For the Nazis, Jewishness is a matter of race. Jewish Christians were to be persecuted like all other Jews.

28. Hitler, Mein Kampf, p113.

29. Helmreich, p338.

30. Quoted in Helmreich, p331.

31. Quoted in Helmreich, p331.

32. Helmreich, p215.

33. Helmreich, p215.

34. Niemoller, p53; Helmreich, p358.

35. Helmreich, pp345~346.

36. Niemoller, p53.

37. See Hemlreich, pp336~339, for the problems that the German Christians has with the regime.

38. Quoted in Weinreich, p67.

39. Quoted in Helmreich, p67.

40. See Helmreich, p285.

41. Quoted in Helmreich, p285.

42. From Hitler's Tabletalk (December 1941), quoted in The Nazi Years: A documentary History, ed. Joachim Remak (Prospect Heights, IL: Waveland Press, 1990), p105.

43. Helmreich, p220.

44. Quoted in Helmreich, p218.

45. See Helmreich, p218.

46. Helmreich, pp319~323.

47. Helmreich, pp221, 320.

48. Helmreich, pp320~321, who shows that such new rituals were not popular and were unable to displace the Christian rited.

49. Helmreich, p153.

50. Quoted in Helmreich, p267. Horst Wessel was the composer of the party anthem. Baldur von Schirach was the Reich Youth Leader. See Hermann Glaser, The Cultural Roots of National Socialism (Austin: Univ. Texas Press, 1978), pp43, 56n.

51. Quoted in Helmreich, p201.

52. Helmreich, p180.

53. Helmreich, p292. Such over neopaganism caused such an uproar among ordinary German farmers that the almanac was repudated. Few citizens returned to the solstice rited. Clearly, Christianity was too deeply rooted for the time being, but the spiritual direction of the party was clear.

54. Volodymyr Walter Odajnyk, Jung and Politics (New York: New York Univ. Press, 1976), pp87~89. For Jung's flirtation with and later repudiation of fascism, see Odajnyk, pp86~108, and the chapter "National Socialism: 'Yes, I slipped Up,' in Gerhard Wehr, Jung: A Biography, tr. David M. Weeks (Boston: Shapbhala, 1982), pp304~330.

55. J. Stroup, "Political Theology and Secularization Theory in

Germany, 1918~1939: Emanuel Hirsch as a Phenomenon of His Time," Harvard Theological Review, 90 (1987): 323.

56. Quoted in Littell, p22.

58. Littell, p23.

59. Littell, p24.

60. For a discussion fo philosophic irrationalism and its connections to both fascism and modern theology, see Erickson, pp1~27.

61. Altizer, p136.

62. Martin Heidegger, "The Rectorate 1933/34," in Gunther Neske and Emil Kettering, ed. Martin Heidegger and National Socialism: Questions and Answers, tr. Lisa Harrries and Joachim Neugroschel (New York: Paragon House, 1990), p18.

63. Nolte, p429.

64. Elie Wiesel, "Talking and Writing and Keeping Silient," in Littell, p271. Richard L. Robenstein's essay, "Some Perspectives on Religious Faith after Auscjwatz," is also printed in Littell, pp256~268.

65. Wiesel, p273.

66. Quoted in Helmreich, p345.

5장. 의지의 승리: 파시스트의 철학 The Triumph of the Will

1. Martin Heidegger, "The Self-Assertion of the German University (The Rectoral Address)," in Gunter Neska and Emil Kettering, ed. Martin Heidegger and National Socialism: Questions and Answers, tr. Lisa Harries and Joaching Neugroschel (New York: Paragon House, 1990), p13.

2. Martin Luther, The Bondage of the Will, tr. Henry Cole (Grand Papids, MI: Baker, 1976), p138.

3. Elile Wiesel, "In the Foossteps of Simon Dubnov," Modern Language Studies, 16 (1986): 105, Cited by David H. Hirsch, The Deconstruction of Literature Criticism after Auschwitz (Hanover, NH: Brown Univ. Press, 1991), p72.

4. Jarolav Krejct, "Introduction: Concepts of Right and Left," in Neo-Fascism in Europe, ed. Luciano Cheles, et al. (London: Longman, 1991), p6.

5. Rody Koshar, "From Stammtisch to Party: Nazi Joiners and the Contradictions of   Grass Roots Fascism I Weimar Germany," Journal of Modern History, 59 (1987): 9.

6. Die Zerstorung der Vernunft (The Destruction of Reason) (Berlin, 1954), p5. Cited in Ernst Nolte, Three Faces of Fascism: Action Francais, Italian Fascism, National Socialism, trans. Leila Venneqitz (New York: Holt, Rinehart, & Winston, 1965), p7. Jaspers, however, resisted the Nazis.

7. Hirsch, p77.

8. Max Weinreich, Hitler's Professors: The Part of Scholarship in Germany's Crimes against the Jewish People (New York: Yuddish Scientific Institute, 1946), p7.

9. Weinreich, p241.

10. Weinreich, p7.

11. See Jean-Paul Satre and his refusal to tell on of his students whether he should join the Resistance, in Existentialism and Humanism, tr. Phillip Mairet (Brooklyn, NY: Haskell House, 1977), pp35~38.

12. Nolte, p429.

13. Nolte, p445, Seel also p544n. 56.

14. Alfred Barmer, quoted by Victor Farias, Heidegger and Nazism tr. Paul Burrell (Philadelphia: Temple Univ. Press, 1989), p253

15. See Nolte, p442, et passim.

16. The Phrase comes from and is developed in Nietqche's "The Genealogy of   Morals." See Nolte, p7.

17. "The Twilight of the Gods" in The Portable Nietzsche, tr. Walter

Kaufmann (New York: Viking Press, 1968), p505. In the context of the passage, Nietzsche is contrasting Judeo-Christian religion with the caste system of Indian religion, which is based on distinct hierarchy and biological breeding. India, of course, was the home of the ancient Aryams. Although Nietwche is critical of Aryan religion also, his conclusion must have had special resonance for his Nazi readers: "Christianity, sprung from Jewish roots and comprehensible only as a growth on this soil, represents the counter-movement to any morality of breeding, of race, of privilege: it is the anty-Aryan religion par excellence" (pp504~505). See also Nolte, p444.

18. See Nolte, p444.

19. The phrase comes form Nietzsche's "The Gay Science," and is developed "Thus Spoke Zarathustra."

20. "Ecce Homo," in Friedrich Nietzsche, Basis Writing, tr. Walter Kaufmann (New York: Modern Library, 1968), p765. See Nolte, p443.

21. "Die Unschuld des Werdens," quoted in Nolte, p445.

22. "The Anti-Christ" in Portable Nietwsche, p570, See Nolte p445.

23. J. Stroup, "Political Theology and Secularization Theory in Germany, 1918~1939:   Emanuel Hirsch as a Phenomenon of His Time," Harvard Theological Review, 80 (1987): 324.

24. Heidegger, "The Self-Assertion of the German University,"p8.

25. Heidegger, "The Self-Assertion of the German University," p10.

26. Hans Schemm, quoted in Hermann Glaser, The Cultural Roots of National Socialism, tr. Ernest A, Menze (Austin: Univ. of Texas Press, 1978), p99.

27. See, for example, the introduction and various essays collected in Neske, ed. Martin Heidegger and National Socialism: Questions and Asnwers. The "answers" are the attempt to vindicate Heidegger. See also Tom Rockmore, On Heidegger's Nazism Philosophy (Berkeley: Univ. of California Press, 1992). Rockmore's book, which appeared when this present volume was already in press, is

perhaps the best treatment of the controversy, sifting the evidence and detailing the influence of fascism on Heidegger's philosophy. Rockmore's conclusions, based on far more detailed philosophical analysis, support my own.

28. Farias, p175.
29. See Farias, pp177~187.
30. "The Night of the Long Knives" was purportedly how Rohm was describing his planned uprising and coup attempt. The term, used by Hitler in describing Rohm's plans, became transferred to the reign of terror designed to wipe out the alleged conspiracy. The term was later applied to other programs. See Louis Snyder, Encyclopedia of the Third Reign (New York: McGraw-Hill, 1976), pp31~33, 297~298.
31. See Snyder, pp31~33, 297~298.
32. Farias, p67. For other Nazi elements in Being and Time, see Farias, pp60~64, and Rockmore, passim.
33. Hirsch, p262.
34. Hirsch, p86.
35. A Lewkowitz, "Vom Sinn des Seins: Zur Existenzphilosophie Heideggers," Monatsschrift fur Geschichte und Wissenshaft des Judentums (Beslau), 80 (1936): 187. Quoted in Farias, pp111~112.
36. Heidegger, "The Self-Assertion of the German University," p9. See Farias, p102.
37. See "Beyond Good and Evil" and "Thus Spoke Zarathustra" For discussion of Nietzsche's concept of the will to power, see Lawrence Lampert, Nitzsche's Teaching: An Interpretation fo "Thus Spoke Zaratjustra" (New Haven, CT: Yale Univ. Press, 1986), pp245~254.
38. Heidegger, "The Self-Assertion of the German University." p.9. See Farais, p99.
39. See Farias, p102.
40. Quoted in Farias, p63.

41. Adolf Hitler, Mein Kampf, tr. Ralph Manheim (Boston: Houghton Mifflin, 1943), p416.
42. Hitler, Meim Kampf, p610.
43. Hitler, Mein Kampf, p475.
44. Reported form a personal interview with Riefenstahl by Robert Jay Lifton, The Nazi Doctors: Medical Killing and the Psychology of Genocide (New York: Basic Books, 1986), p507n. 14. For Leni Riefenstahl's role in Hitler's Germany, see Snyder, pp296~297.
45. So described on the back cover of Luther's The Bondage of the Will, tr. Henry Cole (Grand Rapids, MI: Baker, 1976).
46. Hitler's Tischgesprache was not published until after the was, but the very project of this followers writing worn his dinner-table conversation is taken directly from Luther. In Hitler's Table Talk, his diatribes against Christianity and the church are particularly open and venomous. See Henry Picker and Heinrich Hoffmann, ed., Hitler's Tischgesprache (Bonn, 1951). An abridgement was translated into English by Nichlas Fry, under the title Hitler Close-Up (New York: Micmillan, 1969).
47. I am indebted for this point and for the analysis of Reifenstahl film to my late   colleague Prof. William House, to whom this book is dedicated.
48. Luther, Bondage fo the Will, p138.
49. Luther, Bondage of the Will, p337.
50. See Luther's The Freedom of a Christian Man for his explorations of the paradoxes of freedom in those who are both redeemed and fallen.

6장. 무가치한 삶: 파시트의 철학 Life Unworthy of Life

1. Robert Jay Lifton, The Nazi Doctors: Medical Killing and the Psychology of Genocide (New York: Basis Books, 1986), p21,

2. Quoted in Voctor Farias, Heidegger and Nazism, tr. Paul Burrell (Philadelphia: Temple Univ. Press, 1989), pp205~206.

3. Quoted by Reorge Steiner, In Bluebeard's Castle. Some Notes Towards the Redefinition of Culture (New Haven, CT: Yale Univ. Press, 1971), p36.

4. See William Kirk Kilpatrick, Psychology Seduction (Nashville, TN: Thomas Nelson, 1983), pp107~121. See also John S. Stewart, "Problems and Contradictions of Values Clarification," Moral Education: It Comes with the Territory, ed. David Purpel and Kaven Ryan (Berkeley, CA: McCutchan, 1976), pp136~151.

5. Robert P. Ericksen, Theological Under Hitler, Gerhard Kittel, Paul Althaus and Emanuel Hirsh (New Haven, CT: Yale Univ. Press, 1985), p24.

6. Jean Paul Sartre, Existentialism and Humanism, tr. Philip Mairet (Brooklin, NY: Haskell House, 1977), p38.

7. As a prisoner, Genet had attracted the attention of Satre and other distinguished authors with his strickingly original, though violent and pornographic, writing. They exerted their influence to have him released from a life sentence. Genet became a respected novelist and achieved particular success as an Absurdist playwright and founder of the "Theatre of Hatred." See Bettina Kanpp, Jean Genet (Boston: Twayne, 1989).

8. See the chapter "With the Maoists" in Ronald Hayman, Sartre A Life (New York: Simon and Schuster, 1987), pp437~453.

9. See Georges Chatterton-Hill, The Philosophy of Nietzsche: An Exposition and an Appreciation (New York: Haskell House, 1914), pp268~269, who goes on to discuss Nietzsche's idea of willing one's fate, of personally choosing what is inevitably determined.

10. "Thus Spoke Zarathustra," II. 12, in The Portable Nietzsche, tr. Walter Kaufmann (New York: Viking Press, 1968), p226.

모던파시즘

11. "Twilight of the Idols," in The Portable Nietzsche, pp499~501.

12. Quoted in Farias, pp205~206.

13. See Zeev Sternhell, "Fascist Ideology," in Fascism: A Reader's Guide, Analyses, Interpretations, Bibliography (Berkeley: Univ. of California Press, 1976), p317.

14. David H. Hirsch, The Deconstruction of Literature: Criticism after Auschuitz (Hanover, NH: Brown Univ. Press, 1991), p159.

15. Frebeit, Gleichit, Sterblichkeit (Stuttgart, 1982), pp26~41. Quoted in Farias, p62.

16. Michael Curtis, Three Against the Third Republic: Sorel, Barres, and Maurras (Princeton, NJ: Princiton Univ. Press, 1959), p116.

17. Sternhell, p332.

18. Sternhell, p339.

19. Quoted in Farias, pp138~139.

20. From "Canto XXX," in Ezra Pound, Selected Poems (New York: New Directions, 1957), p125. See also the discussion of this poem in Robert Casillo, The Genealogy of Demons: Anti-Semitism, Fascism, and the Myths of Ezra Pound (Evanston, IL: Northwestern Univ. Press, 1988), pp144~145.

21. "The Antichrist," in The Portable Nietzsche, pp572~573. Cf. Hitler in Mein Kampf, (Boston: Houghton Mifflin, 1943), pp132, 247, 287~289.

22. Pound, from "Canto XXX," p126.

23. See George L. Mosse, Nationalism and Sexuality: Respectablity and Abnormal Sexuality in Modern Europe (New York: Howard Ferug, 1985), pp175~176.

24. See Mosse, pp153~162. See also Hermann Glaser, The Cultural Roots of National Socialism, tr. Ernest A. Menze (Austin: Univ. of Texas, 1978), p132.

25. See Hitler, Mein Kampf, pp251~254. For his tolerance of Rohm's homosexuality, see Snyder, pp297~298.

26. See Glaser, p132, and Mosse, who explores such ambivalence

throughout his book.

27. See Mosse, pp164~165.

28. For the Nazi view of women, see Mosse, pp176~180, and Glaser, pp178~191.

29. Ernst Christian Helmreich, The German Churches Under Hitler (Detroit: Wayne State Univ. Press, 1979), p326. See also Mosse, pp160~161.

30. Quoted in Glaser, p191.

31. See Lifton, p149.

32. See Lifton, p42.

33. Hitler, Mein Kampf, p132.

34. Phyllis Grosskurth, Havelock Ellis: A Biography (New York: Alfred A. Knopf, 1980), p411.

35. Grosskurth, p411.

36. Grosskurth, p411.

37. See Grosskurth, pp414~415.

38. From Pivot of Civilization (1922), Quoted by Michael K. Flaherty, "A White Lie," American Spectator, August 1992, p37, and Elasah Drogin, Margaret Sanger: Father of Modern Society (New Hope, KY: Cul Publications, 1986), p12. I am indebted to Elizabeth Johnson, one of my students, for her research into Margaret Sanger and her connections to the eugenics movement and to Hitler's programs. Most biographies of Sanger are hagiographical in tone and avoid mention of the racism and her fascist connections. These are fully explored in George Grant, Grand Illusions: The Legacy of Planned Parenthood (Brentwood, TN: Wolgemuth and Hyatt, 1988).

39. Quoted in Flaherty, p37. See Grogin, p33, and J. C. Willke, Abortion: Questions and Answers (Cincinati, OH: Hayes Publishing Co., 1985), p290. Grant details Sanger's engenic theories, pp90~94. He also cites her interest in Mussolini's economic theory, p42.

40. Quoted in Drogin, p17.

41. Debra Braun, Exposed:: Planned Parenthood (St. Paul, MN: Pro-Life Action Ministries, 1992), p5, and Flaherty, p37. See Grant, pp91~92.

42. Grosskurth, p435. Havelock Ellis's works advocating sexual freedom were also banned in post-Rohm Germany.

43. See Lifton, pp42~43.

44. Lifton, pp25~27.

45. Lifton, p48.

46. See Lifton, pp46~47. See also Fredric Wertham, The German Euthanasia Program (Cincinnati, OH: Hayes Publishing, Co, 1973), pp33~34.

47. See Wertham, p33.

48. Lifton, p49.

49. Lifton, pp50~54.

50. From The Nazi Years: A Documentary History, ed. Joachim Remak (Prospect Height, IL: Waveland Press, 1969), pp133~134.

51. Wertham, p38.

52. Wertham, pp30~31.

53. See Lifton, pp91~93, who write of Pastor Braune's document, "Of all recorded expressions of resistance to Nazi medical killing, the Braune memorandum is unique in combining insistent documentation, compassionate identification with victims, concern for healing and healers, focus on the moral integrity of an entire people as well as on the broad ethical principle of the sanctity of life, exposure of the regime's vulnerability to general fear of 'euthanasia' among the military, and passionate personal protest grounded in a spiritual tradition.

54. Lifton, pp93~94.

55. Helmreich, p338.

56. See Glaser, pp55~59.

57. Lifton, p154. Of course, "euthanasia" had become a gross misnomer.

These people were not given "good" or merciful deaths. Nor were individuals given a say in whether or not they wished to die. Nor was medical killing reserved only for the terminally ill or for those with irreparable brain damage. While the propagation presented euthanasia in terms of the worst-case scenarios designed to elicit a sympathetic response, the actual practice -once it became   morally acceptable on principle- was unspeakably callous, dehumanizing and viciously cruel.

7장. 죽음에 대한 미학적 관념: 파시즘과 모더니즘
The Beautiful Ideas Which Kill

1. "Thus Spoke Zarathustra," II in The Portable Nietzsch, ed. Walter Kaufmann
   (New York: Viking , 1968), p228.
2. Quoted in Victor Farias, Heidegger and Nazism, tr. Paul Burrell (Philadelphia: Temple Univ. Press, 1989), p79. From Die Deutsche Universiat im Dritten Reich, ed. H. Kuhn (Munich, 1966), p5.
3. Quoted by Jon Wiener, "Deconstruction de Man," Nation, 9 January 1988, p23.
4. Alastair Hamilton, The Appeal of Fascism: A Study of Intellectuals and Fascism, 1919~1945 (New York: Macmillan, 1971), pxx.
5. Hamilton, pxv.
6. Zeev Sternhell, "Fascist Ideology," in Fascism. A reader's Guide: Analysis, Interpretations, Bibliography (Berkeley: Univ. of California Press, 1976), p322.
7. Modris Eksteins, Rites of Spring: The Great Was and the Birth of the Modern Age (New York: Houghton Mifflin, 1989), p311.
8. See Eksteins, pp10~54, for a discussion of The Rites of Spring and the effect of its original performance.

9. Eksteins, p52.

10. See Robert Casillo, The Genealogy of Demons: Anti-Semitism, Fascism, and the Myths of Ezra Pound (Evanstonm IL: Northwestern Univ. Press, 1988), p33.

11. See Hamilton, pp280ff.

12. See Wyndham Lewis's book Hitler (London: Chatto & Whidus, 1931). See also Hamilton, pp282~285, and William H. Pritchard, Wyndham Lewis (New York: Twayne, 1968), pp106~107.

13. See Michael Curtis, Three Against the Third Republic: Sorel, Barres, and Maurras (Princeton, NJ: Princeton Univ. Press, 1959), p125.

14. See Curtis, p130. For the importance of France in the development of fascism ideology, see Zeev Sternhell, Neither Right nor Left: Fascist Ideology in France, tr. David Maisel (Berkeley: Univ. of California, 1983), pp146~149.

15. See Stephen Spender's Foreward to Hamilton, pxii. See also Douglas Archbald, Yeats (Syracuse, NY: Syracuse Univ. Press, 1983), pp146~149, 160.

16. See Hamilton, pp272~280.

17. Hamilton, p271.

18. See Hamilton, pp272~274.

19. See Albert Baugh, A Literary History of England (New York: Appleton-Century-Crofts, 1967), p1564.

20. See Robert Ferguson, Enigma: The Life of Knut Hamsun (New York: Farrar, Straus & Giroux, 1987) and Gaspare Giudice, Pirandello: A Biography, tr. Alastair Hamilton (London: Oxford Univ. Press, 1975), pp143~165.

21. T. S. Eliot, "The Idea of a Christian Society," in Christianity and Culture (New York: Harcourt, Brace & World, 1940), p15.

22. See Hamilton, pp274~276.

23. See C. David Heymann, Ezra Pound: The Last Rower (New York: Viking, 1970), p257.

24. "Thus Spoke Zarathustra," I. 15, Portable Nietzsche, p171.

25. Laurence Lampert, Nietzsche's Teaching: An Interpretation of "Thus Spoke Zarasthustra" (New Haven, CT: Yale University Press, 1986), 245.

26. "Thus Spoke Zarathustra," I. 15, Portable Nietzsche, p170.

27. Hamilton, xxiix-xiii.

28. See Hamilton, pp.xx-xxi.

29. David H. Hirsch, The Deconstruction of Literature: Criticism after Auschwitz (Hanover, NH: Brown Univ. Press, 1974), pp364~365. Also cited by Hirsch, p265.

30. These notes were published in T. J. Reed, Thomas Mann: The Use of Tradition (Oxford: Clarendon Press, 1974, pp364~365. Also cited by Hirsch, p265.

31. See Sternhell, p365, and Robert Soucy, Fascism in France: The Case of Maurice Barres (Berkeley: Univ. of Clifornia Press, 1972).

32. Quoted in Sternhell, p334. See Andrew Hewitt, "Fascist Modernism, Futurism, and 'Post-modernity,'" in Fascism, Aesthetic, and Culture, ed. Richard J. Golsan (Hanover, NH: University Press of New England, 1992), pp38~55.

33. Quoted in Sternhell, p339.

34. See Jeffrey T. Schnapp, "Epic Demonstrations: Fascist Modernity and the Exhibition of the Fascist Revolution," in Golsan, pp1~37.

35. Schnapp, p27.

36. Schnapp, p22.

37. Quoted in Schnapp, p22.

38. See Exsteins, pp83~84.

39. Hamilton, p135. See Walter A. Strauss, "Gottfried Benn: A Double Life in Uninhabitable Regions," in Golsan, pp67~80.

40. See Russell A. Berman, "German Primitivism/Primitive Germany: The Case of Emil Nolde," in Golsan, pp55~66.

41. See Hamilton, pp152~153. See also George L. Mosse, Nationalism and Sexuality: Respectability and Abnormal Sexuality in Modern

Europe (New York: Howard Fertig, 1985), p162.

42. Robert Hughes, "Culture on the Nazi Pillory," Time, 4 March 1991, p86. The exhibition was reconstructed in 1991 by Stephanie Barron and the Los Angeles County Museum of Art.

43. Quoted by Hughes, p87.

44. Quoted in Mosse, p172.

45. National socialism elevated sports to an art form. Hitler promoted the development of "beautiful bodies" through physical education programs in the schools and praised "vanity about a beautiful, well-formed body which everyone can help to build" (Mein Kampf, p412). Fascist ideology stressed a revolution of the body and of natural sexuality, promoting a cult of physical strength, health, and athleticism. Sports was a test of manliness, and occasion for courage and heroism. With its energizing conflicts, team solidarity, and organized competition, sports was considered the equivalent of was in peacetime. Germanu's sponsorship of the 1936 Olympics had special idealogical significance for Hitler, with his Aryan athletes taking on the world. The games gave Leni Riefenstahl another occasion to create a cinematic masterpiece, with her documentary film, Olympia, which elevated sports to the mythic scale. See Sternhell, pp340~341, and Mosse, p173.

46. Hughes, p87.

47. For the contributions within fascism as related to its art, see Schnapp, pp3~4, and Berman, pp65~66.

8장. 권력에의 의지: 파시즘과 포스트모더니즘
The Will to Power

1. David H. Hirsch, The Deconstruction of Literature:Criticism after Auschwitz (Hanover, NH: Brown Univ. Press, 1991), p165.

2. From Introduction to Metaphysics. Quoted from Victor Farias, Heidegger and Nazism, tr. Paul Burrell (Philidelphia:Temple Univ. Press, 1989), p224.

3. The terms modern and postmodern can also be chronological terms and do not always signal some particular theoretical position. It can be argued that there is no single postmodern perspective. To speak of a novelist's "postmodern style" may mean something completely different from a critic's "postmodern literary theory." Still, the description of postmodernism I sketch here can serve as a heuristic model that accounts for several strains of contemporary thought, especially those that cluster around the concept of "deconstruction."

4. From his essay "Nietzsche, Genealogy, History," in Foucalt Reader, ed. Paul Rabinow (New York: Pantheon, 1984), pp78~79. See Hirsch, p53.

5. See Leonard Jackson, The Poverty of Structural Literature and Structuralist Theory (New York: Longman, 1991), pp117~121.

6. Hirsch, p53.

7. I am referring to my friend Uchey Simon from Nigeria.

8. John M. Ellis, "The Origins of PC," Chronicle of Higher Education, 15 January 1992, B1~B2.

9. Ellis, pB2.

10. Quoted in Farias, p229.

11. In La Critica: Revista di Letteratura, storia e filosophia (Naples), 31 (1933):69~70. Quoted in Farias, p111.

12. See Hirsch, pp137~142, et passim. Hirsch has also observed tjat one cluld read all of the postmodernist critics without any inclining that the Holocaust has taken place (pp69~70).

13. See Hirsch, pp17, 75~76, 141~142, 161. Alvin Rosenfeld in Imagining Huler (Bloomington: Indiana Univ. Press, 1985), pp105~108, also relates current writers' denial of fact and history to the suppression of the memory of the Holocaust.

14. Saul Friedlander, "The Shoah Between Memory and History,"

모던파시즘

Jesusalem   Quarterly, 53 (1990), p122. Quoted in Hirsch, p157.

15. Quoted in Farries, p100.

16. See Jon Wiener, "Deconstructing de Man," Nation, 9 January 1988, p24. See also Jeffery Mehlman, "Perspective on De Man and Le Soir," in Responses on Paul De Man's Wartime Journalism, ed. Werner Hamacher, et al. (Lincoln Univ. of Nebraska Press, 1989), p329. J. Hills Miller, however, denies that Heidegger was a progenitor of deconstruction in "An Open Letter to Professor Jon Wiener," in Responses, p338.

17. Ward Parks, "Deconstruction: The New Nihilism," The World & I, April 1992, p548.

18. As am example of hos deconstruction is used in literary analysis, King Lear can be read in terms of the patriarchal family structure. His daughters are portrayed as villainous because they are rebelling against their overhearing   father. Shakespeare is perpetuating a sexist culture, hiding and promoting its oppressive values in beautiful language and a winning story. Such   interrogation of an author, like all interrogation, usually ends with the author beig convicted of politically incorrect ideas. (On the other hand, authors too are seen as 'texts," products of their culture rather than autonomous creators.) But texts deconstruct themselves. Lear's daughters, if the play is read closely enough, have clearly been victimized by their father and are not closely enough, have clearly been victimized by their father and are not villains at all. They assert their own power against that of the patriarchal structure and drive their father mad. The patriarchal meaning is countered by a feminist meaning. The play has a subversive meaning that can be read along-side the official meaning. King Lear has been deconstructed.

19. Parks, p549.

20. Parke, p550.

21. Parke, p550.

22. Mehlman, p329.
23. See Jeffery Mehlman, "Maurice Blanchot," in French Novelists, 1930~1960, Dictionary of Literary Biography (Detroit: Gale Research, 1988), 72, 77~79.
  Blanchot wrote for the journals L'Insurg and Combat. After the was, Mehlman reports, he changed his tone and became a 'philosemitic." Mehlman says of him that "he has made of his writing a meditation on the problematic being - or nonbeing - of language, its ultimate incompatibility with self-consciousness, the exhilarating havoc it wreaks on any claim to either objective or subjective identity" (p77). See also Foucaulti/Blancht (New York: Zone Books, 1987), a volume consisting of an essay by Foucault praising Blancht and an essay by Blanchot praising Foucault.
24. See Hirsch's chapter "Deconstruction and the SS Connection," pp143~165.
25. See Wiener, p22, and the various essays in Responses. For a full account of the De Man scandal, see David Lehman, Signs of the Times. Deconstruction and the Fall of Paul De Man (New York: Poseidon Press, 1991).
26. Sternhell, pp336~337.
27. See Farias, p72.
28. Paul De Man, "The Jews in Contemporary Literature," Le Soir, 4 March 1941. Translated by David Lehman and printed in Signs of the Times, p270.
29. See for example Jacques Derrida, "Like the Sound of the Sea Deep Within a Shell: Paul de Man's War," in Responses, pp132ff.
30. De Man, "The Jews,", p271.
31. See John Brenkman, "Fascist Commitments," in Responses, pp23ff.
32. Quoted by Stanley Corngold, "On Paul de Man's Collaborationist Writings," Responses, p83.
33. Paul De Man, Allegories of Reading (New Haven, CT: Yale Univ. Press, 1979), p296. Discussed by Corngold, p83.

34. See the discussions of the passage in Weiner, p23 and Mehlman, Responses,   pp329ff.

35. De Man, Allegories of Reading, p293. "Literary History and Literary Modernity," in Blindness and Insight (Minneapolis: Univ. of Minnesota Press, 1983), p165. Discussed by Hirsch, pp73~74.

36. Hirsch, pp73~74.

37. Hirsch, p71.

38. For critiques of the deconstructive apologies for De Man, see Parks, pp553~555 and Hirsch, pp97~103. Compare Derrida's defense of Heidegger in Of Spirit. Heidegger and the Question (Chicago: Univ. of Chicago Press, 1989). As Jeffery Mehlman summarizes his argument, Derrida asserts that Heidegger's Nazism was a humanism (and, conversely, that humanism is a kind of fascism). Derrida's plays on Nazism, fire, exclusion of Hews, and deportation, as Mehlman described the, amounts to a deconstruction of the Holocaust, which "has, after all, served as transcendental signified par excellence for two generations (Responses, p330).

39. Hirsch, p283n 12.

40. Susan Handelman, The Slayers of Moses: The Emergence of Robbinic   Interpretation in Modern Literary Theory (Albany: State Univ. of New York Press, 1982).

41. Herbert Schneidau, Sacred Discontent: The Bible and Western Tradition (Berkeley: Univ. of California Press, 1976).

42. G. Douglas atkins, Reading Deconstruction/Deconstructive Reading (Lexington: Univ. Press of Kenturky, 1983), pp41~48.

43. Atkins, pp41~42. Atkings, however, quotes Derrida as insisting that his concept of difference "is not theological, not even in the most negative order of negative theology" (p143).

44. See, for example, Aris Fioretos, "To Read Paul de Man," in Responses, pp171ff. See also Hirsch, p95, pp113~115.

45. "Thus Spoke Zarathustra," II. 12 in The Portable Nietzsche, ed. Walter Kaufmann (New York: Viking, 1968), p228.

46. Ernst Nolte, Three Faces of Fascism: Actions Francaise, Italian Fascism, National Socialism, trans. Leila Venneqitz (New York: Hold, Rinehart & Winston, 1965), p429.

47. Parks, p554.

48. Parks, p554.

49. Hirsch, p87.

50. Geothe, "Faust (Part One)," tr. Louis MacNeice in Great Writings of Geothe, ed. Stephen Spender (New York: New American Library, 1958), p70.

51. See Harry Redner, In the Beginning was the Deed: Reflection on the Passage of Faust (Berkeley: Univ. of California Press, 1982), pp41~77. Redner's entire book is an exploration of this passage and the Faust legend as they relate to modern and postmodern thought. Redner shows how language itself has been progressively interpreted as mind, power, and dee. He also discusses the passage as it related to Nietzsche, Heidegger, and Foucault. Redner related the apotheosis of the deed to the interplay between progress and nihilism. He likewise reises the specter of Auschwitz as one of the consequences of the modern Faustian bargain.

52. Goethe, "Faust," pp92~93.

53. Germany has always seen itself reflection in Goethe's Faust. See Jane K. Brown, Goethe's Faust: The German Tragedy (Ithaca, NY: Cornell Univ. Press, 1986), pp10~11. A number of German authors and filmmakers have related the Faust legend to Germany's experiment with fascism. The most profound exploration of this theme is Thomas Mann's novel Doctor Faust. See Redner, p41, pp241ff.

모던파시즘

히틀러의 주치의들
: 권력자들의 삶과 죽음

권력자와 질병, 그리고
그를 살리고자 하는 자

**역사의 변곡점마다 등장한 권력자들과
그들의 질병에 관한 이야기들이 펼쳐진다.**

히틀러와 스탈린, 대처와 레이건, 김정은과 노무현까지!

드러커마인드 출판 · 양성관 지음 · 496p · 20,000원   Drucker Mind Books